要点解説 米国特許実務入門

米国特許弁護士

木梨貞男 著

KINASHI SADAO

JN205644

発明推進協会

はじめに

　本書は、米国特許実務の概要を知りたい一般の方々、米国の代理人と日本の出願人の間に立つ特許実務者などを対象としています。この本は、米国特許実務上の必要性に応えるために、実戦的な内容に絞ってあります。日本でも特許出願手続は非常に複雑ですが、米国ではさらに複雑で分かり難いことが数多くあります。米国特許出願に関する法律条文や規則としては、合衆国法典第35巻（35USC）、連邦規則集第37巻（37CFR）があり、これらに基づいて米国特許商標庁により、MPEP（特許審査手続マニュアル）が作られています。

　MPEP は条文を含めて A 4 判に二段組で3,000頁以上もあるもので、実際に米国出願の実務に直接携るものにとっては便利であっても、米国特許制度を大まかに勉強するためには適していません。

　日本の実務を担当されている方々は、どうしても日本の実務の延長線上で考えてしまいますが、全く異なることも少なくありません。日本の実務を知っている米国人代理人は殆どいませんので、話が噛み合わないことがあります。このように、日本の実務担当者が米国出願の実務を進める上で、英語で一応の交信ができても、米国の実務についての知識が不充分ですと、コミュニケーションがうまく行かないことがあります。また、米国実務を知っていれば、米国特許庁費用や弁護士費用を節減でき、コストの節約になることもあります。本書はそのようなニーズに応えるために出版されたもので、特許実務家が日常的に遭遇する様々な状況に対応できるように、実戦的な内容をわかりやすく説明することに留意しました。

　私が最初の米国特許実務に関する解説を出版したのは、2001年 8 月に遡ります。実際に米国特許出願の実務に関与している弁理士やそのスタッフの方々を始めとして、数多くの方々から役立てていただいているとの話をうかがいます。日本の特許業界における米国特許制度の知識の普及にささやかながら貢献できたのではないかと喜んでおります。

米国特許制度において画期的な発明者先願主義への移行を含む法改正が行われたことを機に、2012年に全面的に改定し「要点早分かり米国特許入門最新版」を出版しましたが、それからもすでに6年以上経過し、再度全体の構成を見直し、新たな項目も追加するなど、さらに使いやすいものとなるように書き直しました。見開き2頁または4頁の原則を一貫することにより、項目が検索しやすくし、しかも重要項目に関しては充分の頁を宛ててある点は従来と同様です。また読みやすさと親しみやすさを損わない範囲で、学習者の便をはかるために、条文や判例、MPEPの関連箇所などの表示をしてあります。それぞれの項目は、比較的に独立していますので、必要性や興味のある項目を拾い読みしていただいても、徐々に全体がつかめてくるのではないかと存じます。

　読者のお役に立てていただければ、著者としてこれ以上の喜びはありません。

2018年　8月

木梨　貞男

目　次

はじめに

第 I 部　米国特許出願入門

第Ⅱ部　米国特許審査入門

第Ⅲ部　米国特許訴訟入門

コラム

第 I 部

米国特許出願入門

第1章

米国の特許制度

1．米国特許出願手続の流れ

2．米国特許制度の特徴

3．2011年改正法（AIA）の要点

1. 米国特許出願手続の流れ

(Flow of US Patent Prosecution)

具体的な手続の話をする前に、出願手続の流れを簡単に説明しましょう。

●出願から出願公開まで

米国特許商標庁(以下米国特許庁)での手続は、出願書類の提出によって始まります。出願書類が提出されると、米国特許庁は方式審査を行ない、必要な書類がそろっているか、書類に不備がないかなどをチェックし、必要な場合は、補正の指令(Notice of Missing Parts)を出願人に送ります。必要な書類がそろった出願は、出願日(優先日)から18ヵ月で出願公開されます。

●審査開始と限定要求(Restriction Requirement)

審査に必要な書類が揃うと、審査官による実体審査に移ります。米国では審査請求制度はありませんので、全件審査されます。特許性の審査に入る前に、審査官は、出願が米国での発明の単一性基準を満たしているかどうかをチェックします。単一性を満たさないと判断した場合、審査官は限定要求を出願人に送り、いずれか1つの発明を選択するように要求します。これに対し出願人は、必ず1つを選ばなければなりません。選択されなかった発明は、親出願が米国特許庁に係属している間に分割出願することができます。審査官は出願人が選んだ発明についてのみ先行技術サーチと審査を行ないます。

●実体審査とオフィス・アクション
(Substantive Examination and Office Action)

拒絶の理由を見出した場合、審査官は出願人に非最終拒絶のオフィス・アクション(拒絶通知、以下OA)を送ります。出願人は、この通知に対し、応答書を提出し、審査官の拒絶の根拠に反論したり、クレームを補正したりします。出願人の応答に対して、審査官が拒絶の撤回の必要を認めない場合、最終拒絶のOAが出されます。出願人は、最終拒絶に対しても、

応答することができます。ただし、補正を採用するかどうかは審査官の裁量になります。その補正によっても特許にできないときは、審査官はアドバイザリ・アクションでその旨を通知します。この場合、出願人は継続審査請求（RCE）または審判請求（Notice of Appeal）の手続が必要になります。この段階でも、審判請求せずに審査の継続を求めることができ、料金を支払いさえすれば、継続審査手続を何度でも繰返すことができることは、米国特許審査制度の特徴の1つといえます。

●許可通知と特許発行(Notice of Allowance and Issue of Patent)

　審査官が許可可能であると判断したときは、特許許可通知が出願人に送られます。これに対して出願人が特許発行料を納付すれば、特許明細書公報と特許証が発行されます。特許発行後9ヵ月の間に、利害関係を有する第三者は、付与後レビューを請求することができます。付与後レビューが終わった後に、第三者が有力な先行技術を発見した場合は、再審査または当事者系レビューを請求することができます。

　特許後の訂正は、軽微な訂正は訂正証明書により行なわれ、実体的な内容を伴う補正は再発行出願により行なわれます。特許発行から2年以内であれば、再発行出願によりクレームを拡大することもできます。

米国特許出願手続の流れ

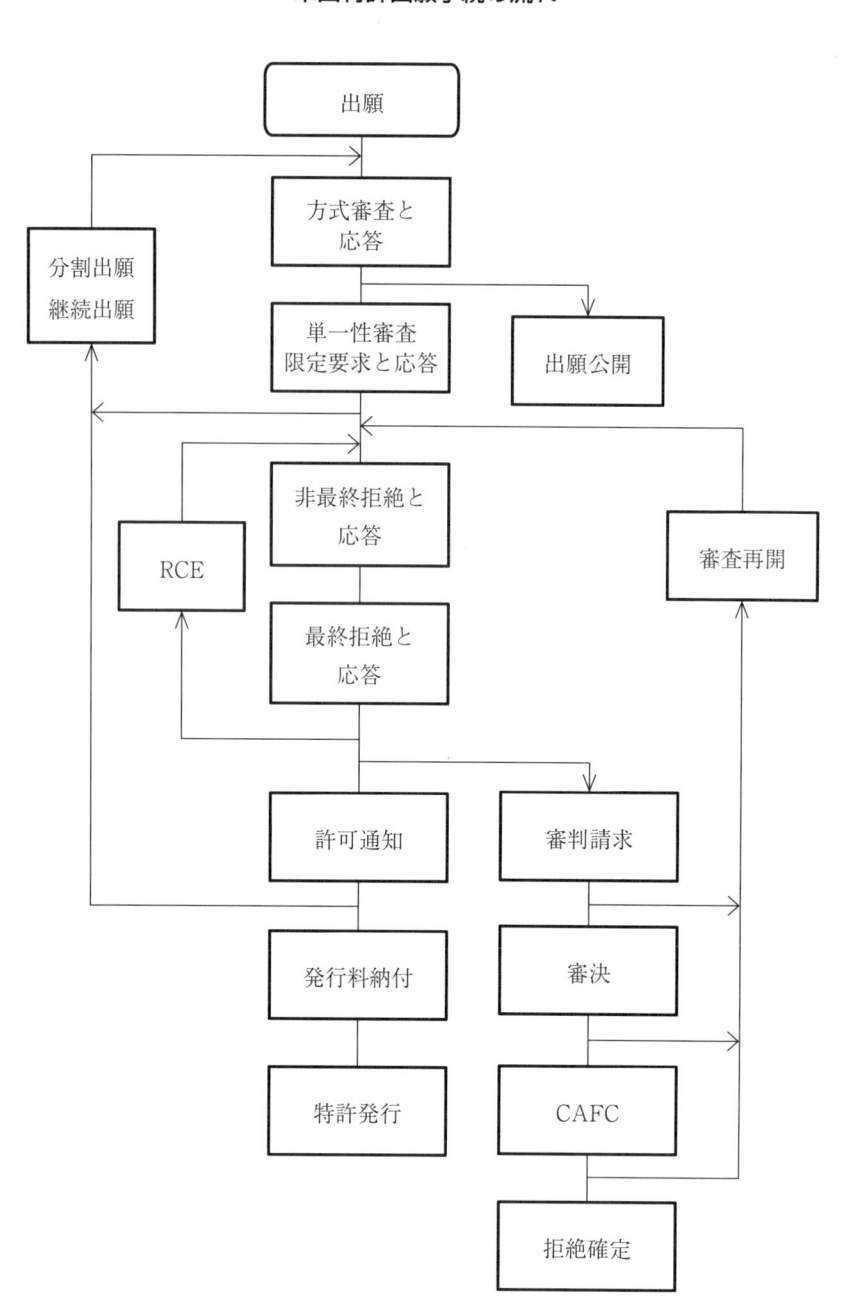

米国特許統計

Patent Examining Activity	2013	2014	2015	2016	2017
特許出願件数	601,464	618,457	618,062	650,411	647,388
通常	564,007	579,873	578,121	607,753	602,354
再発行	1,074	1,207	1,087	1,072	706
植物	1,318	1,123	1,119	1,180	1,056
デザイン	35,065	36,254	37,735	40,406	43,272
仮出願件数	177,942	169,173	170,676	167,390	166,744
最初のオフィス・アクション					
デザイン	27,669	28,341	33,549	36,550	20,489
通常、植物、再発行	595,110	578,352	632,337	609,612	611,280
PCT/Chapter 1	15,060	19,787	22,193	20,485	20,353
処理件数	605,994	637,263	641,665	681,363	627,973
特許許可件数	334,560	346,909	353,700	363,022	373,093
デザイン	24,967	24,695	28,663	30,741	32,705
通常、植物、再発行	309,593	322,214	325,037	332,281	340,388
放棄件数	271,424	290,354	287,965	318,341	302,466
デザイン	2,705	2,828	3,725	4,715	5,894
通常、植物、再発行	268,719	287,526	284,240	313,626	296,572
PCT 予備審査処理件数	2,016	1,450	1,655	1,234	1,010
出願公開件数	339,775	382,056	362,536	397,190	373,155
特許発行件数	290,083	329,612	322,448	334,107	347,243
通常	265,979	303,930	295,459	304,568	315,366
再発行	809	661	531	459	360
植物	842	1,013	1,020	1,250	1,247
デザイン	22,453	24,008	25,438	27,830	30,270
平均要処理期間	29.1	27.4	26.6	25.3	24.2
再審査証明書発行件数	819	790	764	499	406
米国での PCT 国際出願	56,226	62,697	56,480	56,339	56,840
米国での PCT 国内段階移行	73,488	78,213	85,387	85,988	86,955
維持料金納付件数	348,658	419,563	401,647	430,935	424,646
維持料金不納付による失効件数	79,689	89,523	98,283	108,627	108,212

2017年度データは暫定です。
米国特許庁年次報告

2. 米国特許制度の特徴

（Characteristics of US Patent System）

●発明者先願主義(First-Inventor-to-File System)(102条)

　米国は主要国の中で唯一先発明主義国でしたが、2011年の改正で発明者先願主義に移行し、2013年3月16日以降の有効出願日（優先日）を有する出願に適用されています。発明者先願主義の下では、発明者等が発表した後、1年以内に出願すれば、その発表日から出願日までの間に、自力で発明した他者が先に出願したり発表したりしていても 先行技術にならないことがあり得ます。

●グレース・ピリオド(Grace Period)(102条(b)(1)(A))

　発明者自身が発明を発表しても、発表後1年間は、先行技術にならず、この期間はグレース・ピリオドと呼ばれます。外国出願の優先権を主張している米国出願には、優先日（有効出願日）前1年のグレース・ピリオドが認められます。

●全件審査(All-Case Examination)

　米国には審査請求制度がありません。出願された出願は全件審査されます。

●継続審査制度(Continued Examination System)

　日本では拒絶査定されたあとは、特許にしたい場合、審判請求するしかありませんが、米国では最終拒絶に対して、再度補正することができますし、さらに、その補正により審査官が許可通知を出さなくても、審判請求する他に、継続審査手続(継続出願やRCE等)をすることができます。したがって、料金さえ払えば、出願をいつまでも米国特許庁に係属させて審査してもらうことができます。

●狭い単一性基準と限定要求
(Unity of Invention；Restriction Requirement)

米国での単一性基準は多くの場合、日本の単一性基準に比較して狭く、例えば方法と装置、物とその製法などカテゴリが異なるだけで、いずれかのカテゴリのクレームを審査してほしいか選べという、限定要求をされることがよくあります。

●応答期限の事後延長(Extension of Time for Response)

米国のオフィス・アクション(拒絶通知、以下OA)その他への応答期限に間に合わないときは、応答期限前に手続は必要ありません。応答書を提出する時点で、応答期限後1ヵ月以内であれば1ヵ月の延長料、2ヵ月以内であれば2ヵ月の延長料を支払えばよいことになっています。期限の延長は、最大で「発送日」から6ヵ月、すなわち、指定期間が3ヵ月であれば最大3ヵ月延長できます。

●放棄出願の復活(Revival of Abandoned Application)

最大延長期限を逃すと出願は放棄となります。しかし、放棄が意図的でなければ、放棄出願を復活する救済手続があります。

●厳しい情報開示義務(Duty of Disclosure)

米国特許出願の審査過程で特許出願に関与した者(発明者、譲受人、代理人など)は、特許性に関して重要なすべての情報を開示する義務を負います。特許出願に関与した者が、特許性に関わる重要な先行技術その他の情報を隠して米国特許庁に提出しないと、特許訴訟において不公正行為として認定され、特許権の行使が認められなくなることがあります。

●仮出願制度(Provisional Application)

仮出願制度は、クレームが不要であるなど、形式的に簡略化された明細書で仮に出願することを認めるものです。発明が記載されていれば、論文やカタログをそのまま提出することもできます。仮出願後1年以内に本出願しないと放棄となり、復活することはできません。本出願に移行すると、仮出願日が後願排除の基準日となります。仮出願は広く活用されています。

●限定的な公開制度(Publication System)(122条)

　米国でも出願公開制度が導入され、係属中の出願は、原則として優先日から18ヵ月で公開されます。ただし、公開制度を有する外国に出願する意志のない場合は、非公開の請求ができます。これは、日本の出願人が日本に出願しないで米国のみに出願する場合にも適用されます。また、外国出願があっても、その開示内容が米国出願の開示内容より狭い場合は、米国外で公開される範囲に限定した編集版明細書を提出して、公開するよう請求することができます。

●特許期間保証制度(Patent Term Guarantee System)(154条)

　米国の特許期間は、日本と同じく、出願日から20年で満了することになっています。この場合、特許になるのが遅ければ遅いほど特許期間が短くなります。特許期間保証制度は、米国特許庁の責任で審査や特許発行が遅れた場合に、出願日から20年の後に調整期間を追加するというものです。調整期間は、初めてのOAまでに出願日から14ヵ月を超えた場合や、OAに対して応答書が提出されてから、次のアクションまで4ヵ月を超えた場合などに適用され、これらの超過期間が日単位で計算されます。特許発行までに出願日から3年を超えた場合にも調整されます。一方、応答書提出時に出願人が期限を延長した分は調整期間から差し引かれます。

●複数の無効化手続(Invalidation Procedure)

　特許の無効化手続には、再審査、当事者系レビュー及び付与後レビューの3つがあります。

　再審査では、特許または刊行物に基づく新規性/進歩性についてのみ審理されます。第三者請求人が再審査請求書を提出し、特許権者の主張書、これに対する第三者請求人の答弁書が提出された後の手続は、審査官と特許権者の間で行なわれ、第三者請求人は参加の機会が与えられません。

　当事者系レビューは、旧当事者系再審査に代わるもので、審判部が審理するようになりました。手続開始基準が再審査よりも厳しくなっています。特許または刊行物に基づく新規性/進歩性についてのみ審理されます。

　特許発行後9ヵ月以内であれば、利害関係を有する者は、付与後レビューを請求することができます。これも審判部が審理します。手続開始基準が

当事者系レビューよりも厳しいとされています。限定的ですが、ディスカバリ（証拠開示）手続が利用できます。付与後レビューでは、全ての無効理由に関して争うことができます。

●再発行出願（Reissue Application）（251条）

特許の補正が必要な場合、特許権者は再発行出願をすることができます。特許発行から2年以内であれば、再発行出願によりクレームを拡大することもできます。再発行出願するためには、特許に何らかの誤りがあることが条件ですが、クレームが広すぎた、狭すぎたといった内容でも認められます。

発明者と出願人

米国出願において、従来は「出願人（Applicant）」とは発明者を意味し、発明者しか出願人になれませんでした。しかし、2012年9月16日以降の米国特許出願では、日本や欧州と同様に、発明者から権利の譲渡を受けた者や、権利を受ける権利を有する者が出願人になることができるようになりました。ですから、最近では、米国の「出願人（Applicant）」は、日本や欧州と同様と考えてもよいでしょう。

昔は、PCT国際出願の用紙の「その他の出願人または発明者」欄に「米国を除くすべての指定国」、「米国のみ」などの分かり難い説明が付いていましたが、このような説明が不要になったことは喜ばしいことです。

なお、出願のデクラレーションも譲渡書を兼ねたものが使えるようになり、通常の職務発明の場合、発明者は1つの書類にサインすればよくなりました。

---

3. 2011年改正法（AIA）の要点

（Leahy-Smith America Invents Act、「新法（AIA）」という）

●米国特許法改正の経緯

　先願主義を含む米国特許法改正案は、第109議会（2005－06年）の2005年4月に下院知財小委員会により最初の案が公表され、同年6月に下院法案が議会に提出されました。第110議会（2007－08年）では、上院下院共同法案が議会に提出され、下院は通過しましたが、上院を通過せず、さらに第111議会（2009－10年）でも提出されましたが、殆ど進展がありませんでした。第112議会（2011－12年）に入って、上院は2011年3月に、下院は6月に通過し、9月16日に大統領が署名して改正法が成立しました。

●発明者先願主義（102条）（有効出願日が2013年3月16日以後の出願）

　新法（AIA）のうち最も重要なものは、発明者先願主義への移行であり、その規定は、102条の先行技術の定義です。ただし「先願主義」といっても、発明者等が発表した後、1年以内に出願すれば、その発表日から出願日までの間に、自力で発明した他人による、先願があっても、発表があっても先行技術にならないことがあります。それでも、現行の先発明主義に比較して、発明日が出願日前1年以内の発表までしか遡らないことは、大きな前進と言えるでしょう。なお、先発明主義の廃止に伴い、先発明者を決定するインターフェアレンス手続に関する規定は、先願の冒認を主張して争う冒認手続の規定になりました。

●グレース・ピリオド（102条）（有効出願日が2013年3月16日以後の出願）

　発明者自身の発表が先行技術にならないグレース・ピリオドは1年です。注目すべきことは、条文を見る限りでは、外国出願の優先権を主張している場合は、優先日前1年のグレース・ピリオドが認められるものとなっていることです。ただし、米国でグレース・ピリオドがみとめられても、他の国で特許をとることができなくなる可能性があることも考慮する必要があります。

●ヒルマー・ドクトリンの廃止(有効出願日が2013年３月16日以後の出願)

旧102条(e)のもとで米国では、米国外の優先日は自分の出願を守るために使うことができても、後願排除に使うことができないとする、ヒルマー・ドクトリンが定着しておりましたが、新法(AIA)では、これを廃止する規定となっています。

すなわち、日本出願の優先権を主張して米国出願した場合、優先日である日本出願日から、先願として後願排除力を持つことになります。先願の開示は、米国では進歩性に関する先行技術になりますので、日本や欧州より強力な先行技術になります。

●冒認手続(135条)(有効出願日が2013年３月16日以後の出願)

先発明主義の廃止に伴い、先発明を争うインターフェアレンス手続は、冒認手続に変更され、ここでは、後願の出願人が、先願が冒認出願であることを主張して争うことになります。

●ベスト・モード違反を無効抗弁から除外(282条(b)(3))
(2011年９月16日以後に提起される訴訟)

明細書の要件としてベスト・モード要件を定める112条(a)(旧第１パラグラフ)は、そのままであり、ベスト・モード要件自体は廃止されていないのですが、ベスト・モードは、侵害訴訟での無効抗弁から除外されます。ベスト・モード違反は、審査過程において拒絶理由となることは殆どなく、多くの場合訴訟のディスカバリにおいて初めて判明するものです。したがって、侵害訴訟において無効の抗弁から除外されることは、ベスト・モード要件の実質的廃止に近いと言うことができます。

●第三者情報提供(122条)(全出願に対して2012年９月16日から)

出願公開された出願に対する先行技術の情報提供は、改正前は出願公開から２ヵ月以内でした。新法(AIA)では、許可通知前であれば、出願公開から６ヵ月以内、もしくは最初の拒絶の遅い方を期限として情報提供できることになっています。

また、改正前は先行技術の説明を付けることができませんでしたが、今度は逆に各引用例の関連性の説明を必ず付けなければならないことになっ

ています。

●付与後レビュー（Post-grant Review）（321-329条）
（有効出願日が2013年3月16日以後に出願された特許[1]）

　特許発行後9ヵ月以内に、第三者は特許の無効を主張して付与後レビューを請求することができます。請求の無効理由に特に制限はありません（但し、ベストモード違反は無効理由にできません）。限定的ですが、ディスカバリ（証拠開示）手続が利用できます。レビュー請求には、料金のほか、利害当事者の特定、1項以上の無効クレームの特定、無効の根拠と証拠を提出しなければなりません。証拠としては、特許や刊行物に限定されず、事実に関するデクラレーションなども提出することができます。

　付与後レビュー請求から指定期間以内に、特許権者は予備答弁書を提出することができます（323条）。この予備答弁書では、レビュー請求が要件を満たしていないなど見直手続の審理を開始すべきでない理由を述べます。予備答弁書の提出後または提出期限経過後3ヵ月以内に長官はレビューの審理を開始するかどうかの決定をします。この決定の基準は、レビュー請求において提出された情報が、もし反論がなければ、どちらかと言うと特許が無効である可能性が高いかどうかです。審理開始の決定に対して不服の申立はできません。審理開始の決定は公示されます。

　付与後レビューで最終決定が下された場合は、そこで実際に提起されたか、または合理的に提起され得た主張に関する他の手続を請求、または維持することはできません。また、この手続で特許有効の最終決定が下された場合は、レビュー請求人は、民事訴訟やITC訴訟において、無効を主張することができなくなります。

●当事者系再審査の当事者系レビューへの移行
（Inter Partes Review）（311-319条）

　新法（AIA）により、当事者系再審査は廃止され、当事者系レビューに変わりました。当事者系再審査は、審査部で行われていましたが、当事者系

---

[1] 但し、ビジネス特許に関しては、旧法特許であっても2012年9月16日から適用されています。

レビューは、審判部が審理することになっています。当事者系レビューは、付与後レビューと似ていますが、請求の時期、開始基準、認められる無効理由で異なっています。請求時期については、付与後レビューの請求可能な時期（特許後9ヵ月）及び付与後レビューの係属中は、当事者系レビューを請求できません。開始基準は、「請求人が勝つ合理的な見込みがある」ことで、当事者系再審査よりも厳しくなっていますが、付与後レビューよりは敷居が低いとされています。認められる無効理由は、特許または刊行物に基づく新規性・進歩性に限定されます。

●先使用権のビジネス方法以外への拡大（273条）
（2011年9月16日以後に発効した特許）

侵害訴訟における先使用に基づく抗弁は、従来ビジネス方法特許のみ認められていましたが、そのような制限がなくなりました。この抗弁のための条件は、(1)特許権者による特許出願日（有効出願日）の1年以上前から発明を商業的に使用していたことを、(2)明白で説得力のある証拠で立証することが必要です。先使用権を主張して、その立証がいい加減なものであった場合は、相手方の弁護士費用を支払わされます。

●特許表示（Marking）（292条）（2011年9月16日以後全ての訴訟で適用）

ウェブサイトによる特許表示が認められるようになりました。特許表示を特許失効後も継続することは、虚偽表示にならないものと規定されました。また、虚偽表示の告訴は、罰金に関しては米国連邦政府のみ、損害賠償に関しては、虚偽表示により損害を被った競争者のみに限定されることになっています。

米国の特許出願

4. 出願に必要な書類

（Application Documents）

●出願に必要な書類（111条(a)、119条）

　米国特許出願に必要なものは、(1)出願データシート、(2)明細書(発明の内容の説明、少なくとも１つのクレーム、要約文)、(3)発明の理解に必要な図面(必要なければなくてもよい)、(4)デクラレーション(発明者であるとの宣言書、後で説明)、(5)出願料金、(6)(譲渡書)、(7)(優先権証明書)などです。譲渡書は、出願人が発明者ではない場合に、優先権証明書は、優先権主張する場合に、提出する必要があります。譲渡書を登録した場合は、法人でも出願人になれます。なお書誌的事項をまとめた出願データシートを提出することになっています。

　優先日から18ヵ月の出願公開のため、優先権主張の意思表示は優先日から16ヵ月[2]にしなければなりません。日本の優先権証明書は、通常は提出する必要がありません[3]。優先権証明書の提出が必要な場合も、特許の発行までならいつでも提出できます。ただし、忘れると継続出願や再発行出願にしなければならなくなりますので、早めに提出しておくべきでしょう。

　また、米国特許庁料金の小企業割引(原則として500人以下)の適用を受けるためには、特別な書類の提出は必要ありません。なお、一度小企業割引扱いにしたからといって、次の出願も米国代理人が自動的に小企業割引扱いにしてくれる保証はありませんので、米国代理人には、個々の出願毎に小企業割引を希望することを伝えることが必要です。

●出願日の確保に必要なもの（111条）

　最も大切なものは、もちろん発明の内容を説明する明細書[4]と必要な図面で、これらは出願日に提出しなければなりません。クレーム、要約文、デクラレーション、料金は後で提出することができます。図面が発明の理解に不可欠な場合、図面の提出が遅れると出願日が繰り下がることがあり

---

[2] 継続出願分割出願の場合は実際の出願日から４ヵ月以内。
[3] 優先権証明書は2007年７月28日から原則として提出の必要がなくなっています。
[4] クレームがなくても出願日は与えられます。111条(a)(4)

ます。明細書の頁や一部の図面が抜けた場合も同様です。ただし、優先権主張している出願で、基礎出願に開示された内容の一部が、米国出願時に非意図的に欠落した場合は、出願日が繰り下がることなく補正できます。なお、優先権主張している出願は、出願データシートにおいて、優先権基礎出願の出願国、出願番号出願日を特定し、その明細書と図面を援用（Incorporation By Reference）することでも米国出願日を確保することができます[5]。

●外国語明細書による出願

　明細書は英語の明細書でなくても、外国語明細書のまま提出しても米国出願日を確保することができます。この場合、後で翻訳文を提出するときは、「その翻訳文が出願時に提出された明細書の正確な翻訳である」旨の申告書（verification）を添付する必要があります。例えば日本語の明細書のままで米国出願日を確保することは可能ですが、米国と日本の間で明細書の記載順序が異なっており、この申告書付翻訳文（verified translation）と米国明細書の記載順序が異なっていると補正が面倒ですので、日本語明細書を米国特許庁に提出する段階で、米国の記載順序にしておいた方がよいと思われます。

　ただし、PCT の米国国内段階移行の場合は、内容の不一致とされる恐れがありますので、取りあえずは、忠実に翻訳したものを代理人に送ることが無難です。なお、PCT の国内段階移行の場合も、最初は翻訳なしで手続をすることができ、翻訳は、通知がきてから提出することができます。

---

[5] 37 CFR §1.57(a)

5. 明細書

(Specification)

●明細書の記載形式(Format of Specification)(規則1.77(b)、MPEP608.01(a))

　明細書の記載形式と記載の順番は、クレーム、要約文、図面を含めて、(a)発明の名称、(b)関連出願の参照、(c)発明の背景、(d)発明の概要、(e)図面の簡単な説明、(f)発明の詳細な説明、(g)クレーム、(h)要約文、とすることが求められます。

●発明の名称(Title of Invention)(規則1.72、MPEP606.01)

　発明の名称は、できる限り短くかつ具体的であることが要求され、英語アルファベットで500文字以内とされています。数式や化学式など特殊な文字を使うことはできません。発明の名称には、「improvement of」など余分な言葉を入れないようにします。多くの場合、発明の名称は、クレームの前置部と同じにすることができます。

●関連出願の参照(Cross Reference to Related Applications)
(規則1.78、MPEP202.01)

　関連出願の参照には、関連出願を表示するものです。特に継続出願や分割出願である場合、親出願を出願番号、出願日で特定して記載します。優先権主張の基礎出願を記載して、その内容を明細書に組み込むことがよく行われます(Incorporation By Reference (IBR))。優先権主張している場合に、明細書や図面の一部が欠落していても、それが「非意図的な」欠落の場合は、出願後に補充することができます。IBR は、欠落が「非意図的」かどうか、後に争いが生じないようにする意味があります。

●発明の背景(Background of Invention)(規則1.78、MPEP608.01(c))

　発明の背景は、一般に2つの部分からなり、(1)発明の技術分野(Field of the Invention)と(2)関連技術の説明(Description of Related Art)を記載します。発明の技術分野の部分は、米国特許分類の用語を使うのが好ましいとされています。関連技術の説明では従来技術などを簡単に説明しま

す。この部分は、先行技術の自白とされることがありますので、発明の課題に関する説明などの記載には注意する必要があります。

●発明の概要(Summary of Invention)(規則1.73、MPEP608.01(d))

　発明の概要は、公衆がクレーム発明の特徴や意義を理解できるようにするものです。要約文との違いは、要約文は150語の制約がありますが、ここではそのような明確な制約はないことです。単にクレームを繰返すのではなく、その内容を分かりやすい文章で説明することが必要です。また、全てのクレームに関して説明する必要はありません。ここでの記載も必要以上に限定的な記載にならないように、注意が必要です。

●図面の簡単な説明(Brief Description of Drawings)
(規則1.74、MPEP608.01(f))

　図面の簡単な説明は、どの図が、何をどのように見た図かを説明します。図の内容を説明する必要はありません。重要なことは、従来技術を説明するための図と、本件発明を説明するための図を明確に区別することです。また本件発明の図でも実施例が複数ある場合は、どの実施例の図かを明らかにする必要があります。

　なお、従来技術の図については、図面に「Related Art」や「Prior Art」などの表示が必要です。

●発明の詳細な説明(Detailed Description)(規則1.71、MPEP608.01(g))

　発明の詳細な説明は、当業者がその発明を容易に実施し得る程度に、簡潔明瞭に説明するものです。実施例もここで説明します。実施例は技術の性格により必ずしも実験したものである必要はありませんが、実施例の記載において、実際に実験を行っていないのに、過去時制で記載することは許されません。あえて誤解させるような記載をしたために、詐欺的意図があったものとして不公正行為とされ、特許権行使不能とされた事例があります[6]。

---

[6] *Hoffmann−La Roche, Inc. v. Promega Corp.*, 323 F.3d 1354, 1363 (Fed. Cir. 2003)

6. 他の明細書の形式的注意事項

(Other Formality Requirements for Specification)

●明細書内の頁番号やパラグラフ番号の引用

　明細書の記載において、明細書の頁やパラグラフ番号により、明細書内の他の部分を引用しながら説明することは避ける必要があります。出願明細書の頁番号は、公開公報や特許公報になったときには、分からなくなりますし、公報の段落番号は、出願人が付けた段落番号とは無関係に付けられますので、公報の説明が分からないものになってしまいます。

●明細書内のクレームの引用

　明細書の中で、クレームを引用しながら説明することは認められていません。また、日本の明細書は、明細書の中にクレームがそっくり入っていることが多いですが、遅かれ早かれ不備とされますので、避けるべきです。その部分も普通の文章になっていることが好ましいのですが、クレームの従属関係まで、普通の文章に直すことは困難です。補正が求められた場合は、例えば「Claim 1」を「Claim」なしの単なる「(1)」または「first aspect」などとして、とりあえず機械的に補正すれば、それ以上を求められることは殆どないと思われます。

●明細書の文字サイズと行間スペース（規則1.52、MPEP608.01）

　規則では文字サイズは12ポイントが好ましいとされています。そして、行間は1.5行間隔または2行間隔で、フォントは手書き調でないもの（Arial, Times Roman, Courierなど）が要求されます。フォントをCourier 2行間隔としたものが一般的ですが、比較的にかさばる形式といえます。頁数が多いと紙の無駄になり、しかもファイルがかさばって扱いにくくなるだけでなく、頁数が100頁を超えますと追加料金が取られます。米国特許庁の推奨する形式の中で同じ12ポイントでも、フォントをCourierの2行間隔のものを、Times Romanの1.5行間隔にするだけで、頁数にして約60％と随分コンパクトになります。

●図面番号との整合性

　第1図の中にAとBの2つの図を入れて、全体を「FIG. 1」として、それぞれの図に「A」、「B」とだけ表示すると不備とされることがよくあります。米国では、それぞれの図に「FIG. 1A」、「FIG. 1B」のような表示が標準的だからです。図面はそのようにしてあっても、「図面の簡単な説明」において、「FIG. 1 is …, in which A shows …, and B shows …」となっていると、説明と図面が不一致で不備とされます。説明を「FIG. 1A is …, FIG. 1B is …」と直せばよいのですが、米国特許庁は、出願公開前に明細書を補正する際には、一律的に全文訂正明細書の提出を求めております[7]。すなわち、前記のような簡単な補正でも、明細書全文、しかも修正表示版と修正表示なしのクリーン版とをそれぞれ提出しなければなりません。明細書が数百頁あっても同じです。

　一方、PCTの翻訳を作成するときに、勝手に「FIG. 1」、「A」、「B」を「FIG. 1A」、「FIG. 1B」に変えてしまうと、内容が不一致であるとされます。したがって、PCT国内段階移行の明細書は、とりあえず、記号もそのままにして翻訳しておくのが無難です。

---

[7] 但し、PCT国内段階出願の場合、全文訂正明細書の提出は求められません。

7. 要約文

(Abstract of Disclosure)

●要約文(Abstract of Disclosure)(規則1.72、MPEP608.01(b))

　明細書には要約文をつけることが要求されます。要約文の長さは150語以内に制限されます。日本語で400字が英語にして大体150語になります。また、要約文は、改行なしの単一の段落にしなければなりません。日本からの訳文では「目的」と「構成」で段落を変えたりしますが、英訳時に段落を分けたままにしておくと、単一段落にするよう補正が要求されることがあります。

　クレームと違って、要約文は、内容を分かり易くするためのものですから、クレームをそのまま使うのではなく、読み易い文に直す必要があります。要約文中で「comprise」、「said」、「thereof」などの堅苦しいクレーム用語を使うと補正が要求されることがよくあります。通常「comprise」は「include」や「have」に、「said」は「the」に変えれば簡単に直せます。

●要約文とクレーム解釈(Claim Construction)

　CAFC(連邦巡回区控訴裁判所)は、要約文をクレーム解釈の証拠から排除する必要はないという立場をとっています[8]。従来は規則1.72に要約文は「クレームの解釈には使われない」と規定されていましたが、その判例法に整合させるために削除されました。したがって、米国の要約文は、クレームの解釈に使われる可能性がありますので、クレームの内容との整合性を意識する必要があります。

●要約文と当初開示(Original Disclosure)

　出願と同時に提出した要約文に記載されていた事項も当初開示の一部とされ、新規事項(new matter)とされることなく、あとで明細書やクレームに追加することができます[9]。しかし、このことは、一応の知識として知っておくことは有用ですが、明細書の内容と要約文との間に、このような乖離があってはならないことは、言うまでもありません。

---

[8] *Hill‐Rom v. Kinetic*, 54 USPQ 1437, 1440 (Fed. Cir. 2000).

[9] MPEP608.01 (b). *In re Armbruster*, 185 USPQ 152, 154 (CCPA 1975).

判例や条文の引用
（Citation）

　米国判例の引用方法の基本について、知っておいた方がよいでしょう。たとえば、State Street Bank 事件の CAFC 判決は、つぎのように表示されます。「*State Street Bank & Trust Co. v. Signature Financial Group, Inc.*, 47 USPQ2d 1596 (Fed. Cir. 1998).」

　最初のイタリック（斜字体）部分で、当事者名が「v.」を挟んで記載されます。斜体字の代わりに下線にすることもあります。つぎの「USPQ2d」は、「United States Patent Quarterly（季刊連邦特許判決集）の第2集」で、その第47巻1596頁から始まっていることを示しています。末尾の丸括弧内の「Fed. Cir.」は連邦巡回区、すなわち CAFC の判決を表わし、1998年に判決が出たことを示しています。USPQ シリーズは、特許だけでなく知的財産権関係の判決を収録しており、知的財産権関係者は主にこの判決集を利用しています。一般には West 社の「Federal Reporter（連邦判決集）」シリーズがポピュラーですので、これも、たとえば「F.3d」（連邦判決集第3集）のように併記されていることもあります。

　また、KSR 事件の最高裁判決は、つぎのように記載されます。「*KSR International Co. v. Teleflex Inc.*, 550 U.S. 398, 82 USPQ2d 1385 (2007).」上記と同様に斜体字部分には当事者名が記載されます。つぎの部分は、「連邦最高裁判決集」第550巻第398頁から始まっていることを表わしています。また、「USPQ2d」の第82巻1385頁から始まっていることも併せて示しています。末尾の丸括弧内は判決の出された年です。この場合「U.S.」の部分から連邦最高裁の判決であることがわかりますので、（2007）のカッコ内にあえて最高裁の表示はありません。

　連邦法の条文は、「連邦法典（U.S.C.）」で表示されます。たとえば米国特許法第102条(b) ですと、「35 U.S.C. §102(b)」となります。「35 U.S.C.」は連邦法典第35巻（特許法）を示しています。連邦商標法は「15 U.S.C.」、著作権法は「17 U.S.C.」になります。特許法施行規則は、「連邦規則集（C.F.R.）第37巻」で、たとえば出願料は特許法施行規則1.16にありますが、これは「37 C.F.R. §1.16」となります。特許出願手続に関する規則は「§1.」がついています。これは第1部のような感じです。「§1.16」は第1部の第16条という感じですが、規則の表示が「§1.16」となっていますので、規則1.16といった方が混乱が生じないでしょう。ちなみに「§3.」は権利譲渡と登記、「§5.」は秘密命令と対外国出願許可、「§11.」は代理業務について規定しています。

8. 図　面

（Drawings）

●図面（Drawings）（規則1.81〜1.87、MPEP608.02）

　図面は発明の理解に必要な場合は必ず提出しなければなりません。また、必要でなくても、発明の理解のために望ましい場合、審査官は図面の提出を求めることができるとされています。しかも、規則1.83 は、図面はクレームされた発明の特徴のすべてを示していなければならないとしており、この規定に基づく objection を受けることがありますので、このことも図面作成にあたって念頭におく必要があります。

　図面は、日本語の文字が入っていなければ、殆どの場合、「第 1 図」を「FIG. 1」に変えるなど最小限の訂正で、日本の特許出願の図面を使うことができきます。なお、米国の図面様式の詳細な規則を覚える必要はありませんが、日本からの出願の図面でよく不備が指摘される次のような点に留意しておけば、無駄な費用をかけずにすみます。

●日本からの出願図面によくある不備（Informalities）

　米国では、図面が 1 つしかないとき、「FIG. 1」とするのは不可とされており、番号なしの「FIGURE」とするように求められることがあります。また、 1 つの図面番号の中に複数の図が入っていると違反とされます。例えば第 1 図に A と B の 2 つの図面があると、補正を命じられることがあります。それぞれに「FIG. 1A」、「FIG. 1B」のように表示し、明細書記載も整合させることが好ましいと言えます。また、従来技術を説明する図面には、「Prior Art」、「Related Art」などの表示が求められます。図面の表示「FIG. 1」、「FIG. 2」などの文字の向きは、それぞれ図面を見る方向に一致させる必要があります。

　図面中にベタ塗りは認められませんので、ハッチングなどに変える必要があります（なお、部品の材質によってハッチングの仕方が規定されており、明細書の説明の材質と不一致とされることがあります）。

　なお、図面に表示された参照のための番号や記号は、全て明細書の説明に出てこなければなりません。逆に明細書の説明に現れる参照番号や記号

は全て図面に表示されていなければなりません。また複数の図面に現れる同じ部分は、一貫して同じ記号や数字で表示することが求められます。

　カラー図面やカラー写真があるとペティション（請願）が必要になり、余分な弁護士費用もかかります。写真も特にカラーである必要がなければ、白黒写真にした方がよいでしょう。

●断面図と断面位置の表示(Cross Sectional View)

　第1図の断面図が第2図で示されている場合で、第1図中に断面の位置を示すときは、断面の表示は断面図の図面番号（この場合、第2図）を用いて「2-2」（第2図の「2」です）またはローマ数字で「Ⅱ-Ⅱ」とします。このようになっていることにより、第1図で「2-2」または「Ⅱ-Ⅱ」と示された断面図は、第2図を見ればよいことが一目瞭然になります。このような修正に伴って明細書中の図面の簡単な説明の「第2図は、第1図のA-A断面図」などの記載は、「第2図は、第1図のⅡ-Ⅱ断面図（または2-2断面図）」になおす必要があります。明細書中の参照箇所にも補正する必要が生じますので、出願時に訂正しておいた方がよいでしょう。ただし、PCTの国内段階出願の場合は、明細書や図面の不一致とされることがありますので、PCTの国内段階出願の明細書や図面はもとのままにしておく方が無難です。

● PCT 国際出願の図面と国内段階出願の図面

　なお、PCTの国際出願と米国国内段階出願との間で、図面での表示や、明細書中の図面の説明が異なると、米国特許庁から補正を命じられることがよくあります。米国国内段階出願の準備において、勝手な判断で図面の表示を変更せずに、早い段階で米国代理人に相談することが好ましいと思われます。国際段階の図面を作成する段階で、国ごとに修正が最小限となるようにしておくことが望まれます。

9. 明細書の要件

(Requirements for Specification)

●明細書の要件(112条(a)(旧第1 パラグラフ))

　明細書は、特許出願日の時点で、次の3つの要件を満たしていることが要求されます。(1)発明が記載されていること(発明記述要件)、(2)発明が実施可能な程度に開示されていること(実施可能要件)、(3)最良の形態が開示されていること(ベスト・モード要件)です。出願した後に、明細書を補正することによりこれらの要件を満たすことはできません。このような補正をした場合は、新規事項(new matter)の追加として拒絶されます。

●発明記述要件(Description Requirement)(MPEP2163)

　発明記述要件は、クレーム発明が、明細書中に記載されていなければならないという要件です。発明記述要件違反の拒絶は、少し分かりにくい場合がありますので、典型例を知っておくと良いでしょう。

　発明記述要件違反として拒絶される例として、補正後のクレームが、出願当初に記載されていなかった内容を含むようになっている場合が挙げられます。つまり、後の補正でクレームの構成要件とするためには、出願当初の明細書のどこかにその発明がきちんと記載されている必要があるということです。その記載は、当業者から見て、発明を明確に認識できる程度のものでなければなりません。

　発明記述要件は新規事項(new matter)の禁止と似ていますが、発明記述要件はあくまでもクレーム発明が当初の明細書に記述されていることを求め、当初の明細書に記載されていない技術主題を後からクレームすることを禁止するものです。これに対し、新規事項の禁止は、クレーム発明に関わらず、当初の明細書に記載されていなかった事項を、後の補正により開示に追加することを禁止するものです。

　クレームの違反が、明細書の記載要件違反とされることは、日本の実務者には、分かりにくいところです。

　また、化学やバイオの分野の出願で、実施例のサポートが不充分な場合にも発明記述要件違反とされることがあります[10]。

●実施可能要件(Enablement Requirement)(MPEP2164)

　実施可能要件は、当業者がクレームされた発明を容易に実施できる程度に、発明が明細書に具体的に開示されていることを求めるものです。これは、日本の特許法36条4項の要件と同じ趣旨と理解してよいでしょう。容易に実施できるかどうかの基準は、当業者が実施するに当って、不当に大変な実験(undue experimentation)が必要かどうかによって判断されます。実施可能要件が欠如している場合、これを補正で治癒することはできません。CIP とすることは可能ですが、欠陥出願の出願日の利益を受けても、出願日が遡ることにはなりません。

●ベスト・モード要件(Best Mode Requirement)(MPEP2165)

　ベスト・モード要件は、明細書において、出願人が知っている最良の実施形態(ベスト・モード)が開示されることを求めるものです。出願人の主観によりますから、審査段階では、審査官は通常この要件は満たされていると推定して審査し、この要件違反で拒絶することはまずありません。

　なお、優先権主張をする米国特許出願の場合、第一国出願の時点においてベスト・モード要件が満足されていれば、米国出願の段階で明細書の内容を変更しない限りは、ベスト・モードを更新する必要はありません(MPEP2165.01 Ⅳ)。

　新法(AIA)で、ベスト・モード要件を定める112条の規定はそのままですが、侵害訴訟での無効抗弁から、ベスト・モード要件違反が削除されました(282条(b)(3))。ベスト・モード違反は、審査過程において拒絶理由となることは殆どなく、訴訟のディスカバリにおいて初めて判明することが殆どです。したがって、侵害訴訟において無効抗弁から除外されることは、ベスト・モード要件の実質的廃止に近いと思われます。

●他の文献の引用(Reference to Other Document)(MPEP608.01(p))

　発明の開示にあたって、明細書中で他の文献を引用することが認められますが、次のような制約があります。まず、上記の明細書の要件を満足するために必要とされる発明に重要な(essential)技術的事項については、米

---

[10] *Ariad Pharms. v. Eli Lilly & Co.*, 598 F.3d 1336 (Fed.Cir. 2010).

国特許または米国公開出願の引用に限られます。

　また、引用される米国特許は、その重要な技術的事項を、さらに他の米国特許の引用に頼っているものであってはなりません。発明に重要でない技術主題については、外国特許、刊行物でもかまいません。ただし、明細書で引用した文書は、原則として情報開示申告書（IDS）で提出する必要があり、IDS で提出するには英語翻訳文の提出が必要になります。したがって、明細書で不必要に多数の文献を引用することは、好ましくありません。

「Prior Art」の意味

　米国特許用語の「Prior Art（先行技術）」とは、単に先行している技術という意味ではありません。「Prior Art」とは、新規性拒絶または進歩性拒絶のための引用例となる資格を備えたものを意味します。したがって、通常は、新規性について規定する、米国特許法第102条の先行技術の要件を満たすものをいいます。

　明細書の「発明の背景」などにおいて、先の発明が公知になっていないのにも関わらず、後の発明の出願において、先の出願の発明を「Prior Art」というと、米国特許用語としての「Prior Art」であることを自認（自白）したものとされてしまいます。「Conventional Art（従来技術）」も同様です。

　この認定を覆すことができないわけではありませんが、デクラレーションを提出するなど、かなりめんどうです。ですから、「発明の背景」では、明らかな先行技術以外は記載しないようにし、公知でない事項の説明は、発明の説明の一部とすべきです。また、「Prior Art」という用語を不用意に使わずに、「Related Art（関連技術）」などの用語を使う方が無難です。

　ところで、「Art」というと「技術」というよりも「芸術」をイメージする方が多いと思われますが、「武術」は「Martial Art」ですし、孫子の「兵法」は「Art of War」と訳されており、他にも「Art of Negotiation」などの How to 本もあります。昔は「芸術」が技術として特に顕著なものであったことから、「Art」という言葉と密接に結びついたのではないでしょうか。

パリ条約優先権と PCT 国際出願

日本で特許出願し、その出願日（優先日）から12ヵ月以内にパリ条約に基づく優先権主張をして外国に出願すると、日本での出願日を基準日として、新規性や進歩性を判断してもらうことができます。日本以外の出願国が少ない場合は、優先期間の12ヵ月の間に翻訳を準備すればよく、優先権主張だけで、特に不便はないと思われます。

優先権は、優先日から12ヵ月以内に外国出願しないと失効しますが、優先日から14ヵ月以内に米国出願すれば優先権復活の救済措置を請求することができます。

出願国が多い場合は、PCT 国際出願が利用されることが多くなります。PCT 国際出願は、日本の特許庁で、しかも日本語で出願することにより、PCT 加盟国全てでの出願日を確保することができます。但し、国際出願をしても、最終的には各国に翻訳文を提出して各国の審査を受けなければなりません。なお、パリルートと PCT ルートと言われますが、パリ条約優先権と PCT 国際出願とは、択一的な関係ではなく、PCT 国際出願でも、その多くは、先に出願された国内出願の優先権を主張しています。

日本の PCT 国際出願については、日本特許庁が、国際調査機関として国際調査報告と国際調査見解書を作成して、出願人に送付します。出願人は、これを受取ってから、出願日（優先日）から30ヵ月以内に各国に翻訳文を提出して国内段階に移行できます。国際調査報告と見解書を参考にして、国内段階移行の是非を検討することもできます。

米国で PCT 国際出願をすることができるのは、米国に住所または居所を有する者に限られ、日本の出願人は、日本特許庁で PCT 国際出願することになります。

なお、米国では、パリ条約優先権主張をして米国出願するにしても、PCT 国際出願の米国国内段階に移行するにしても、その時点で翻訳がなくても手続できることを知っておくことは有益と思われます。そして、米国特許庁の通知が来てから指定された期間内に提出できますし、必要ならば期間を延長することも可能です。

10. クレーム（特許請求の範囲）

（Claims）

●クレーム（112条（b）（旧第2パラグラフ））

クレームは、出願人が自分の発明と考える対象を特定し明確に記載しなければなりません。そして、クレームの記載が、当業者にとって、発明の範囲を合理的な確かさで理解できるようになっていないと、不明確で無効とされます[11]。

なお、「クレーム」という単語は、「クレームをつける」というように「異議を唱える」「文句をつける」という意味で使われていますが、英語ではそのような意味ではなく、「権利の主張」を意味します。

クレームの記載形式は無限にあり得ますが、米国のクレームは基本的な記載形式が比較的統一されています。主なルールは、次のようなものです。

●標準的なクレーム記載形式（Standard Format）

例えば、「A、BおよびCからなるX装置」というクレームを英語にすると、「X device comprising：element A；element B；and element C.」となります。ここで、「X device」が前置部（preamble）、「comprising」は移行部（transition）および「element A, element B, and element C」は、本体部（body）と呼ばれます。

方法クレームは、単一または複数の行為ステップからなり、標準的な方法クレームの記載は、「A method of … comprising（the steps of）：doing A；doing B；and doing C.」といった形になります。もちろん各「doing」は他の行為を表す動詞でもかまいません。

●前置部（Preamble）（MPEP2111.02）

前置部は、発明の対象を示すためのもので、先ほどの例で「X装置」に相当します。発明の名称をそのまま使う場合もあります。ここでの限定は原則として（少なくとも米国特許庁の審査においては）構成要件として認め

---

[11] *Nautilus v. BioSig*（S.Ct. 2014）.

てもらえません。前置部が数語以上になる場合は、前置部の終わりを「,(コンマ)」で区切ります。

●移行部(Transition)(MPEP2111.03)

移行部は、次のような区別を明らかにします。移行部の終わりは「:(コロン)」で区切ります。まず、最も一般的な「comprising」は、「を有する」を意味し、実際に限定されていない他の構成要件を追加したものも、その範囲に含みます。日本のクレームでの「・・・からなる」は、一般にこれに相当します。

一方、「consisting of」は、「のみからなる」を意味します。この場合、他の構成要件が追加されると範囲外となります。特に化合物、合金や組成物などで、他の要素の追加された先行技術と区別するなど、特殊な場合にのみ使われます。

「consisting essentially of」は「のみから実質的になる」を意味し、これは基本的に「consisting of」と似ていますが、非実質的な他の要素に限定されるにせよ、他の要素が入る余地がある点では「comprising」に近いとも言えます。

●本体部(body)

クレーム本体部は、構成要件とそれらの相互関係を記載する部分で、クレームの構成要件を書くところです。次の項で説明します。

11. クレームの本体部

(Body of Claim)

●基本的ルール

クレーム本体部の書き方において、最も重要なことは、(1)構成要件がすべて列挙されていること、(2)各構成要件が明確に定義されていること、そして、(3)構成要件相互の関係が明確にされていることです。構成要件の記載においては、なるべく構成要件毎に段落を変えてわかりやすくするのが好ましいでしょう。各構成要件の定義においては、それぞれの用語が明確であるかどうか1つ1つ確認する必要があります。

構成要件相互の関係の記載においては、それぞれの構成要件に関して、他のいずれかの構成要件との関係が、記載される必要があります。構成要件ごとに他の構成要件との関係を記載することもできますし、構成要件を列挙した後に、「wherein」節で構成要件間の関係を記載することもできます。

いずれにせよ、他の構成要件との関係が書いていないような「はぐれ構成要件」を作らないようにしなければなりません。また、構成要件のグループに別れてしまい、グループ間の関係が記載されない場合も不明確となります。

●クレームにおける文法

クレームで最初に出てくる用語には不定冠詞「a」、2回目以降は定冠詞「the」または「said」[12]をつけます。全部「the」にしてもかまいません。「the」と「said」を使い分けるときは、通常、構成要件には「said」を使い、構成要件が当然備えている部分を指すときは「the」を用います。たとえば、「the center of said circle」などです。しかし、このような場合でも、審査官によっては「the center」の先行詞がないとして、拒絶してくることがよくあります。

同じ名前の別の構成要件は「first」や「second」をつけて区別します。

---

[12] 文法的には「the said」もあり得るのですが、クレームでは殆ど使われません。

これは便利な方法ですので是非覚えておいて下さい。なお、「first」や「second」には「the」をつけると学校で習ったことを覚えている方が多いと思いますが、クレームの中では、1回目は「a first member」「a second member」のように「a」を使います。

　日本語は単数と複数の区別がありませんが、英語の場合は単数と複数を別の単語と考えなければなりません。「gears」が出てきた後で「said gear」ということはできません。「one of said gears」または「a first gear of said gears」というようにしなければなりません。

　同一構成要件内の区切りは「,（コンマ）」、構成要件の終りは「；（セミコロン）」を使います。最後の構成要件の直前に「and」を入れ、最後の構成要件を記載し、クレームの終りは「.（ピリオド）」で結びます。

● Wherein 節

　「wherein」節は、構成要件を列挙した後に様々な限定事項を追加するために使われます。「wherein」節は、クレームの限定事項とみなされます。日本の「・・・を特徴とする」は、そのまま訳すと「characterized in that …」ですが、このようなジェプソン・クレームの慣用句は、それ以前の部分は先行技術として自白したものと推定されます。そのような推定を避けるため、通常は「characterized in that」に代えて「wherein」が使われます。

● Such that 節と Whereby 節

　「such that」節と「whereby」節は、どちらも結果を説明する節ですが、少しニュアンスが違います。「such that」節は、どのようになるようにするか表し、クレームの限定事項と認められやすいのに対し、特に審査過程において、「whereby」や「thereby」節は、すでに記載した構成から必然的に実現される事項を記載したものとみなされ、限定事項ではないとされる傾向がありますので、注意する必要があります。

　なお、侵害裁判における特許クレームの解釈においては、審査過程で特許性主張の根拠としている whereby 節の限定事項は、構成要件の一部として考慮されます。

12. 独立クレームと従属クレーム

(Independent Claims) (Dependent Claims)

●独立クレーム(Independent Claims)

独立クレームは、他のクレームを引用することなく、そのクレームだけで完結したクレームです。発明の基本的な構成要件を限定する重要なクレームです。これまでの説明は、基本的にこの独立クレームに関するものです。

●従属クレーム(Dependent Claims)

(112条(c)-(e)、規則1.75(c)、MPEP608.01(n))

従属クレームとは、「クレーム1記載の装置において、···とした」のように、そのクレーム内に他のクレームを引用しており、引用されたクレームのすべての構成要件を読込んで完結するクレームです。従属クレームの典型的なものは次の二通りがあります。

「X device according to claim 1, further comprising element D.」
(element D は追加の構成要件)

「X device according to claim 1, wherein element A is element a1.」
(element a1 は element A の下位概念)

従属クレームの記載においては、次のようなことが要求されます。まず、出願時の明細書では、前にあるクレームを引用していなければなりません(ただし、補正で独立クレームの番号が変わったりした結果、後のクレームを引用するようになってもよく、特許発行時に審査官が並べ替えてくれる点が、日本の実務と異なります)。

さらに、クレームは、上位クレームから下位クレームへと論理的な順序にし、審査官や公衆が理解しやすいように配列します。審査過程の補正により、そのような順序が不規則になる場合は止むを得ませんが、出願の時点ですでにクレームの後の方(他の従属クレームに紛れるような位置)に、広い独立クレームを持ってくるようなことは、好ましくありません。

●多項従属クレーム(Multiple Dependent Claims)

　米国でも多項従属クレームが認められていますが、１項でもあると追加料金[13]が課され、料金面で不利なほか、あまり利点がないので、できれば避けた方が得です。多項従属は実質的に従属する項数のクレームとして数えます。例えば、第３項が「第１項または第２項の装置において、・・・」とあるとき、「第１項の装置において、・・・」と「第２項の装置において、・・・」のクレーム２項分の内容を含みますので、この第３項は、２項として数えて、料金を計算します。また、第４項がその第３項に従属している場合も、第３項と同様に、間接的に第１項と第２項に従属していますので、これも２項として数えます。

　また、多項従属クレームにおいて、引用クレームが択一でないものや、多項従属クレームを他の多項従属クレームで引用しているものは、違反クレームとされます。特に後者は、日本の実務と異なっていますので、注意する必要があります。

●従属クレームの意義

　従属クレームを作る利点を次に記します。(1)審査過程においては、上位クレームに組み込める可能性のある事項を予め従属クレームに記載しておくことにより、オフィス・アクションへの対処が容易になります。(2)最初に従属クレームとして記載されていると、最終拒絶後の補正において、独立クレームに組込んでも新規争点(new issue)[14]の問題が生じないので、補正の採用が拒否されず、審査の継続手続(RCE 等)をしなくてもすむ可能性があります。(3)特許になってから、独立クレームまたは上位のクレームが無効とされたときに下位クレームが生き残ることにより充分な保護が得られるようにすることができます。

　また、再審査や再発行出願などにより、クレームが実質的に補正されると、再審査証明書や再発行特許の発行前の損害賠償ができなくなりますが、元の特許にすでに同じ従属クレームがあれば、そのクレームに関しては、

---

[13] 多項従属クレームの追加料金は820ドル（2017年10月〜2018年９月）
[14] 新規争点(new issue)と新規事項(new matter)との区別に注意して下さい。新規争点は、まだ審査されていない問題を意味します。新規事項は当初開示にサポートのない事項です。

実質的に補正されていないので、損害賠償の請求ができる可能性が高くなります。また、出願公開による仮保護の権利（日本の補償金請求権に相当）でも、公開クレームと特許クレームが実質的に同一であることが必要ですが、従属クレームは、同様に役に立つと思われます。

　したがって、従属クレームは、まずこのような目的で役に立つ事項を記載する必要があります。上位クレームが拒絶されたり、無効にされたりしたときにも、生き残れるような事項を記載することが、好ましいと言えます。

コラム

多項従属クレームによる形式的サポート

　日本からのクレームでは、例えば、第n項を第1項から第(n－1)項に従属させたものをよく見かけます。米国では、多項従属クレームは、存在するだけで追加料金が取られますし、前記の第n項の多くは多項従属クレームの多項従属を含むため、形式違反クレームになり、あまりメリットがありません。したがって、これらの多項従属クレームは、出願時の予備補正で独立項のみに従属するクレームに補正されるのが普通です。

　一方では、欧州特許庁の影響と思われますが、例えば、独立項が拒絶されたときに、複数の従属項の限定事項を独立項に組込んだときに、当初開示にないとして、新規事項とされたり、112条(a)の発明記述要件違反で拒絶されることが、米国でも見られるようになりました。

　ここで、出願時点で、予備補正前の第1項から第(n－1)項まで従属させた第n項があるという事実は、前記のような拒絶に対する反論に役立ちます。しかも、出願時に予備補正で、多項従属クレームがなくなるように補正すれば、多項従属クレームに対する追加料金を取られることもありません。

　クレーム発明が明細書においてサポートされているかどうかは、本来当業者基準であり、必ずしもこのような形式的補正の有無によるべきものではないと思われます。しかし、上記のようなRejectionやObjectionに対して、形式的サポートが、実際の審査過程で役に立つことも事実です。

Nautilus 事件最高裁判決[1]
クレーム不明確による無効

　米国特許法112条(b)は、明細書の最後に「出願人が自己の発明とみなす主題を特定し、明確にクレームする」と規定しており、不明確な場合は無効理由になります。

　Nautilus 判決前のCAFCクレーム明確性の旧基準は、「解釈の余地があり(amenable to construction)、且つ解決不能に不明瞭ではない(not insolubly ambiguous)ならば、不明確とは言えない」としていました。クレーム不明確無効を慎重にさせる要因として、(a)特許有効の推定があること(282条)、(b)訴訟における特許無効の立証基準は「明白で説得力のある(clear and convincing)」である、ことなどが挙げられます。

　最高裁は、112条(b)の趣旨は、当業者に発明の範囲を合理的な確かさで知ら

せることを求めるものであり、これを満たさないものは不明確で無効であるとしました。「解決不能なほど不明確(insolubly ambiguous)」に至らなくても、不明確さを容認することは、明確性を必要とする公衆への通知機能を減じ、技術革新(innovation)を阻害するとしました。

　そして、明細書の作成者が、不明確なクレームを防止するのに最もふさわしい立場におり、クレームに不明確さを導入する動機(incentive)を除外するのが妥当であるとして、発明の範囲を合理的明確さ(reasonable certainty)で通知していないクレームは、不明確として無効であるとしました。

　Nautilus 判決は、クレーム不明確無効のハードルを明らかに下げたので、不明確無効が判決前より増えているものと思われます。ちなみにクレームが不明確で無効とされるものには、ミーンズ・プラス・ファンクションが特に多いように思われます。

---

[1] *Nautilus v. BioSig*, 134 S.Ct. 2120 (S.Ct. 2014)

13. ミーンズ・プラス・ファンクション（機能的限定クレーム）

(Means-Plus-Function：MPF)

●ミーンズ・プラス・ファンクション(MPF)

(112条(f)(旧第6パラグラフ)、MPEP2114、2181)

　ミーンズ・プラス・ファンクション（以下 MPF）は、複数の構成要件からなる装置発明において、1つ以上の構成要件を、その構造で限定するのではなく、特定の機能を果たす手段という形式で限定するものです。

　米国特許法112条(f)の規定により、その構成要件は、クレームに限定された機能を持つすべての手段を包含するのではなく、明細書に開示された対応構造およびその均等物のみを包含するものと解釈されるとされています。例えば、クレームの構成要件を「加熱手段」と限定して、その対応構造として電熱器のみを開示していた場合、その「加熱手段」は、加熱する手段一般ではなく、「電熱器とその類い（電熱器の均等物）」として、解釈されることになります。バーナーはもちろん電磁誘導加熱なども含まれない可能性があります。「そんなばかな」と思われるかもしれませんが、112条(f)の条文はそのように規定しております。

　MPF クレームの実務において重要なことは、「Means for」があると、112条(f)が適用されるものと推定されることです。逆に、「Means for」がないと、112条(f)が適用されないものと推定されます[15]。推定の意義は、推定と異なる主張する者がその立証責任を負うことです。

● MPF クレームについての考え方

　上記のように「〜手段」という表現は、米国特許実務において、極めて特殊な意味合いを持っております。したがって、「〜手段」という表現を、米国特許出願の明細書やクレームで不用意に使用することは避けるべきです。

---

[15] 「Means for」がないと、112条(f)が適用されないとの推定は、かつては強いものとされていましたが、最近は特に強い推定ではないとされています。*Williamson v. Citrix* (Fed. Cir. 2015).

また、クレーム解釈に当って、何が明細書に開示された対応構造であるか、またその均等物が何であるかは、難しい問題であり、クレームの範囲を不確定なものにする傾向があります。その「手段」の対応構造が、明細書で明確に特定されていないと、クレームそのものが不明確とされる恐れもあります。無効とされるクレームのうち MPF の割合が高いと言われています。したがって、明確な戦略をもって利用するのでない限り、可能ならば避けた方がよいでしょう。

　MPF 形式を採用して、文言に近い範囲の権利とするためには、明細書においてさまざまなタイプの対応構造を開示することが必要になります。見方を変えますと、さまざまなタイプの実施例を数多く記載したときに、それらの実施例をまとめて包含する上位クレームとして、MPF 形式を採用することができると言うことができます。

　また、各対応構造を包含する非 MPF クレームを確保した上で、MPF クレームを追加することも、時には有効かもしれません。

14. その他の特殊なクレーム

(Special Types of Claims)

●ジェプソン型クレーム(Jepson Type Claim)(規則1.75(e)、MPEP2129)

　日本のクレームの標準的な記載形式である「・・・ において、・・・ を特徴とする」という形式のクレームです。規則1.75(e)では推奨しているようにも見受けられますが、米国特許庁審査官を含めて米国の実務家は好みません。規則1.75(e)を知らずに「米国の実務に沿っていない」と言ってくる審査官もいます。

　規則1.75(e)の規定にもあるように、米国では「characterized in that」「the improvement comprising」の前の限定が公知であると自白したものと推定されるという実務が確立しています。このような推定を避けるため、ジェプソン型クレームの「characterized in that」を「wherein」に変えるだけで、見た目は通常のクレームになります。また「the improvement comprising」も同様ですが、こちらは文法を整える必要があります。

●マークッシュ・クレーム(Markush Claim)(MPEP2173.05)

　日本語で「・・・ からなるグループのうちの一種」のように表現される選択的構成要件のことです。マークッシュ・クレームに関する一般的原則は、次のようなものがあげられます。(1)上位概念を適切に表す用語がない場合に用いられます。また、(2)グループ内で少なくとも１つの共通の特性がなければなりません。そして、(3)選択肢は明確に特定されなければなりません。すなわち、「the group consisting of(のみからなるグループ)」でなければならず、他のものが入る余地を残す「the group comprising(を含むグループ)」は認められません。

●プロダクト・バイ・プロセス・クレーム

(Product by Process Claim)(MPEP2113)

　プロダクト・バイ・プロセス・クレームは、製品のクレームですが、製品の構造を限定するのではなく、製造法を限定したものです。構造上の相違が言葉で簡潔に表現できないときに利用されます。

プロダクト・バイ・プロセス・クレームの新規性が認められるために
は、製法に関わらず、製品そのものが新規でなければなりません[16]。すな
わち、全く異なる製法で製造されたとしても、物として同じ先行技術の製
品があれば、新規性がないことになります。

　一方、この形式のクレームが特許になった場合、クレームで限定された
製法による製品のみを包含するものとして解釈されます[17]。異なる製法で
製造された同じ製品を特許侵害で訴えることはできません。

　一般に、発明の同一性と特許侵害は一致するものと考えられています。
しかし、プロダクト・バイ・プロセス・クレームは、この原則の例外にな
ります。このように、拒絶するときは広く解釈され、権利範囲は狭く解釈
されるので、損なクレームです。しかし、以上を理解した上で、製法クレー
ムと組合せて権利化するのであれば、それなりの使い方もあると思われま
す。

---

[16] *In re Thorpe*, 777 F.2d 695, 698（Fed. Cir. 1985）
[17] *Abbott Labs. v. Sandoz, Inc.*, 566 F.3d 1282（Fed. Cir. 2009）.

第Ⅰ部　米国特許出願入門

第3章

出願関連書類に関する知識

15. 特許出願のデクラレーション

（特許出願宣言書：Declaration of Patent Application）

●デクラレーション(25条、115条、規則1.63-1.69、MPEP602)

　米国の特許出願には、特許出願のデクラレーション(宣言書：Declaration)または宣言書(Oath)を提出することが要求されます。日本の特許出願では、このようなデクラレーションや宣誓書は要求されないのに、米国の特許出願において、なぜそのような書面が必要なのか理解に苦しむ方が多いと思いますが、これは、おそらく権利に関する歴史的な背景が異なるからでしょう。米国では権利の発生に当って、その権利を主張する人間が、自分がその権利を正当に取得したということを、偽証罪の適用される書面をもって厳粛に宣言することが要求されるということだと思われます。

　デクラレーションと宣誓書の違いは、後で詳しく説明しますが、少なくとも日本からの出願において宣誓書(Oath)が使われることはなく、すべてデクラレーションが使われるといっても過言ではないでしょう。また、日本語で「宣誓書」という言葉が使われても、実際はデクラレーションを指していることがよくありますので注意が必要です。

●デクラレーションの内容(115条、規則1.63-1.69、MPEP602)

　特許出願のデクラレーションに必要な事項は、(1)自分が発明者または共同発明者であること、(2)出願が、自分自身または自分の了承の下で作成されたこと、(3)故意の虚偽の申告が法律により処罰されるおそれがあることを承知していることです。従業員が発明者(職務発明)の場合は、デクラレーションを発明譲渡書と兼ねることができます。また、発明者自身が出願人になる場合は、デクラレーションを委任状と兼ねることができます。

●デクラレーションの法的効果

　デクラレーションと宣誓書のどちらであっても、偽証罪が適用される点でその効果は同じです。なお、宣誓書またはデクラレーションに不備があ

る場合、一部の補正はできず、新しいものを提出しなければなりません。また、他人が手を加えることはできません。

したがって、サインの日付が抜けているなど、デクラレーションに不備があると、米国代理人から返送されることがあります。日本の実務家の方から見ると融通が利かないと思われるかも知れませんが、米国特許弁護士が日付を入れたりすることはできないのです。

●代替供述書(Substitute Statement)(115条、規則1.64、MPEP604)

発明者による特許出願のデクラレーションを提出することが困難な場合は、特許出願人は代替供述書を提出することができます。代替供述書の提出が認められる事情としては、発明者が、(1)死亡している、(2)法的に無能力である、(3)勤勉に努力したが、見つからないか連絡できない、(4)発明者が、発明を出願人に譲渡する義務を負っているが、デクラレーションに署名することを拒絶している、などがあります。

代替供述書に記載する事項は、(A)供述内容が適用される個人の特定、(B)代替供述書を提出する理由を示す事情、及び(C)長官の定める追加情報及びその証明を含みます。

●デクラレーションと宣誓書(Declaration)(Oath)(25条、規則1.63-1.69)

デクラレーションや宣誓書という言葉は、いずれも特許出願時のものに限りません。特許出願のデクラレーションとは別に、たとえば、審査過程においても、先行技術を克服するために、引用例の記載内容をそれより先に公然開示していたことを宣言するデクラレーションや宣誓書(規則1.131)や、予想外の顕著な効果を証明するデクラレーションや宣誓書(規則1.132)などもあります。デクラレーションは一般の法律用語としても使われますので、混乱のないように用語の説明をしましょう。特許出願に関するデクラレーションは、故意の虚偽の陳述が法律により処罰されるおそれがあると承知していることを明らかにして署名することにより宣誓に代え、宣誓書と同様に真実と信ずることを述べたものとして作成されます。また、米国特許庁に対する故意の虚偽の陳述は、特許が無効とされたり、行使不能とされたりするおそれもあります。

●宣誓書と宣誓供述書（Oath）（Affidavit）（25条、規則1.130－1.132）

　宣誓書とは、証明したい事実や意見を記載するとともに、その記載された事実や意見の内容が真実であると信ずることを、公証人またはそれに相当する資格のある者の前で、実際に宣誓して署名し作成された書類です。狭義の「Oath（宣誓）」は、真実を述べるという誓いのみを意味し、事実に関する内容と区別されますが、広い意味で、事実に関する言明を含めた全体を宣誓書（Oath）と呼ぶこともよくあります。

　宣誓供述書（Affidavit）という言葉も時々聞くと思われますが、これは宣誓書（Oath）と同義語と考えてよいでしょう（たとえば、規則1.130では見出しにAffidavitを使い、本文ではOathを使っています）。ただし、Affidavitは、狭義の真実を述べるという誓いのみの意味では使われず、事実に関する言明が含まれたものを意味します。

「Comprising」と「Consisting of」

ある出願において、X用途の組成物「A＋B＋C」、すなわち、「A composition for X, comprising : A ; B ; and C.」をクレームしていたとします。審査官が、オフィス・アクションで新規性及び進歩性がないとし、引用した先行技術には、同じX用途の「A＋B＋C＋D＋E」を含む組成物が開示されていたとします。

このような場合に、補正しないで、応答書での反論として「引例ではD及びEを必須成分としているが、本発明では、DとEを必須成分として含んでおらず、技術思想が全く異なっている。DとEを含まない「A＋B＋C」のみで、X用の組成物として用いることは、当業者にとって自明ではない。」と主張するようインストラクションをもらうことがあ

ります。このような主張は正しいでしょうか。

結論を言うと、正しくありません。本発明において、DとEを必須成分としていないことが、異なる技術思想に基づいていることは確かです。だからといって、上記のクレームが、技術思想の異なる「A＋B＋C＋D＋E」を包含しないと言えるでしょうか。

ポイントは、移行句「comprising」です。「comprising」はそれ以外の構成要件が追加されることを排除しません。つまり上記のクレームはA、B、Cを含む組成物全てを包含します。したがって、上記クレームがDとEを含まないと言うことはできません。上記のインストラクションのように主張するためには、移行句「comprising」を「consisting of」（のみからなる）にする必要があります。このことは、米国特許クレームに関する考え方の基本です。

16. 権利の譲渡と登記

（Assignment）（Recordation）

●発明者と譲受人(Inventor)(Assignee)(261条、規則3.1-3.85、MPEP301)

発明した時点で、発明に関する権利は発明者が所有しています。発明者は自然人に限られます。虚偽の発明者の表示は特許無効の理由となり得ます。

一方、特許を受ける権利や特許の所有者は、自然人である必要はなく、企業など法人であってもかまいません。特許出願の段階で権利が移転された場合、譲渡書を登録すれば、所有者が出願人になることができます[18]。特許を受ける権利が譲渡された場合、発明者が特許出願手続をコントロールすることはできず、譲受人は発明者を出願手続から除外することもできます。

なお、発明者の特定に争いがある場合、特許庁で争うことができますが、権利の譲渡は契約の問題で、その紛争は裁判所の管轄であり、所有者に関して争いがある場合、所有者の決定は特許庁ではできません。発明者の表示と異なり、誤った所有者の表示は特許の有効性には関係がありません。

●譲渡書と登記(規則3.11-3.41、MPEP302)

特許を受ける権利および特許権の移転の契約は、文書で行なわなければなりません。譲渡契約に関しては、一般的な契約に関する法律が適用されます。契約自体は法律行為であり、契約書が英語である必要はありませんが、登記書類は英語の書類であるか、さもなければ英語の翻訳を添付する必要があります。

譲受人が出願人になる場合、譲渡書の登記が必須ですが、第三者に対抗できる権利を確保するためにも譲渡書の登記が必要です。すなわち、不動産の登記と同様に、譲渡書を登録していないと、同じ権利を有償で買った善意の第三者譲受人に対抗することができず、不利益を受けることがあります。

---

[18] 2012年9月16日以後の出願に適用されています。

●登記と優先順位（261条）

　特許権を譲渡した場合、譲渡から3ヵ月以内または善意の第三者への譲渡の前に登記していないと、その第三者に対抗することができません。例えば、特許の所有者Ｏが最初の譲受人Ａに譲渡し、Ａが登記しないまま3ヵ月を経過した後に、元の所有者Ｏが第二の善意の譲受人Ｂに譲渡して、ＡとＢが争った場合、後に譲渡を受けたＢが勝ちます。これはＢが登記してもしなくても関係ありません。一見異様に思われますが、通知主義という現在でも多くの州で採用されている米国の伝統的な不動産登記制度と同じものです。これは譲渡に関するもので、実施許諾に関しては登記の法律は適用されません。

17. 情報開示申告書(IDS)

(Information Disclosure Statement)

●情報開示申告書(IDS)(規則1.97−1.98、MPEP609)

　特許出願に関与している者(発明者、譲受人、代理人など)は、特許性に関して重要(material)なすべての情報を米国特許庁に開示する義務を負います。ここでいう「重要な」とは、その情報があれば、審査官が直ちに許可しない可能性が高いことを意味しています[19]。審査官が引用した先行技術よりも、技術的に近いものは当然重要と言えます。

　米国の特許出願審査過程における情報開示義務は厳しいものです。特許出願に関与した者が、知っている重要な先行技術を米国特許庁に提出しなかった場合、特許訴訟において、不公正行為として認定され、特許権の行使が認められなくなることがあります。したがって、特許権行使の際に相手方に攻撃の口実を与えないためにも、重要な先行技術は必ず提出すべきです。IDS は審査に協力するというよりも、提出された先行技術を審査官が検討済であるという証明の１つとする意味合いがあります。

● IDS の内容(規則1.98、MPEP609)

　IDS には、(a)情報のリスト(form SB/08)、(b)文献のコピー(翻訳文が容易に入手可能な場合は翻訳を含む)、(c)翻訳の入手が難しいときは、関連性の簡潔な説明を添付します。なお、米国特許文献(米国の特許および出願公開)に関しては、コピーの提出は不要です。また、非英語文献で重要個所がわかっている場合は、少なくともその部分の部分訳を添付する必要があります。また単に従来技術の例示である場合は要約でもかまいません。全文訳でない場合特に、開示内容に関して審査官をミス・リードするものと誤解されないよう配慮することが必要です。

●許可通知前の IDS(規則1.97、MPEP609)

　IDS は、その提出のタイミングによって有料の場合と無料の場合があり

---

[19] *Therasense v. Becton*, 649 F.3d 1276, 99 USPQ.2d 1065 (Fed. Cir. 2011).

ます。まず(a)出願から3ヵ月以内または最初の実体的オフィス・アクション(以下OA)の発送前は米国特許庁料金が無料です。この場合は特に後に出てくるような申告は必要ありません。なお、ここでいう「最初の実体的OA」[20]には、限定要求のOAは含まれません[21]。

次に(b)最初のOA後でも、許可通知またはファイナル・OA(最終拒絶通知)の発送前は、(1)それぞれの情報が外国の特許庁により3ヵ月以内に引用された情報、または、(2)開示義務を負う者が知ってから3ヵ月以内の情報は、その旨を述べ申告[22]すれば、無料でIDSとして提出できます。これら(1)と(2)に該当しない情報の提出は有料になります。

●許可通知後の IDS(規則1.97、MPEP609)

特許許可通知が発送された後も、特許発行までは開示義務はなくなりません。もし、特許許可通知が出された後で特許発行料(issue fee)を納付する前に有力な先行技術が見つかった場合は、上記の(1)や(2)の情報(3ヵ月以内に得た情報)に関しては、その旨の申告と料金とともにIDSを提出することができます。3ヵ月以上前に得た情報は、料金を支払っても提出できません。なお、最終拒絶後も、許可通知発送後と同様です。

さらに特許発行料を払った後に有力な先行技術が見つかった場合は、特許発行を辞退し再度審査を求めるpetition(請願)とその出願の審査継続手続(RCEや継続出願)をした上でIDSを提出しなければなりません。

● QPIDS (「キューピッズ」)(Quick Path Information Disclosure Statement)

QPIDSプログラムは、2012年5月16日に試行が開始され、終了期限間際の更新を繰返し、継続されてきました[23]。このプログラムは、特許発行料を払った後に先行技術が見つかった場合に、特許発行の辞退とRCEをした上でIDSを提出すべきかどうか迷うときの手続です。必要なものは、(a)QPIDの申請、(b)先行技術を3ヵ月以内に知った旨の申告を含むIDS

---

[20] 「最初の実体的OA」は「First Office Action on the Merits」といいます。
[21] MPEP609.04(b) I.
[22] IDSの様式にチェック欄があり、そこにチェックすれば申告したことになります。
[23] 2018年時点でも9月30日迄と期限つきですが、その後もまた継続される可能性があります。

と IDS 料金、(c)特許発行辞退の請願と請願料金、(d)RCE と RCE 料金、です。審査を再開する必要なく IDS が考慮されれば、審査官の IDS 考慮済の IDS コピーが返送され、RCE 料金は払戻されます。一方、審査を再開する必要がある場合は、IDS 料金が払戻されます。QPIDS にしても、RCE 料金が払戻される割合は高くないことは、一応念頭においた方がよいでしょう。

●規定外の IDS

なお、これらの要件を満たさない IDS はファイルに入れられますが、審査官は審査において検討する必要はありません。

限定要求は
ファースト・アクションか？

　答えはあるときは Yes であり、あるときは No です。ファースト・オフィス・アクションかどうかは、例えば IDS の提出期限や提出方法、特許期間調整の日数などに影響します。

　情報開示申告書(IDS)は、その提出のタイミングによって有料の場合と無料の場合があります。出願から 3 ヵ月以内またはファースト・オフィス・アクションの発送前は IDS の米国特許庁料金が無料で、情報を知った時期に関係なく提出できることになっています。この期間後は、料金を払うか、3 ヵ月以内に知った文献である旨の申告が必要になります。ここでいう「ファースト・オフィス・アクション」には限定要求のオフィス・アクションは含まれません。したがって、限定要求の応答期間中は、ファースト・オフィス・アクションの発送前として、米国特許庁料金が無料で IDS を提出することができることになります。

　一方、特許期間保証制度は、米国特許庁の責任により特許発行が遅れた場合、一定の条件で特許の満了期間が延長される制度です。実際の米国出願日からファースト・オフィス・アクションまで14ヵ月以上経過した場合、その超過日数の合計が延長されます。ここでは「ファースト・オフィス・アクション」は文書による限定要求を含みます。したがって、実際の米国出願日から14ヵ月以内に限定要求が発送されれば、実体的なオフィス・アクションが発送されるまでに14ヵ月以上経過しても特許期間調整の対象にはなりません。

18. 米国特許出願料金

（US Patent Application Filing Fees）

●出願の基本料金（規則1.16、1.17）

　特許出願の料金はクレームの数によって変わります。ここに記した料金は、しばしば変更されるので、覚える必要はありませんが、独立クレーム3項まで、合計のクレーム数が20項までは基本料金でカバーされることなど、基本的な決まりは覚えておいた方が何かと便利です。出願時にかかる主な料金は、表に示す通りです。なお、出願提出時の明細書、図面、予備補正書などの合計の頁数が100頁を超えると追加料金がかかり、50頁毎に追加されます。なお、小企業割引の場合、殆どの料金が半額になります。

（US ドル）

基本料金	出願料金（Basic Filing Fee）	300
	サーチ料金（Seach Fee）	660
	審査料金（Examination Fee）	760
追加料金	3項を超える独立項1項につき	460
	全項20項を超える1項につき	100
	多項従属クレームがある場合	820
	出願書類100頁を超える50頁につき	400
	出願時デクラレーションがない場合	160

●多項従属クレームの数え方（MPEP608.01(n)）

　多項従属クレームは多数クレームとして数えます。たとえば、3項のクレームを引用している多項従属クレームは、3項として数えます。3項のクレームを引用する多項従属クレーム1項をさらに引用している従属クレームも、3項として数えます。

　(1)引用クレームが択一でない多項従属クレーム、(2)多項従属クレームを引用している多項従属クレームは、不適当なクレームとして審査はされませんが、料金計算上は1項として数えられます。特に日本のクレーム実務と異なり、多項従属クレームを他の多項従属クレームで引用することができないことに注意する必要があります。

●多項従属クレームのデメリット

多項従属クレームは、直接又は間接に引用されるクレームの組合せ数として数えられるだけでなく、さらに多項従属クレームがあるだけで追加料金がとられることを考えると、避けた方が得です。

たとえば、クレームが3項しかなくても、第3項が第1項と第2項を引用する多項従属項であると、第3項は従属項2項分と数えても実質クレーム数は4項しかありませんが、基本料金＋追加料金となります。多項従属項が分解してあれば、クレーム数の合計が20項までは基本料金でカバーされるのに比較すると、追加料金の損になります。多項従属クレームが多数ある場合、米国出願時に上位のクレームのみを引用する単項従属クレームとすればよいでしょう。

●頁数と料金

出願時に頁数が100頁を超えますと、50頁毎に追加料金が取られます。頁数が多いと、ファイルがかさばって扱いにくくなります。米国特許庁は12ポイントを推奨していますが、同じ12ポイントでも、フォントをCourierで2行間隔のものをTimesRomanで1.5行間隔にするだけで、頁数にして約75％と随分コンパクトになります。紙の節約になるだけでなく、出願の追加料金も減らすことができますので、特に頁数の多い明細書に関しては、考慮する価値があるでしょう。

●審査前の出願放棄による返金(規則1.138、MPEP711.01)

審査官が出願[24]の審査を開始する前に放棄して、サーチ料金と追加クレーム料金の返金を求めることができます。この場合、返金請求と明示的放棄のデクラレーションを提出しなければなりません。この場合の「審査の開始」には限定要求も含まれます。また、郵便証明書の発送日などは考慮されません。

明示的放棄のデクラレーションを提出後に返金請求を提出する場合は、明示的放棄のデクラレーション提出後2ヵ月以内に提出しなければならず、この2ヵ月は延長することができません。返金請求と明示的放棄のデ

---

[24] 2004年12月8日以降の出願に適用されています。

クラレーションの提出が間に合わなくても、明示的放棄を撤回することはできません。

代理人費用

　米国の代理人の費用は、原則としてその仕事に必要な時間によって決まりますし、事務所により基準も異なりますので、一概にいくらということはできません。しかし、まったく金額を挙げないと見当がつかないと思いますので、あえて金額を挙げてみました。しかし、これらは、あくまでも目安としてお考え下さい。この他に、特許庁料金や雑費もかかりますし、明細書の翻訳を依頼すると、当然別途料金がかかります。またここに書いてある金額が必ずしも標準的な金額を表しているとは限らないこともつけ加えさせていただきます。

● 特許出願段階

　英文明細書や図面がすでにできている状態でも、その他、IDSや譲渡証など、必要な書類を整えて米国特許庁に提出するには、弁護士費用が1,500ドル程度はかかります。複雑な事例で問合せたり、余分な書類を作成したり、書類に不備があったりして、手紙のやり取りなどがあると、余分な費用がかかることがあります。何度か出願すると要領がわかると思いますので、以前の書類にならって書類を準備して送るとよいでしょう。また翻訳文のチェックなども、特に依頼しなければされないものと考えた方がよいでしょう。クレームの不備や多項従属クレームなどがあると予備補正が必要となり、これにも弁護士費用がかかります。

●オフィス・アクションへの応答

　技術の難易や、オフィス・アクションへの対応の難易により大きく異なります。事務所により、対応の仕方が異なっています。応答書の形にして提出するまでに通常1,500から3,500ドルかかります。事前に米国代理人の側で補正案や意見書案（Remarks）を作成してもらわずに、出願人側でそのドラフトを作る場合には、やや少なくなりますが、米国代理人が、指示内容を応答書の形にしたり、米国の実務に沿ったものに仕上げるのに少なくとも1,000ドル程度は必要でしょう。さらに、出願人側に米国特許実務に習熟したスタッフが必要です。

● 特許発行料

　許可通知後も、発行料の納付その他の手数料も1,000ドル程度かかります。また、特許後3年、7年、11年にも特許維持料の納付にも手数料が600ドル程度かかります。

失効優先権の復活と
優先権主張の復活

　日本出願日から12ヵ月以上経つと、パリ条約上は優先権主張はできなくなりますが、特許法条約の発効[1]後、優先日から14ヵ月以内に米国出願すれば、優先権の復活を請求できるようになっています。また、優先権主張（意思表示）は、優先日から16ヵ月以内（継続出願などであれば実際の出願日から4ヵ月以内）にしなければなりません。但し、16ヵ月の期間内に優先権主張しなかった場合でも、優先権主張の復活請求[2]ができます。

　言い換えますと、優先日から12ヵ月以上（但し14ヵ月以内）経過して、優先権主張できないと思って、優先権主張し

ないまま米国出願し、優先日から16ヵ月が経過してしまった場合でも、その米国出願が優先日から14ヵ月以内に提出されていたならば、遡って優先権の復活を請求することができますし、遅れて優先権主張もできます。ただし、この場合は、12ヵ月以内に出願しなかった優先権の復活と、16ヵ月以内に優先権主張しなかった優先権主張の復活が必要になりますので、米国特許庁料金は、復活料金の2倍になります。競争の激しい分野ですと、優先権主張で有効出願日が1年遡れるかどうかで明暗が分かれることも珍しくありません。したがって、復活費用は安くはありませんが、重要な出願の場合は、復活料金の2倍を払っても惜しくないでしょう。

　一方、優先日から14ヵ月以内に米国出願されていない場合は、優先権も優先権主張も復活できません。

[1] 米国での特許法条約の発効は2013年12月18日です。
[2] 復活の請願の料金は、2018年度2,000ドル。

19. 小企業、非営利団体割引制度

(Reduced Fees for Small Entity and Non‐Profit Organization)

●料金割引制度(41条(h)、規則1.27、MPEP509.03)

　米国では、小企業や個人、非営利団体の出願は、ほとんどの米国特許庁料金が半額になります。大企業に譲渡やライセンスしてしまってからですと、小企業扱いにはできませんが、米国出願時点で大企業と交渉中であってもかまいません。偽って割引を受けると、不公正行為として特許無効または行使不能の理由になります。

　小企業割引が適用されない料金には、(a)一部の請願(petition)料、事務処理手数料(ただし、応答期間の延長、放棄出願の復活の請願は割引きあり)、(b)書類請求料、(c)特許訂正証明書料、(d)付与後レビューと当事者系レビュー請求料(一方、査定系再審査と再発行出願は割引きあり)、(e)雑費、があります。なお、確実に割引料金を適用してもらうためには、依頼の都度、米国代理人にその旨を伝える必要があります。

●料金割引のための要件(13 CFR Part 121、26 USC 501(c)(3))

　小企業割引の適用を受けるために特に手続は必要なく、小企業料金を払うことができます。「小企業」割引の適用を受けるには、権利(特許を受ける権利、特許権)の所有者が該当する必要があります。

　まず、企業の場合、厳密には13 CFR Part 121の規定によりますが、原則として従業員500人までです。非常勤、アルバイトを含めて平均実働従業員数で数え、また関連会社を含めて数えます。関連会社とは一方が他方を実質的にコントロールできるか、第三者または一方が株式の50%以上を保有している場合をいいます。

　また、大学や慈善団体など、米国にあれば免税措置を受けることのできる非営利団体も「小企業」割引の適用を受けることができます。米国外の大学や団体でもかまいません。個人発明者も「小企業」割引の対象です。いずれの場合でも出願料金支払時点で大企業に譲渡やライセンスしていないことが条件です。なお、大学を除き、政府機関などには割引は適用されません。

●通常料金を払った後の返金請求（規則1.28(a)、MPEP509.03）

「小企業」割引の適用を受けることができると知らずに、通常料金を払ってしまった場合は、差額返還を求めることができます。この返還請求は支払から3ヵ月以内にしなければならず、この3ヵ月は延長することができません。差額返還の請求手続の弁護士手数料もかかりますので、出願時に小企業料金の適用を受けるかどうかわからないときは、遅延料を払ってでも、料金は後払いにした方がよいでしょう。

●割引資格の喪失など（規則1.27(g)－(h)、MPEP509.03）

出願がいったん小企業扱いとなると、直後に大企業に譲渡やライセンスしても、通常料金になるのは、許可になった後の特許発行料からです。オフィス・アクションの応答期限の延長料や継続審査請求（RCE）など、小企業料金のままでかまいません。

また、特許発行料を払った後に大企業に譲渡やライセンスしたときは、次の特許維持料は通常料金を支払う必要があります。いずれの時点においても、偽って割引を受け続けると不公正行為として特許行使不能とされる理由になりますので、注意する必要があります。

●マイクロ企業（Micro Entity）

新法（AIA）はマイクロ企業として、さらに小規模な起業家などに対して、米国特許庁料金を75％割引とすることとしました。マイクロ企業の要件は、(1)小企業の要件を満たすこと、(2)過去5件以上の出願人になっていないこと（ただし、過去に雇用された企業の出願は含まない）、(3)年収がMedian（中央値）年収の3倍以下であること、(4)Median年収の3倍を超える者に譲渡やライセンスをしていないこと、の全てを満たす必要があります。年収制限がありますので、企業が適用を受けることは難しいと思われます。

なお、米国内にある大学の出願は、過去の件数に関係なくマイクロ企業扱いとすることができます。ただし、発明者の収入の大半が大学の給料であるか、または、出願人が、権利を大学に譲渡したか、または譲渡する義務があることが、必要です。米国外の大学には小企業割引は適用されますが、マイクロ企業割引は適用されません。

20. 優先権主張

（Claim of Priority）

　日本を含むパリ条約加盟国での第1国出願から12ヵ月（デザイン特許出願の場合は6ヵ月）以内に米国特許出願した場合、パリ条約により優先権を主張することができます。第1国出願は、パリ条約同盟国での国内出願のほか、欧州特許出願でもPCT出願でもかまいません。

●優先権主張に必要なもの（119条、規則1.55、MPEP201.13）

　優先権主張するのに必要なものは、(1)優先権主張の意志表示、(2)第1国出願の出願日（優先日）、出願国、出願番号、及び(3)優先権証明書です。出願は、優先日から18ヵ月で出願公開されますので、(1)優先権主張の意志表示と、(2)第1国出願の出願日（優先日）、出願国、出願番号は、優先日から16ヵ月以内に提出することが必要です。しかし、(3)の優先権証明書は、特許発行までの間いつでも提出することができます。なお日本を第1国とする優先権主張の場合、優先権証明書を提出する必要がありません[25]。これは日米特許庁間で出願の電子情報が交換されているからです。ちなみに欧州での特許出願でも、優先権証明書を提出する必要がなくなっています。

　優先権主張は複数の第1国出願を基礎とすることができますし、異なった複数の国の第1国出願を基礎とすることもできます。また優先権主張の放棄は、出願公開前であれば可能です。

●優先権の審査（規則1.55(a)(4)）

　有効に優先権主張された場合、新規性、進歩性の判断において、優先日は出願日と同様に扱われます。優先権の効力が審査されるのは、実体審査において優先期間内（優先日から米国出願日まで）の先行技術が発見された場合のみです。このような先行技術が引用された場合、優先権の基礎出願の翻訳文を提出する必要があります。

---

[25] 日本の優先権証明書は2007年7月28日から原則として不要になっています。

技術内容に関する優先権の可否の判断は、クレームされた技術主題が、当業者からみて、第1国出願の開示から直接かつ明確に読取れるかどうかによります。その技術内容が第1国出願においてクレームされている必要はありません。

●優先権証明書(119条(3)、規則1.55(a)(2))

　優先権主張するには、優先日から16ヵ月以内に優先権主張の意志表示と、第1国出願の出願日、出願国、出願番号を、提示することが必要です。優先権証明書は、特許発行までの間、いつでも提出することができます。第1国出願が米国特許出願または米国特許庁を受理官庁としたPCT出願の場合も優先権証明書は不要です。また、前述のように、第1国出願が日本出願である場合も、米国出願には優先権証明書を提出する必要はありません。

●非意図的に放棄された優先権の復活(規則1.55(c))

　優先権期間内に出願され、同時に優先権主張したつもりでいたのに、実際はされておらず、すでに優先日から16ヵ月を過ぎていたということがあり得ます。このような場合には、非意図的に放棄された優先権の復活請求をすることができます。しかし、米国特許庁の復活料金[26]が高くつきますし、さらに弁護士費用もかかりますので、このような制度に頼ることなく、出願時に優先権主張することが必要です。

　なお、第1国出願から12ヵ月の優先権期間内に米国出願されなかった場合でも、優先権期限後2ヵ月以内に出願している場合は、優先権の復活を請求することができます[27]。この場合には、上記の優先権主張の復活に加えて、前提となる12ヵ月の優先権期限の復活請求が必要となり、2つ分の復活請求料がかかります。

　なお、第1国出願日から14ヵ月以内に米国出願されなかった場合の救済はありませんので、くれぐれも誤解のないようにして下さい。

---

[26] 復活の料金は、2018年時点で2,000ドルです。
[27] 特許法条約(PLT)13条；37 CFR 1.55(2013年12月18日施行)。

第Ⅰ部　米国特許出願入門

第4章

出願に関するその他の知識

21. 米国特許出願の種類

（Types of US Patent Application）

出願の種類としては、仮出願、本出願、分割出願、継続出願、部分継続出願、差替出願など多数ありますので、ここで整理してみます。

●通常の新規出願（Non−provisional Application）

これまで説明した出願は、通常の新規の本出願です。

●仮出願（Provisional Application）

仮出願とは、形式的に整っていない明細書でも仮に出願することを認めるものです。1年以内に本出願しないと自動的に放棄となりますが、仮出願日の優先権主張は、外国優先権と同様に復活することができます[28]。

●分割出願（Divisional Application）（121条、規則1.53(b)）

後で説明しますが、発明の単一性の審査において、複数の発明が独立しているか、特許性において区別できる複数の発明を含む場合、限定要求といって、それらの内のいずれか1つの発明を選択することが求められます。そこで選択されなかった発明は、その出願が米国特許庁に係属している期間内であれば、親出願の優先権を主張して分割出願とすることができます。分割出願とするかどうかは、限定要求時点で決める必要はありません。親出願が米国特許庁に係属している間はいつでも分割できます。特許発行後は分割出願できなくなりますので、許可通知が出たら発行料を支払うまでに決めるべきです。限定要求の非選択発明を分割出願した場合は、親出願との間で、二重特許拒絶をされないことになっています。

●継続出願（Continuation Application）（120条、規則1.53(b)、MPEP201.07）

継続出願とは、先の出願（仮出願を除く）と同じ出願人による同じ発明に関する第2、第3の出願であり、先の出願が放棄または特許になる前に出

---

[28] PLT 13条；37 CFR 1.55 2013年12月18日施行。

願されたものです。継続出願は、RCE と同様、最終拒絶されたとき審判請求をする代りに、引続き審査をしてもらうための手段の１つです。また、一部のクレームが許可されたとき、親出願で許可されたクレームのみ残して特許を発行してもらい、残りの拒絶されたクレームを継続出願とすることもできます。

現在デザイン特許出願でのみ認められている CPA は、継続出願の一種です。親出願の最終拒絶に対し、CPA（継続審査出願）として親出願を放棄しつつ出願書類を引継ぐことができます。デザイン特許以外の CPA は、廃止されました[29]。

●部分継続出願(CIP：Continuation in Part)
(120条、規則1.53(b)、MPEP201.08)

部分継続出願(CIP)とは、先の出願(仮出願を除く)と同じ出願人による同じ発明に関する第２、第３の出願であり、先の出願が放棄されるか、特許になる前に出願される点で継続出願と同じですが、部分継続出願ではさらに先の出願において開示されていなかった事項(新規事項)が追加されているものをいいます。新規事項を含むクレームの有効出願日は、部分継続出願の実際の出願日になります。

●差替出願(Substitute Application)(MPEP201.09)

差替出願とは、同じ出願人による同じ内容の開示の出願であり、先の出願と後の出願とが同時に特許庁に係属していないものをいいます。このような後の出願は、出願日など先の出願の利益を受けることはできません。出願する側からのメリットはありませんが、差替出願であることや、元の出願の特定について、開示する義務があります。

●再発行出願(Reissue Application)(251条、規則1.171−1.179、MPEP1401−70)

特許が発行された後の出願で、日本の訂正審判に代わるものです。軽微なミスではない誤りで、(a)詐欺的意図のなかった誤りがあって、(b)特許権の一部もしくは全部が無効または行使できない場合に、特許権者は再

<aside>
第4章 出願に関するその他の知識
</aside>

---

[29] デザイン特許出願以外の CPA は2003年７月廃止。

発行出願をすることができます。特許発行から2年以内であれば、クレームを拡大することもできます。

Akamai 事件判決
一部工程を他者が行う方法特許の侵害

Akamai 社は、電子データをネットワークで配信する方法に関する特許の独占的実施権者で、その特許方法クレームは、複数の工程からなっていました。Akamai 社は、Limelight 社が特許を侵害しているとして提訴しました。

Limelight 社の方法は、全体として特許の全工程を備えていましたが、それらの工程のうちの1工程について、その仕方を説明し、ユーザーが行うようにしていました。

Akamai 社の主張は、Limelight 社は1工程を実施していないが、ユーザーにその工程の仕方を教えているので、271 条 (b) に規定する侵害の誘導に該当するというもので、CAFC は、その主張を認めました。

それまで CAFC は、方法クレームの直接侵害が成立する場合として、(1) 全ての工程を単独で行う場合、(2) 代理人に行わせた場合、(3) 一部または全ての工程を他人が行う契約をした場合のみとしていました。本件のユーザーは代理人でもなく、契約関係があるわけでもないため、侵害の誘導が適当との判断です。

しかし、最高裁は、271 条 (b) の侵害の誘導となるためには、直接侵害者が存在することが必要であり、そのような直接侵害者がいないので、Limelight が侵害を誘発しているとは言えないと判決し、事件は差戻されました[1]。

差戻審で CAFC は、本件のように、被疑侵害者が、特許方法の一部工程の第三者参加条件を整え、特許方法の恩恵を受ける場合は、271 条 (a)[2] の直接侵害責任を認定することができると判決しました 。この判決は再度上告されましたが、上告は却下され、差戻審の CAFC 判決が確定しました。

---

[1] *Limelight Networks v. Akamai Techs.*, 134 S. Ct. 2111 (2014).
[2] *Akamai Techs. v Limelight Networks, en banc* (Fed. Cir. 2015), cert. denied (S. Ct. 2016).

第4章 出願に関するその他の知識

22. 米国での PCT 国際出願

(PCT International Application in US)

　この項は米国人または米国に居住する者が、米国特許庁に PCT 出願する場合のことです。日本での実務に関係が深いのは、この後の23. 米国国内段階出願ですから、飛ばしていただいても結構です。

● PCT 国際出願段階(361−368条、規則1.421−1.489、MPEP1800)

　PCT 国際出願には、(a)国際出願、(b)国際調査、(c)国際公開、および(d)国際予備審査の４つの段階があります。PCT 国際出願については、条約に基づいていますので、基本的手続は日本での国際出願手続と同じです。しかし、米国特許庁を受理官庁として、PCT 国際出願をするためには、(a)米国国民または居住者であること、(b)出願書類が英語で記載されていること、を満たしていなければなりません。

　国際出願に当って必要な書類としては、願書、明細書、クレームおよび図面(必要な場合)を提出しなければなりません。要約書は後で提出することができます。願書には、発明の名称、出願人と代理人、そして優先権主張を伴うときは、優先権主張日が出願時の願書に記載されていなければなりません。かつては特許権を得ようとする PCT 加盟国を指定する必要がありましたが、現在では国際出願はすべての加盟国を指定したものとみなされます[30]。

　国際出願はすべて国際調査機関により国際調査が行われ、国際調査見解書が作成されます[31](PCT 規則43の2.1)。国際調査見解書は、引用文献と関連度を示した国際調査報告に加えて国際調査機関の特許性に関する見解を述べた見解書が追加されたものです。

　国際予備審査請求は、国際調査見解書の送付から３ヵ月または優先日から22ヵ月のいずれか遅い日までにしなければなりません(PCT 規則54の2.1)。国際予備審査請求においても、すべての加盟国を選択したものとみ

---

[30] 国際出願の提出は全加盟国を指定するものとみなされます。PCT 規則4.9(a)2004年１月１日施行。
[31] 国際調査報告に見解書が付くようになったのは、2004年１月１日からです。

なされます(PCT 規則53.7)。国際予備審査が国際調査と同じ機関で行われる場合、国際調査見解書は国際予備審査機関の最初の見解とみなされます(PCT 規則66.1の2)。

●優先権主張(365条)

国際出願はパリ条約に基づき先の出願の優先権主張をすることができますが、優先権主張は、国際出願願書でしなければなりません。優先権主張するには、国名、出願日、出願番号を記載します。また、優先権証明書を優先日から16ヵ月以内に国際事務局または受理官庁に提出しなければなりません。

●発明の単一性(Unity of Invention)(規則1.475、PCT 規則13)

米国の基準による限定要求はされず、PCT 規則13の発明の単一性基準、すなわち単一の一般発明概念を形成する程度に関連している発明群を一発明とする基準が適用されます。より具体的には、クレーム間に、1つ以上の同じまたは対応する特別な技術的特徴に関する技術的関係がある場合であり、特別な技術的特徴とは、先行技術を超える貢献を定義するような技術的特徴をいいます。発明の単一性を欠くとされた場合、追加料金が必要となります。

● PCT 国際出願の補正

国際出願は、国際段階においてクレーム補正の機会が1回あり、補正は国際事務局に提出しなければなりません。補正の言語は国際出願と同じ言語です。補正の時期は国際調査見解書の受領後で、(a)優先日から16ヵ月または(b)調査見解書の受領から2ヵ月のいずれか遅い方までです。

●国内段階移行期限(PCT22条(1))

PCT 国際出願の国内段階移行手続は、優先日より30ヵ月以内に、権利化を希望する締約国で行います。

23. 米国国内段階出願

(US National Stage Application)

●国内段階移行期限(PCT22条(1))

　PCT 国際出願の国内段階移行手続は、優先日より30ヵ月以内にすることになっており、米国での期限は、条約の規定どおり優先日より30ヵ月です。米国では、移行時に明細書の翻訳がなくても国内段階移行ができます。

●必要な書類(371条、規則1.491、MPEP1893)

　米国の国内段階移行手続には、(a)国際出願コピーまたは PCT/IB/308 の通知、(b)国内出願料、(c)明細書の翻訳文、および(d)デクラレーションが必要です。このうち、明細書の翻訳とデクラレーションは後で提出することができます。つまり、前述のように明細書の翻訳文なしでも国内段階移行できるということです。米国で、原語の明細書で出願した場合、通常は翻訳文提出時に、「翻訳文が正確な翻訳である」旨の申告書が必要になりますが、国内段階移行の場合は、翻訳文なしで国内段階移行しても、翻訳文提出時にこのような申告書を添付する必要はありません。

　国際段階でなされた補正は、国内段階移行期限内に米国特許庁に提出しないとその補正はキャンセルしたものとみなされます。ただし、同じ補正内容の予備補正書を提出することができますし、米国特許庁はむしろそちらを奨励しています。

●先願としての PCT 出願(MPEP706.02(f))

　PCT 出願は国際出願日または優先日に遡って後願排除力を持ちます。このことは当たり前のように思われますが、新法(AIA)による大きな変化です。

　旧法102条(e)(1)は、米国を指定した国際出願が英語で国際公開された場合に限り、公開された米国出願と同じ効果を有すると規定していました。米国を指定した国際出願であっても、英語以外の言語で国際公開されたものは、旧102条(e)(1)でも旧102条(e)(2)でもカバーされず、日本語で公開された国際出願による後願排除力は、国際公開公報による旧法102条の(a)

と(b)の先行技術としてしか使えなかったのです。そのため、米国におい
て重要な出願を日本でPCT国際出願するときは、英語で公開されるよう
にした方が後願排除に有利でした。しかし新法(AIA)により、そのような
必要はなくなったと言えるでしょう。

●国際出願の継続出願としての移行(バイパス出願)(MPEP1895−1896)

　米国では通常の国内段階移行手続の他に、PCT国際出願の継続出願と
して米国出願することができます。この場合の必要書類も基本的には通常
の国内段階移行手続と同様です。国際出願の継続出願の場合、通常の国内
段階移行とは異なり、明細書やクレームは逐語訳である必要はありません。
しかし、正確な翻訳でない場合は、いずれ国際出願の明細書との不一致が
問題となることがあり得ますから、特に必要な場合を除き大きく変えない
方がよいと思われますし、書き換えた場合は、その箇所が分かるようにし
ておくことが必要でしょう。

●バイパス出願と先願の地位

　旧法(Pre−AIA)では、日本語やその他の非英語PCT出願からの通常
の国内段階移行では、明細書の開示による後願排除の基準日(旧102条(e))
は認められていません。一方、国際出願の継続出願は米国での継続出願の
日が後願排除基準日として認められています。このため、優先日から30ヵ
月の期限を待たず、特に国際公開前に米国国内段階移行する場合は、後願
排除基準日があるとないでは大きく変わってくる可能性がありましたの
で、国際出願の継続出願を選ぶメリットがありました。

　新法(AIA)102条(d)(2)の下では、国際出願日または優先日から、先願
として後願排除力を持つことになりますので、先願の地位のためのバイパ
ス出願の必要性はなくなったと言えるでしょう。

24. 特許法条約

（PLT：Patent Law Treaty）

特許法条約の内容は、本書のそれぞれの項目の解説内容に含まれています。

●特許法条約とは

特許法条約は、各国で出願する手続を簡素化し、国際的に統一することにより、それぞれの国の手続を容易にして、出願人の利益を図った条約です。また、期限の徒過による権利の喪失を回復する等の救済規定を設けることも含んでいます。条約の検討は、1985年に開始され、2000年6月1日に特許法条約外交会議で採択されました。米国は2013年9月18日に批准し、同年の12月18日に発効しています。

特許協力条約(PCT)が、1つの出願を国際出願として提出することにより、複数の国に出願したと同じ効果を与えるものであるのに対し、特許法条約(PLT)は、各国ごとの出願手続を統一し簡素化を図るものです。

●出願日の要件(PLT 5条)

出願日は、次の3つ情報が特許庁に提出された日です。

(a)出願の意図が分かる明示的又は黙示的な表示、(b)出願人の特定又は連絡が可能な表示、(c)明細書と外見上認められる内容、の3つです。クレームがなくても出願日は付与されます。

明細書と認められるものは、出願日の確保のためには、どの言語で記載されていても構いません。最初の提出時に一部欠落してしまった明細書又は図面を、補充することが可能ですが、その場合、補充された日が出願日となります。ただし、優先権を主張している場合は、その欠落内容が、先の出願に含まれていれば、出願日は、最初に出願日の要件が満たされた日になります。優先権の基礎出願の出願番号を引用することによって、出願の明細書及び図面の提出に代えることができます。

●出願手続に必要なもの(PLT６条)

　出願の要件として、特許協力条約(PCT)で規定された手続要件以外の要件が課せられることはありません。出願に記載された事項、優先権主張、翻訳文に疑わしい点がない限りは、出願人は、証拠や証明書などを要求されません。出願の要件を満たしていない場合は、締約国の官庁からその旨通知され、補正または意見を述べるための機会が与えられます。願書等、定められた様式[32]で、全ての締約国に対して手続が可能です。

　パリ条約に基づく優先権書類の翻訳文は、その優先権主張の有効性が、その発明の特許性の判断に影響する場合にのみ要求されます。

●手続期間に関する救済(PLT11条)

　締約国は、手続のための期間の延長を定めることができます。また、締約国は、期限後でも、(a)申請による期間の延長を認めるか、または、(b)定められた期間内の申請により手続を継続すること、を定めなくてはなりません。

　延長の申請があったときは、設定された期間を２ヵ月以上延長しなければなりません。また、期間満了後の延長の申請期間も、当初の期限後２ヵ月以上としなければなりません。また、処理の継続の場合、手続期間は、官庁による通知から２ヵ月以上としなければなりません。

●権利喪失の救済(PLT12条)

　締約国は、相応の注意を払ったにも拘らず、又は、非意図的に期限を徒過して、権利が喪失された場合、その権利を回復する手続を定めます。権利が回復される期間は、当該手続期間の満了から12ヵ月又は期間を遵守しなかった理由がなくなった日から２ヵ月のうち、どちらか早く満了する期間となります。

●優先権関連の救済(PLT13条)

　締約国は、一定の条件で、優先権の主張を訂正し、又は追加できる旨を定めなくてはなりません。また、締約国は、優先権の主張を伴う出願、又

---

[32] 定められた様式として、(a)委任状、(b)氏名又は住所の変更、(c)出願人又は権利者変更、(d)譲渡証、(e)実施権の登録又は登録取消の請求、(f)担保権の登録又は登録取消の請求、(g)誤りの訂正請求、があります。

は優先期間（先の出願から12ヵ月以内）を過ぎて出願された場合において、出願人が相当な注意（due care）を払ったこと、又は、締約国の選択により、その遅延が故意ではなかったと認められること等を条件として、優先権を回復できる旨を定めなくてはなりません。

　また、締約国は、出願人が優先権証明書を提出することができず優先権が失われ、その原因が優先権証明書を発行する官庁の責任であった場合に、優先権を回復できる旨を定めなくてはなりません。

●代理人の義務づけの緩和（PLT 7条(2)）

　代理人による手続を義務づけられない手続として、(a)出願日の確保のための出願書類の提出、(b)料金の単純な支払い、(c)規則に規定される手続（第7規則(1)）、(d)前記(a)～(c)に言及される手続に関する官庁による受領書又は通知の交付があります。なお、特許料の支払いは、何人であってもできます。

●権利移転等の登録（PLT16規則、PLT17規則）

　移転登録にかかる申請は、旧権利者又は新権利者のいずれか一方の者による申請（単独申請）ができます。ただし、締約国の官庁は、契約に関する情報、及び申請を裏付ける書類を申請に添付することを要求することができます。実施権（ライセンス）の登録申請も同様です。

PCT 国際出願の言語による差別の廃止

　旧米国特許法（Pre-AIA）は、同じPCT国際出願でも、英語で公開されるか、それ以外の言語で公開されるかによって、著しい差をつけていました。旧第102条(e)(1)は、米国を指定し英語で国際公開された国際出願は、公開された米国出願と同じく扱われ、PCT出願日に遡って後願を排除する効果をもちまし

た。一方、米国を指定している国際出願であっても、英語以外の言語で国際公開されたものは、旧102条(e)(1)先行技術に該当しないものとされていました。

　しかし、2013年3月16日以降の有効出願日を持つ出願に関しては新法（AIA）の102条には、旧102条(e)(1)に相当する規定はありません。先願は、言語に関係なく、最先の優先日に遡って有効出願日をもつことになります（102条(d)(2)）。

PCT 国内段階移行と翻訳の準備

　PCT 条約は、第22条及び第39条で、優先日から30ヵ月以内に明細書の翻訳を指定国又は選択国に提出することを求めています。しかし、米国ではこの30ヵ月の期限内に翻訳を提出しなくてもかまいません。この期限内に提出が必要なものは、(1)国際出願の願書および明細書のコピーまたは PCT/form 308、(2)国内段階出願料だけです。期限までにこれらを提出しないと国内段階に移行する権利を失います。その他に米国国内段階出願に必要な、(3)明細書の翻訳と(4)デクラレーションが同時に提出されていないと、米国特許庁から通知が来ますので、これらを遅延手数料とともに提出すればよいことになっています。これは非英語で米国出願したときとほとんど同じ取扱いです。

　したがって、PCT の国内段階移行期限間際に翻訳ができていなくても、とりあえず前記の(1)と(2)を提出すること

で、国内段階移行の権利は確保することができます。また、うっかり30ヵ月の国内段階移行期限を逸した場合は、国際出願に関する非意図的放棄出願の復活手続とともに米国国内段階出願を提出することができますので、覚えておくとよいでしょう。

　また、欧州では、欧州段階移行と同時に翻訳が必要ですが、移行期限は優先日から31ヵ月で、１ヵ月長くなっており、米国と欧州の両方に国内段階移行する場合でも、優先日から31ヵ月以内に、翻訳を準備すればよいということになります。中国やカナダでは、期限後でも一定期間は追加料金により手続が認められます。

　このように同じ PCT の国内段階移行であっても、国によって多少の違いがあります。したがって、優先日から30ヵ月以内に明細書の翻訳が間に合わないような場合でも、大事な特許出願でしたら、簡単にあきらめないで、念のため現地代理人に相談してみましょう。

25. 仮出願

（Provisional Application）

●仮出願(Provisional Application)（111条(b)、規則1.51(c)、MPEP201.04(b)）

　仮出願とは、1995年に施行された制度であり、形式的に簡略化された明細書で仮に出願するものです。1年以内に本出願に移行しないと自動的に放棄となり、復活することはできません。仮出願は米国出願人には大いに活用されており、米国特許出願の4件に1件は仮出願されていると言えます。仮出願は、米国内出願人の利用が多いと思われますが、米国内出願人による出願が出願総数の55％程度であることを考えると、本出願されないものがあることを考慮しても、本出願の内のかなりの割合が仮出願されていることになります。

●仮出願の要件

　明細書の記載形式は要求されず、論文の原稿をそのまま提出することもできます。明細書にはクレームを添付する必要がありません。しかし、開示内容に関しては、通常の明細書と同じ程度が要求され、発明が記述されていること、発明が容易に実施可能であること、ベスト・モードが開示されていることが必要です。

　また、クレームは要求されないとはいえ、当初開示範囲に関して後に問題が生じないように、クレームはある方がよいと言えそうです。デクラレーションやIDS（先行技術開示）は、提出する必要がありません。

　仮出願は、本出願されない限り審査されません。仮出願時にそれ以前の出願の優先権主張をすることはできず、またデザイン特許は仮出願することはできません。本出願に移行すると仮出願日を出願日として維持することができます。

　日本語でも仮出願することができ、本出願するまで翻訳を提出する必要はありません[33]。また、本出願の際も、同時に仮出願の翻訳を提出せずとも、補正指令が来てから提出しても遅くありません。なお、仮出願の優先

---

[33] 規則 1.52(d)(2)

権を主張して本出願する場合、仮出願の翻訳文は、仮出願に対して提出することになっています。

●仮出願からの本出願への移行

本出願の仕方としては、仮出願そのものを本出願に変更する[34]ことも可能ですが、この場合、特許期間の20年は、仮出願日から数えることになってしまいます[35]。したがって、特許期間を本出願日からとするために、通常は仮出願の優先権を主張して、別出願として本出願にします。

●仮出願と後願排除(MPEP706.02(f))

新法(AIA)により、日本出願の優先権主張をすることによって、日本出願の開示により後願が排除されるようになったため、日本の出願人にとって、後願排除のために日本出願と同じ頃に、米国で仮出願するメリットはなくなったと思われます。

新法(AIA)施行前の旧102条(e)の下では、英語 PCT 出願が国際公開により国際出願日が102条(e)基準日となるのに対し、日本語その他の非英語 PCT 出願からの通常の国内段階移行では、先願開示による102条(e)の後願排除基準日は一切認められませんでした。そこで、日本での出願と同時に日本語の仮出願をし、1年以内に本出願することにより、日本語のままの仮出願で後願排除日を確保する出願人もありました。

●仮出願と特許期間(154条(a)(3)、MPEP2701)

仮出願の優先権を主張して本出願して特許になった場合、特許期間は仮出願日から20年ではなく、本出願の出願日から20年となります。これは外国出願から優先権主張した出願と同様の扱いです。

---

[34] 規則 1.53(c)(3)
[35] 同上。

26. デザイン特許

（Design Patent）

●デザイン特許(Design Patent)（171－173条、規則1.151－1.155、MPEP1500）

　デザイン特許は、日本の意匠登録出願に相当し、日本では意匠法という別の法律で規定されていますが、米国では特許法に規定されています。デザイン特許と通常特許との相違点としては、通常特許(utility patent)が何らかの機能を保護するのに対し、デザイン特許は、工業製品の機能を有しない装飾的外見のみを保護するものとされています。

　二重特許は、デザイン特許同士の間だけでなく、通常特許とデザイン特許の間にも適用されます(51. 二重特許拒絶参照)。

●デザイン特許出願(Application for Design Patent)
(171－173条、規則1.152－1.154)

　デザイン特許出願に必要なものは、通常の特許出願と同じく、図面と明細書が必要です。図面として写真は原則として許されませんが、出願日を確保するためには、デザインをはっきり示す写真を提出することができます。この場合も米国特許法112条の「実施可能要件」が要求され、当業者が実施できる程度の開示が必要です。明細書の「Description」のところは、通常は図面の簡単な説明のみを記載します。図面は外から見えるものだけを描き、断面図などは必要ありません。

　クレームは単一の定型クレームで「開示され、記述された・・・の装飾的デザイン(An ornamental design of …, as shown and described)」とします。クレームの範囲は、図面によって判断され、図面が詳細になればなるほど狭くなります。また周辺環境を破線で示して部分意匠とすることができます。

●デザイン特許出願の早期審査請求(Expedited Examination)（規則1.155）

　デザイン特許出願にも早期審査に関する特別な規定があります。早期審査を請求するためには、(1)規則に従った図面、(2)事前調査、(3)事前調査を行った旨と調査分野を示した文書を含む早期審査請求書、及び(4)早

期審査請求料金[36]が必要です。

●デザイン特許の新規性と進歩性(MPEP1504.02−03)

デザイン特許の新規性の基準は、「平均的観察者(average observer)」から見て実質的に同一の外観であるかどうかによります。平均的観察者とは、そのデザインがターゲットにしている人々であり、一般消費材であれば一般消費者になりますが、工業用製品であれば、企業の購買関係者になります。

一方、デザインが自明であるかどうかは、当業者、すなわちその製品分野の通常のデザイナーにとって容易であるかどうかによります。

平均的観察者と当業者とがどのように違うかというと、平均的観察者は、当業者が持っているデザインについての専門知識をもっていないことが挙げられるでしょう。

●デザイン特許に関する法定期間(Design Patent)(172−173条)

外国での出願に基づくパリ条約優先権は、通常の特許出願では1年ですが、デザイン特許出願では6ヵ月です。また旧法102条(d)の期間についても通常の特許出願では1年ですが、デザイン特許では6ヵ月です。ただし、102条のグレース・ピリオドは、2011年改正(AIA)前後ともに、通常の特許出願と同じく1年です。デザイン特許期間は発行から15年[37]で、特許維持料金はありません。

●デザイン特許の侵害判断

デザイン特許の侵害判断は、「通常の観察者」基準によります。ただし、通常の観察者が、単に被疑製品と特許デザインと混同するかどうかではなく、先行技術を考慮した上で、被疑製品と特許デザインと混同するかどうかを判断します[38]。

---

[36] 2018年現在早期審査請求料金は900ドル。
[37] 2015年5月13日以降の出願は15年で、それより前の出願は14年です。
[38] *Egyptian Goddes v. Swisa*, 543 F.3d 665 (Fed. Cir. 2008).

27. 国際デザイン出願

(International Design Application)

●ハーグ協定のジュネーブ改正協定

　デザインの国際登録に関するハーグ協定のジュネーブ改正協定は、デザイン登録手続の簡素化と経費節減を目的とした国際条約であり、デザインについて、1つの国際出願手続による国際登録を受けることによって、複数の指定締約国における保護を一括で受けることを可能とするものです。

●国際デザイン出願

　国際デザイン出願は、保護を求める締約国を指定して、WIPO国際事務局に直接出願するか、自国特許庁を経由して間接出願します。国際出願の言語は、英語、フランス語、スペイン語から選択します。1つの国際出願で、複数の指定国を選択することができます。また、1つの国際出願に、最大100までのデザインを含めることができます。ただし、1つの国際出願においてロカルノ国際デザイン分類の同一の類に属する必要があります。

●国際登録と国際公表

　WIPO国際事務局は、国際出願の方式審査をした後、国際登録簿にデザインを登録します。国際登録されたデザインは、国際登録から6ヵ月後、又は出願人の請求により速やかに、国際公表されます。出願人が公表延期を請求した場合は、国際登録後30ヵ月以内の公表延期期間が経過した後に、国際公表されます。

●指定国官庁による拒絶通知

　指定国の官庁は、国際公表から6ヵ月以内（宣言をしている場合には12ヵ月以内）に、国際登録されたデザインの保護を拒絶する旨をWIPO国際事務局に通知します。拒絶の通知を行った後、拒絶の理由が解消した場合には、指定国の官庁は、WIPO国際事務局に対して拒絶の取下げを通知します。また、指定国の官庁は、期間の経過を待つことなく、WIPO国際

事務局に対して保護の付与を通知することができます。指定国からの拒絶の通知が解消されない場合を除き、その指定国においてデザインの保護を得ることができます。

●国際登録されたデザインの保護
　国際登録されたデザインが、指定国において受けることができる効果は、次のようなものです。
(1)国際登録日から、指定国の官庁に出願されていた場合と同一の効果
(2)各指定国の法令に基づく保護の付与と同一の効果
(3)国際登録の存続期間は、国際登録日から5年

●国際登録の更新
　国際登録の存続期間は、国際登録日から5年ですが、更新することができます。更新の手続はWIPO国際事務局に対して行い、指定国ごとに行う必要はありません。

●国際出願で米国を指定する場合の留意点
　米国を指定国とする国際出願では、米国での単一性を満たす必要があります。米国を指定国とする国際出願に複数のデザインが含まれている場合は、米国特許庁が単一性の審査をし、複数のデザインが含まれていると判断する場合、米国特許庁は、米国特許法のデザインの単一性の要件で、拒絶の通知をします。また、米国を指定する国際出願には、クレームが必要で、クレームがない場合、国際事務局が出願人に対して出願日から3ヵ月以内に補正するよう勧告します。この場合、国際登録日は国際事務局が補正を受理した日になります。クレームは定型でよく、「The ornamental design for a/an [物品名] as shown and described」のようにします。さらに、米国を指定すると、発明者のデクラレーションを提出する必要があります。

●国際出願で米国を指定した場合の個別指定手数料
　米国を指定国とする国際出願に対する個別指定手数料は、2つの部分に分かれています。国際出願時には、個別指定手数料の第1部分のみ支払い

ます。小企業割引の適用も可能です。個別指定手数料の第2の部分は、米国特許庁から名義人および国際事務局への許可通知を通じて通知されます。個別指定手数料の第2の部分は、許可通知に記載されている期日内に、国際事務局又は米国特許庁に支払うことができます。個別指定料の第2の部分の支払いは、国際事務局を経由するか（小企業割引なし）又は直接米国特許庁へUSドルで支払うことができます。個別指定手数料の第2の部分が指定期日内に支払われれば、米国特許庁は保護の付与を送付します。保護は付与の日付から開始します。仮保護は国際登録の公表日から付与されます。

　なお、米国を指定した国際登録に関し、5年後の更新料は不要です。上記の個別指定手数料の第2の部分の支払いにより、米国法の15年のデザイン特許期間が付与の日から開始します。

　このように、国際条約の中に、米国の制度をそっくり押し込んだ形になっています。

Impression Products 最高裁判決[1]
米国外での販売による特許権の消尽

　この事件は、特許権者による特許製品の制限条件付の販売、米国外での販売による特許権の消尽に関する判決です。

　Lexmark 社(特許権者)は、プリンタカートリッジに関する特許権者で、米国内外で特許製品を販売していました。購入者は、(a)再利用や再販売の制限がないものを定価で購入するか、または、(b)割引価格の代わりに再販売が禁止されるものを購入するか、を選ぶことができました。

　Impression 社は、米国外で販売された特許権者製カートリッジのインクを詰め替えて米国内で販売していました。特許権者は、Impression 社が特許を侵害しているとして、Impression 社を訴え

ました。

　Impression 社は、米国内外を問わず、特許権者が自ら販売したカートリッジの特許権は消尽しており、また、制限条件付の販売により購入者のカートリッジの再利用または再販売を制限できないと主張しました。

　CAFC は、特許権者は販売後の製品の再販売を制限でき、また、米国外での販売によって、米国特許権は消尽しないとの判断を下しました。

　しかし、最高裁は CAFC 判決を覆し、特許権者による製品の販売は、特許権者が意図する制限、または製品の販売場所に関係なく、製品の特許権を全て消尽させると判示しました。

　最高裁は、購入者は物を購入するのであり、また、特許権者は、物を販売して適切と判断する対価を受取ることにより、特許権は消尽し、このことは販売が米国内で生じたか米国外で生じたかによらないと述べています。

[1] *Impression Products v. Lexmark* (S. Ct. 2017).

第4章 出願に関するその他の知識

28. 植物特許
(Plant Patent)

●植物特許(Plant Patent)(161−163条、規則1.162、MPEP1600)

　植物特許の特許要件としては、従来品種から区別できる新品種を発明または発見し、種子による再生でなく、挿木など無性生殖により再生することが必要です。なお、植物特許を受けることができないものとして、(ⅰ)バクテリア、(ⅱ)塊茎により繁殖するもの(例えば、ジャガイモ、エルサレム・アーティチョーク)、(ⅲ)非栽培地で発見された植物、があります。

●植物特許出願(Application for Plant Patent)(161−163条、規則1.163−1.166)

　植物特許出願の開示に必要なものは、(1)カラー図面またはカラー写真2部、(2)明細書2部、および審査官が求めた場合には(3)見本、の3つです。図面または写真は、その品種の視覚的特徴のすべてを示していなければなりません。

　明細書には、(1)その植物の類と種のラテン名、(2)その品種の名、(3)植物学的な詳細記述(どこでどのようにして無性生殖されたかを含む)などが要求されます。当初の明細書が常識的に詳細に記載されていれば、新規事項とされずに、植物の記述に関して追加補正が認められます。

　植物特許出願のクレームは、デザイン特許と同様に単一の定型クレームで、「記述され、図示された・・・の新規で識別可能な品種(A new and distinct variety of…, as described and illustrated.)」とします。

　デクラレーションには、一般のデクラレーションの内容以外に、「その植物を無性生殖で再生した」こと、新種を発見した場合には、さらに、「その植物を栽培地で発見したこと」を述べることが必要です。

●植物特許権(Grant of Plant Patent)(163条)

　植物特許権は、他の者が米国内で、その植物を無性生殖で再生すること、またはそうして再生された植物またはその植物の部分を、使用、販売もしくは販売の申し出をすること、米国内に輸入すること、を排除する権利です。

植物特許の特許期間は通常の特許と同じですが、植物特許には維持料金は不要です。

Bowman 事件最高裁判決[1]
特許権者から購入した種子から収穫した種子と特許権の消尽

　ここで争われた特許は植物に関しますが、無性生殖を対象とする植物特許ではなく、種子を包含する特許です。Monsanto 社 は、除草剤に対する遺伝的抵抗性をもつ大豆種子に関する特許権者で、ライセンス契約に基づいて、種子を栽培者に販売していました。ライセンス契約は、栽培者が、収穫した種子を作付することを禁止していました。Bowman は購入した大豆種子をまいて、新たな大豆を収穫し、その収穫した大豆種子を作付し、Monsanto 社に無断で大豆を生産しました。そこで、Monsanto 社 が Bowman を特許侵害で提訴しました。

　Bowman は、Monsanto の特許権は、

[1] *Bowman v. Monsanto*, 133 S. Ct. 1761 (2013).

最初の販売で消尽していると主張し、販売された大豆から得られた大豆の使用に関して Monsanto 社 には権利がないと主張しました。地裁及び CAFC は、Bowman による特許権侵害を認め、賠償を命じたため、Bowman が最高裁に上告しました。

　最高裁は、特許権の消尽は、特許権者が販売後にもその製品の使用を制限しようとすることを防ぐものであるとし、Bowman が購入した種子の特許権が消尽したことは、認めました。しかし、その種子から収穫された新たな種子をまいて、大豆を生産した行為は、購入した種子の使用ではなく、新たな特許製品の生産であると最高裁は認定しました。そして、最高裁は、Monsanto 社 による最初の販売による特許権の消尽は、特許権で保護されている新たな大豆種子を生産する権利を付与するものではないとして、Bowman が特許権を侵害しているとの判決を維持しました。

29. 共同発明者と発明者の訂正

(Co-inventors)(Correction of Inventorship)

●共同発明者(Co-inventors)(116条、規則1.45、MPEP605.07)

　発明者が単独である場合は、誰が発明したかについて問題が生ずることはあまりありません。しかし、企業での研究開発のほとんどはチームで行なわれており、どの範囲を共同発明者とするかの判断がむずかしい場合があります。発明者として記載される者は、いずれかのクレーム発明のある部分において何らかの創造的な貢献をしていなければなりません。単なる実験補助者やプロジェクトの管理者は発明者にはなれません。発明者を故意に偽ると、訂正が許されず、特許が無効とされることがあります。

　なお、共同発明者は物理的に一緒に働いている必要はありませんし、すべてのクレームに関して貢献する必要はありません。また、何らかの創造的な貢献をしている限り、貢献度の大小に関わらず共同発明者になり、特許法上、貢献の度合による区別はありません。

●発明者の訂正(Correction of Inventorship)
(116条、256条、規則1.48、MPEP201.03)

　発明者の訂正が必要となる場合としては、(a)当初に記載した発明者が誤りであった場合、(b)クレームが補正または削除されることにより、一部発明者がその出願の発明者ではなくなった場合、(c)クレームが補正または追加されることにより、当初のクレームに貢献していなかった者が発明者となる場合などがあります。これらの発明者の訂正は、訂正が生じた理由により、必要とされるものが異なります。従来は発明者の訂正は、可及的速やかに行なうこと(diligence)が要求されましたが、現在ではそのような要求はなくなりました。

　発明者の誤りの訂正に必要なものは、(a)発明者の補正、(b)請願書(petition)(追加または削除される発明者による「誤りが偽りの意図がなく発生した」ことを述べる必要があります)、(c)発明者全員によるデクラレーション、(d)譲受人がいる場合は譲受人の同意書、(e)料金です。

　クレーム補正により発明者の削除が必要になった場合は、(1)発明者の

補正と、(2)請願書(削除される者がクレーム補正により発明者でなくなったことを記載する)だけですが、逆にクレーム補正により発明者の追加が必要になった場合は、これらの他に、(3)発明者全員によるデクラレーションと、譲受人がいる場合は、(4)譲受人の同意書、が必要になります。

30. 書類の提出方法

(Ways of Document Submission)

●米国特許庁での書類の提出

米国特許庁への書類の提出方法には下記のようにいくつかありますが、現在では殆どが電子ファイリングにより行われています。日本時間で期限当日の夕方までに米国代理人に電子メールやファクシミリで送れば、米国の午前中に届きますので、簡単に提出できる書類であれば、期限内に米国特許庁に電子ファイリングやファクシミリで提出できます。

なお、米国特許庁はデクラレーションなどの署名された文書も含め、原本を提出する必要はありません。したがって、米国代理人にも原本を送る必要はなく、PDF 形式で電子メールに添付して送ることができます。

●電子ファイリング(Electronic Filing)(規則1.6、1.8、MPEP502)

米国特許庁の EFS－Web システムによりインターネット経由で、米国特許庁に書類を提出することができます。電子ファイリングの書類は PDF 形式が採用されています。提出日は、米国特許庁のある米国東部時間に基づきます。

●郵便証明書(Certificate of Mail)(規則1.6、1.8、MPEP502)

オフィス・アクションへの応答など、指定された期間内に応答が求められた書類に関しては、郵便証明書を提出すると、郵便局に提出した日が米国特許庁提出日となります。

応答が求められた書類以外に関しては、郵便証明書は適用されず、そのようなものとしては、(1)新出願(CPA、継続出願、分割出願の場合も同じ)、(2)審判部への提出書類、(3)PCT 出願関係書類などがあります。

●プライオリティ・メール・エクスプレス(Priority Mail Express)
(規則1.10、MPEP502)

すべての書類について郵便局提出日が米国特許庁提出日となります。ただし、この取扱いを受けることができるのは米国郵便のみで、FedEx や

UPSなど民間の宅配サービスでは認められません。

●ファクシミリによる書類の提出（規則1.6(d)、1.8、MPEP502.01）

郵便証明書による提出日の利益を受けることができる書類の提出は、ファクシミリで行うこともできます。さらに RCE や CPA をファクシミリで提出できることは、郵便証明書よりも勝っています。ファクシミリで提出することができない書類としては、(1)種々の証明書、(2)正式図面、(3)再審査請求、(4)国際出願書類などがあります。

●直接持参

電子的な手段に問題が生じたときなど、必要に応じ直接持参することもあります。

31. 出願受領書と当初開示

（Filing Receipt）（Original Disclosure）

●出願受領書（Filing Receipt）（規則1.53）

　出願日を確保するために必要な書類が揃うと出願日が与えられ、出願番号と同時に出願人に通知されます。出願受領書は、料金とデクラレーションが提出されないと発行されません。

　また通常は、出願受領書とともに米国外への出願が許可されます。後で詳しく説明しますが、米国特許法は、米国内でなされた発明は、発明者の国籍を問わず、米国に最初に出願することを義務付けています。

●明細書の頁の欠落（規則1.53(e)、1.57、MPEP601.01）

　米国特許庁が頁の欠落を発見した場合、欠落通知（Notice of Omitted Items）が送られてきます。このような誤りは、本来あってはならないことはいうまでもありませんが、長年数多くの出願を取扱っていると、ときにはこのようなことも起り得るので対応策を知っておく必要があります。

　まず、優先権主張している出願であれば、基礎出願に含まれていた内容の一部が非意図的に欠落しても、出願日が繰り下がることなく補正できます。

　優先権主張をしていない場合、出願人は次のいずれかを選択しなければなりません。1つは、欠落のまま出願日を確保することです。欠落頁の内容が図面などから明らかで、後に欠落頁を補正しても新規事項の問題が生じないような場合は、こちらを選んで、後に補正した方が有利なこともあります。あと1つは、欠落部分を提出することですが、この場合、出願日は、欠落部分を提出した日に繰り下がります。

●明細書中での他の文献の援用（Incorporation by Reference）（規則1.57）

　「援用」という用語もあまりなじみのない言葉ですので、英語のまま使うことが多いかも知れません。援用とは、他の文献を引用して、その文献の記載内容を、明細書の記載として組み込むことです。出願当初にIncorporation by Reference してあれば、その文献の内容は、新規事項と

されることなく、明細書に追加することができます。

　また、前述のように、優先権主張している出願で、基礎出願の内容の一部が非意図的に欠落した場合は、出願日が繰り下がることなく補正できますが、「非意図的」だったかどうかに関して争いが生じないとは限りません。出願時に優先権主張の基礎出願の全内容を Incorporation by Reference してあれば、欠落が「非意図的」だったかどうかに関わらず、優先権主張の基礎出願の内容に戻って補正が可能になります。

32. 早期審査

(Making Special：特別扱い)(Advancement of Examination)

　早期審査には、無料で請求できるものと、有料で請求できるものとがあります。

●無料で早期審査の請求できるもの(規則1.102(c))

　無料で早期審査請願(Petition)できる事由には、(a)高齢(65歳以上)、(b)健康上の理由(死期が迫っている場合で、提出時にすでに死亡している場合は不可)、(c)環境の質を向上させる発明、(d)省エネルギー関連発明、および(e)テロリズムに対抗するための発明があります。

　また、別途説明する特許審査ハイウェイ(PPH)も無料です。

●請願による早期審査請求(Accelerated Examination)(MPEP708.02(a))

　上記及び後述する特許審査ハイウェイ以外の早期審査として、請願による早期審査の請求があります。この請求をするためには、次のような要件を満たす必要があります[39]。

　最も重要なことは、(1)早期審査請求の提出時に、審査前サーチ[40]を行った旨の申告書の提出が求められます。サーチ範囲は米国特許及び公開公報、外国特許文献、非特許文献を含みます。しかも、(2)早期審査補助書類[41]と言って、クレーム限定と先行技術の開示との対応関係を示し、さらに、それぞれのクレームが特許性を有することを説明しなければなりません。

　その他にも、要求されることは、(3)出願は電子出願されていること、(4)独立クレームは3項以内とし、総クレーム数は20項以内とすること、(5)電話の限定要求に対しては、反論しないで1つの発明を選択すること、(6)特許性の主張は独立クレームに関して行ない、個別の従属クレームに関する特許性を主張することはできないこと、そして(7)審査官がインタビュー

---

[39] Guidelines for Applicants under the Accelerated Examination Procedure
<https://www.uspto.gov/sites/default/files/documents/ae_guidelines_20160816.pdf>
[40] 審査前サーチ(Preexamination Search)
[41] 早期審査補助書類(Accelerated Examination Support Document)

を求める場合は、これに応じることがあります。

●4,000ドルの優先審査(Prioritized Examination)(規則1.102(e)、MPEP708.02(b))

また、米国特許庁では、Three‐Track プログラムといって、(1)優先審査するもの、(2)従来通り審査されるもの、(3)出願人が30ヵ月まで様子見を望むもの、に分けることを提案しています。トラック(1)の優先審査は、2011年5月11日に開始されました。この優先審査の請求をするには、次の要件をみたす必要があります。

優先審査の請求するためには、(a)出願と同時に提出するか、又はRCE提出以後オフィス・アクションが来るまでに提出すること、(b)独立クレーム4項以下で、かつ総クレーム数30項以下であること、(c)優先審査料4,000ドル(2018年)を支払うこと(小企業は半額)です。優先審査が認められると、原則として12ヵ月以内に許可通知または最終拒絶されることになります。

33. 特許審査ハイウェイ

（PPH：Patent Prosecution Highway）

●特許審査ハイウェイとは

　特許審査ハイウェイとは、出願人の海外での早期権利化を容易とすることを目的とする早期審査制度であり、例えば、日本出願が特許可能と判断された場合、対応する米国特許出願に関して、簡易な手続で早期審査が受けられるようにするものです。

　この制度は各国特許庁にとっても、最初に審査した特許庁の先行技術調査と審査結果の利用を促進し、相互に審査の負担を軽減するとともに、審査の質の向上を図る利点があります。

●特許審査ハイウェイに必要なもの

　例えば、日本で特許査定された場合に対応する米国出願において、特許審査ハイウェイを利用するために必要なものは、(a)日本の特許査定直前の拒絶理由通知書とその翻訳、(b)日本での引用文献を含む情報開示申告書(IDS)と、(c)日本で特許可能とされたクレーム(以下許可クレーム)に対応させるクレーム補正とその旨の申告、(d)米国クレームと日本の許可クレームとの対応関係を説明する表、が必要で、米国特許庁料金は無料です。

●クレームの対応

　特許審査ハイウェイでは、米国出願のクレームを、日本の許可クレームに対応するように補正する必要があります。米国出願のクレームと日本の許可クレームとの差異が、翻訳による些細な違いや、クレームの形式要件に関するものであるものであったり、米国出願のクレームの範囲が日本の許可クレームの範囲より狭い場合には、クレームは充分に対応するものとみなされます。

　また、米国出願のクレームに、日本の許可クレームより狭い従属クレームを追加することができます。そこでの追加限定は、従属項の形式で表現し、そのような従属項は、クレーム対応表において、全て同じ日本の許可

クレームに対応することができます。

●クレーム補正の制限

　特許審査ハイウェイにおけるオフィス・アクションへの応答でクレームを補正する場合、日本の許可クレームと対応している範囲内での補正に限定されます。すなわち、基本的に日本の許可クレームをさらに減縮する補正に限られます。明細書の記載から、クレーム構成要件を置換して、日本の許可クレームの範囲外に、クレーム補正することはできません。またクレームを補正するときは、補正後のクレームが、日本の許可クレームと対応しているという申告書を同時に提出する必要があります[42]。

---

[42] 2014年2月14日付長官通知 Implementation of the Global and IPS Patent Prosecution Highway(PPH) Pilot Programs with Participating Offices

34. 米国外出願の許可と出願ファイルの閲覧

(Foreign Filing License) (Access to Application File)

●外国出願許可と秘密命令(Foreign Filing License ; Secrecy Order)
(122条、184条、規則5.2、5.11-5.25、MPEP110-140)

　特許出願の開示する発明を公開することが、特に国家の利益に反すると認められるときには、秘密命令が発せられ、それが解除されるまでは、外国出願もできませんし特許も発行されません。

　米国特許法は、米国内でなされた発明は、発明者の国籍を問わず、米国に最初に出願することを義務付けています。米国でなされた発明に関して、米国外に特許出願する場合は、外国出願許可が必要です。内容が国家安全保障に関係するかどうかに関わらず、米国内でなされた発明はすべて、外国へ出願する前に許可を取らなければなりません。米国に出願しない場合にも、外国出願許可の請求をし許可を得てから発明技術を米国外に持ち出すことが必要です。日本人が米国内で発明した場合もこれに含まれます。これに対し、米国外でなされた発明は、米国民によるものであっても対象外です。

　外国出願許可が与えられる形態としては、(a)出願受領書上での許可、(b)秘密命令のないまま出願日から6ヵ月経過した場合の自動的許可、そして、(c)許可申請(Petition)に対する承認、があります。これらは、仮出願に関しても同じです。

●遡及的外国出願許可(Retroactive License) (規則5.25、MPEP140Ⅱ)

　最初に米国出願しなければならないことを知らずに、外国出願してしまった場合は、多くの場合は、遡及(そきゅう)して許可をもらうことができます。遡及許可の条件としては、(a)詐欺的意図がなく誤って外国へ出願してしまった、(b)秘密命令が発せられていない、(c)国家安全保障に関係しない内容である、ことを満たす必要があります。気がついた時点で多少期間が経っていても、善意である限り許可されることが殆どですし、事実を隠蔽(いんぺい)して後々の問題を残すよりも、放置しないで速やかに許可の請求を出しておいた方がよいでしょう。

●公開されていない出願の閲覧(122条、規則1.14、MPEP104)

公開されていない係属中の出願は秘密が保持され、その閲覧は、(1)出願人、(2)登録された譲受人、(3)登録された代理人、(4)これらの者の許可を得た者に限られます。また、係属中の出願の譲渡登記記録も秘密に保たれます。米国特許庁からアクセスを許された者は、自分たちが携わっている出願に関する情報を、米国特許庁の特許出願情報検索システム(Private PAIR)により、インターネットで随時閲覧できます。

●公衆の閲覧できるもの(122条、規則1.11、MPEP103)

出願公開後の審査経過及び提出書類は、誰でも Public PAIR によりインターネットで閲覧することができます。

また、誰でも閲覧することができる資料としては、(a)発行された特許、(b)再発行出願、(c)再審査中の特許、(d)決着したインターフェアレンス記録、があります。

公開されずに放棄された出願は原則として非公開ですが、(1)発行された特許で引用されたものや、(2)発行された特許が優先権の基礎としている国内出願は閲覧可能になります。

35. 米国の出願公開制度

〈Publication of Patent Applications〉

●出願公開制度[43]（122条(b)、規則1.211-221）

　米国出願（デザイン特許出願および仮出願を除く）は、最先の出願日（優先日）から18ヵ月経過後速やかに公開されます。公開の形式は、ウェブサイトでアクセスできる電子公開のみです。公開後は、ファイルのコピーを請求することができます。

　優先日から18ヵ月で公開されますので、優先権主張は優先日から16ヵ月以内にしなければなりません。ただし、出願国、出願番号、出願日および優先権主張の意志を明らかにすればよく、優先権証明書は、特許発行までの間に提出することができます。

●仮保護の権利とその他の出願公開の効果（154条(d)）

　出願公開により、仮保護の権利（Provisional Right）が認められます（154条(d)）。仮保護の権利は、むしろ日本でいう補償金請求権に近いもので、公開の日から特許発行の日までの間の期間において、公開されたクレームの発明を実施する者に公開公報（PCT 国際出願の場合は翻訳文）を添付して実際に通知した場合に、実施料相当額の請求をする権利が発生します。この請求は、公開されたクレームと実質的に同じクレームが特許になることが必要であり、特許発行後6年以内に請求することが必要です。寄与侵害は認められないと思われます。また均等論の適用については不明です。

　出願公開により、出願日に遡って後願排除力を有することになります。なお旧法（Pre-AIA）では、PCT 国際出願に関しては、米国を指定し英語で国際公開された場合にしか、旧102条(e)の先行技術にならないとされていました。

　これらの公開に伴う利点は、非公開出願または部分的非公開の非公開部分に関しては発生しませんので、公開を促進する要因となる可能性もあります。

---

[43] 米国で出願公開されているのは2000年11月29日以降の出願です。

●出願公開された出願に関する情報提供(Third-party Submissions)
(122条(e)、規則1.290)

　出願公開された出願に対して、誰でも特許文献または刊行物を先行技術として情報提供することができます。旧法(Pre-AIA)では、出願公開から2ヵ月以内でしたが、新法(AIA)により、許可通知前であれば、(1)出願公開から6ヵ月以内または(2)最初の拒絶、のいずれか遅い方までにできることとなります。

　また、旧法では、先行技術の説明を付けることができませんでしたが、新法(AIA)では、逆に各引用例の関連性の説明を必ず付けなければならないことになっています。

●非公開請求と編集版公開請求(122条(b)(2)(B)、規則1.213、1.215)

　出願人が出願公開制度を有する外国(以下、単に「外国」といいます)に出願せず、かつPCT出願もしない場合は、その旨を記載して出願公開しないことを請求することができます。

　さらに、外国で公開される出願の開示内容が米国出願よりも少ないときは、外国出願に含まれていない事項が公開されないように、その部分を米国出願から削除した編集版を提出し、それを公開することを請求することができます。非公開の請求は、出願時にしなければなりません。

　その後気が変わって外国出願した場合、45日以内に米国特許庁に通知しないと米国出願は放棄にされます。ただし、うっかり通知を忘れていたなど、意図的でない場合は、非意図的放棄として、復活することが可能です。

　これらの米国出願公開の例外請求が徹底されると、米国の出願公開からは、米国外で公開される情報しか得られないことになってしまいます。実際にどれくらいの割合でこれらの請求が提出されているのか不明ですが、少数と思われます。

●例外的な公開(規則1.219、1.221)

　例外的な公開として、出願人の請求による早期公開、再公開があります。

　早期公開(Early Publication)とは、通常の出願公開が出願日(優先日)から18ヵ月であるのに対し、請求により、18ヵ月より前に公開してもらうことです。早期公開により、仮保護の権利を早期に得ることができます。

　再公開（Republication）は、すでに公開されたクレームが、第三者が実施している侵害被疑製品をカバーするのに不充分な場合、クレームを補正して、再度公開してもらい、仮保護の権利の内容を改善するものです。

　これらの請求による特別な公開を受けるには、電子出願にしなければなりません。

時効とラッチス
(Statute of Limitation)(Latches)

　時効とは、権利が発生したのち、法律に規定された一定の期間経過すると、その権利を行使できなくなることをいいます。特許の侵害に関する損害賠償請求権は、6年で時効になります。したがって、特許から6年以上経過した場合、6年以上前の侵害行為に関する損害賠償は請求できなくなります。

　ラッチスは時効と似ていますが、時効が法律の規定があるのに対し、ラッチスは法律の規定はなくても、衡平法により長期間権利の行使を怠ったものに、その権利の行使を許さないものです。例えば、特許侵害を知りながら黙認し、侵害訴訟提起の意思がないように見せかけながら、侵害者のビジネスが大きく成長した時点で侵害訴訟を提起したような場合、特許権が存在していて、時効になっていない期間の損害賠償請求権も行使できなくなることもあり得ました。しかし、SCA Hygiene 事件最高裁判決[1]（2017）は、時効の法律規定のある特許侵害訴訟において、ラッチスは抗弁にならないと判決しました。

[1] *SCA Hygiene v. First Quality* (S. Ct. 2017).

米国の特許弁護士と
パテント・エージェント
(US Patent Attorney)(Patent Agent)

米国で弁護士が専門性をいうには、何らかの公的な資格を有することが求められます。特許弁護士と称することは、特許の専門家であると宣伝する者とみなされ、特許に関する資格が必要です。通常は米国特許庁の定める弁理士(Patent Agent)資格を有する者と理解されています。

米国で弁護士になるには、通常はまずABA認定ロースクールで3年間のジュリス・ドクター(JD)課程を卒業することが必要で、この段階で初めて州の司法試験の受験資格が与えられます。この州の司法試験に合格し、宣誓と登録をして晴れて弁護士となります。ニューヨークやカリフォルニアなどいくつかの州ではジュリス・ドクター(JD)課程を修了しなくても、規定の条件を満たした者に受験資格を認めています。

特許出願手続には、米国特許庁の弁理士(Patent Agent)資格が必要です。米国特許庁の試験を受けるには、原則として米国特許庁が定める技術系学科の学士号を持っている必要があります。試験の内容はもっぱら実務に関する択一式問題で、技術に関する試験はありません。この弁理士資格をもっていれば、米国特許庁での特許出願手続をすることができますが、譲渡書に関する助言、鑑定、ライセンス交渉、訴訟などは、弁護士資格がないとできないことになっています。また、資格を有しても、技術的に手に負えない案件の代理をすることは、倫理規則により禁止されています。なお、連邦商標登録出願手続は、米国特許庁の手続ですが、弁理士の資格ではできず、弁護士資格が必要です(弁理士資格は不要です)。

米国特許庁の弁理士試験に合格しても、外国人は永住権(グリーンカード)がないと登録できず、手続する権限は限定的(Limited Recognition)になります。

36. 第三者情報提供制度

（Third‒party Submissions）

●出願公開された出願に対する情報提供(Third‒party Submissions)
（122条、規則1.290、MPEP1134.01）

　出願公開された出願に対する情報提供は、だれでも提出することができます[44]。提供できる先行技術は、特許文献または刊行物に限定されます。提出できる期間は、許可通知前に限られ、(1)出願公開から 6 ヵ月以内または(2)最初の拒絶、のいずれか遅い方までとなっています[45]。情報提供のために必要な提出物は、①文献のリスト、②各引用例の関連性を説明する文書、③リストされた文献コピー、④非英語文献の翻訳、及び⑤情報提供者は当該出願に携わるものでなく、情報提供が122条(e)と規則1.290の要件を満たす申告書、です。第三者情報提供は有料です。

●先行技術提供(Citation of Prior Art)(301条、規則1.501、MPEP2202)

　先行技術提供は、発行後の特許の特許性に関わる情報提供制度です。先行技術提供は、特許が行使可能な期間に、誰でも発行特許または刊行物の先行技術、又は特許権者が連邦裁判所や米国特許庁に提出した特許権者の陳述書を提供することができます。提供者は匿名にすることを請求することができます。

　先行技術提供は、発行特許のみが対象で、米国特許庁への提出とともに、出願人にも送付しなければなりません。提供された情報は、ファイルに入れられるだけで、米国特許庁は審査しませんが、公衆がアクセスすることができ、また再発行出願の審査や再審査が開始されれば、審査官はその情報を利用することができます。

●プロテスト(Protest)(規則1.291、MPEP1901)

　プロテストは、許可通知発送前の特許出願の特許性に関わる情報を提供

---

[44] 第三者による情報提供は有料で2018年 9 月末180ドルです。
[45] 2011年に改正される前は、情報提供は、出願公開から 2 ヵ月以内に限られて、しかも、先行技術の説明を付けることができませんでした。

する制度です。プロテストの提出は利害関係者であることが必要です。プロテスト者は審査手続に参加することはできません。プロテストは、どのような法定不特許要件に関するものでもよく、無料ですが、提出のタイミングが出願の公開前かつ許可通知の発送前に限られること、提出時には出願人に送達すること、が要求されます。プロテストは、特に再発行出願がされている場合、許可通知前であれば、いつでも提出することができるものとして利用できます。審査官に考慮してもらうために必要な情報として、(a)引用例のリスト、(b)引用例のコピー、(c)外国語引用例の翻訳、(d)関連性の簡潔な説明が求められます。

37. 代理業務

（Representation of Clients）

●代理業務と代理人のサイン（規則11.5、11.18、MPEP402.03）

　米国特許出願手続は米国特許庁に登録された弁理士または弁護士のみが代理人となることができます。代理人は米国特許庁に提出する書類にサインすることが要求されますが、提出書類にサインすることにより、(1)申告事項は全て真実であるか、真実と信じていること、そして、故意に偽ると処罰されること、(2)知る限りにおいて、提出された書類は、嫌がらせや、時間や費用を浪費させるためではなく、その時点の法に従い、主張が適切な証拠に支持されており、妥当な内容のものであることを、保証することになります。

　デクラレーションや譲渡書は、発明者や権利の譲渡者がサインしなければならず、代理人が代わりにサインすることはできません。ディスクレーマーの書類には、代理人がサインすることができます。

●代理人の解任（Dismissal of Attorney or Agent）（規則1.36、MPEP402.05）

　代理人を委任した発明者や出願人は、いつでもいかなる理由でも代理人を解任することができます。共同出願の場合は、原則として共同出願人のすべてが合意しなければ解任できません。共同出願人全員が代理人の解任に合意しなかったときは、代理人を解任する共同出願人は、充分な理由（sufficient cause）を記したペティション（請願）を米国特許庁に提出して、米国特許庁にその出願に関して誰がサインすべきか決めてもらいます。最初の代理人を解任した一部の共同出願人が別の代理人に委任しているとき、米国特許庁は、最初の代理人と別の代理人の双方がサインするように指示するのが普通です。

●代理人の辞退（Withdrawal of Attorney or Agent）
（規則1.36、11.116、MPEP402.06）

　出願人が代理人を一方的に解任することができるのに対し、代理人側から代理人を一方的に辞任することはできません。出願人が辞任に同意しな

いとき、辞任を希望する代理人は、長官にペティションを提出しその承認を得なければなりません。代理人は、辞退に際して、出願人への通知や他の代理人を選任する時間的余裕を与えるなど合理的に可能な範囲で、出願人の利益を守らなければなりません。

●代理人の倫理(Ethics of Attorney or Agent)(規則11.100−11.901)

米国特許庁において出願手続きをするものは、その職務を誠実に遂行する義務があります。一般的な原則は、米国特許庁に対しうそをつかないこと、技術的に手に負えないと思う案件を引受けないことです。紹介料など別々のローファーム間でサービス料を分け合うことは、禁止されています。

第 II 部

米国特許審査入門

第5章

米国特許出願の審査

38. 限定要求

（Restriction Requirement）

●限定要求（Restriction Requirement）

（121条、規則1.141－1.142、規則1.475、MPEP800）

　限定要求とは、1つの出願に2以上の独立しているか（independent）、区別される（distinct）発明のクレームがあるとき、審査官がいずれかの発明の選択を求めるものです[46]。「独立して」とは関係が希薄であることを意味し、「区別される」とは、一方は他方に照らして容易ではなく、それぞれ別の特許となり得ることを意味するものとされています。米国特許庁の一出願の範囲は一般に狭く、方法、装置、製品などのように、異なるカテゴリのクレームがあると、限定要求されることがよくあります。

　選択されなかった発明は、審査の対象から外されます。選択した発明が拒絶されたときに、途中で選択しなかったクレームに審査対象を切替えることはできません（分割出願にしなければなりません）。

　限定要求に関して不服申立（Petition）するためには、その前に審査官に対して限定要求が誤っている旨を主張しておかなければなりません。

●限定要求の要件（MPEP806.05、804.01）

　審査官が、方法と装置間で限定要求するためには、(a)方法が他の実質的に異なる装置で実施できること、または(b)装置が他の実質的に異なる方法に使用できることを示せばよいとされています。また、製品と製造方法との間で限定要求するためには、(a)製造方法が製品から容易でなく、他の実質的に異なる製品の製造に使用できること、または(b)製品が他の実質的に異なる方法によって製造できることを示せばよいとされています。製品と製造装置との間でも同様です。製品と製品の使用方法との間では、その方法が他の実質的に異なる製品を使ってもできること、または、製品が他の実質的に異なる用途でも使用できることを示せばよいとされて

---

[46] 121条は1つの出願中に2以上の「independent and distinct」な発明がある場合、長官はその内の1つの発明に出願を限定することを要求することができると規定していますが、運用は「independent or distinct」であれば限定要求されます。

います。

　最終製品と中間生成物に関しては、中間生成物が最終製品の製造のためにのみ有用なものは限定要求できませんが、中間生成物がそれ以外に使用できる場合は、限定要求できます。

　なお、限定要求されたということは、互いに一方は他方に照らして容易ではなく、互いに独立して特許できる発明であると、審査官が判断したことになりますので、審査官は、限定要求の結果なされた分割出願を後で二重特許拒絶することはできないことになっています。

　なお、PCT 国際出願の米国国内段階出願には、PCT の発明の単一性が適用されることになっています。

●限定要求に対する応答(MPEP818)

　限定要求の応答に当っては、反論するときも必ず何れかを選択をしなければなりません。そして選択をした上で反論するときは、限定要求の誤りを具体的に指摘します。単に限定要求が誤っているとの主張は、反論したことになりません。限定要求に対する反論は、PCT の単一性に基づく場合を除き、あまり実益がありません。

　PCT の国内段階出願では、PCT の発明の単一性に基づき反論することができますが、それ以外の出願では、一般に限定要求に反論することはあまり実益がありません。その理由としては、審査官の立証責任が軽いため、限定要求が撤回される可能性が低いことが挙げられます。また発明が、独立しておらず区別されるものでもないとの主張は自白とみなされ、1 つのカテゴリのクレームに対する拒絶理由を、他のカテゴリにそのまま適用される危険を冒す可能性があります。

　出願人が限定要求で反論しなかった場合、審査官は、特許の許可をするときに、選択されなかったクレームを削除(cancel)することができます。

● Rejoinder(再併合)

　審査官は、許可時に限定要求に関して再検討することになっています。非選択発明のクレームは、選択された発明のクレームに従属するか、限定事項のすべてを組込んでおけば、許可してもらうことも可能です。例えば、製品と製法の出願において製品が許可された場合、製法クレームをその製

品に限定しておけば出願に併合してもらうことができます。

　併合してもらうことにより、異なるカテゴリクレームを同時に特許してもらうことができ、別カテゴリを分割しなくても良くなることもあります。一方、別カテゴリクレームは、選択した発明に関連する限りの狭いものに限定されることになります。

　併合を望む場合は、補正の都度、選択した独立クレームの構成要件を、非選択クレームの独立クレームに組み入れて、併合を求めることを補正書に含めておくことが必要です。

　また重要出願においては、分割出願や継続出願により、出願を長期間米国特許庁に係属させておくことで、クレームを補正する余地を残しておくことがあります。そのような必要がある場合には、敢えて併合する必要はないことになります。併合して特許になって、分割出願や継続出願をしないと、特許クレームが確定してしまうことになり、補正するためには、再発行出願が必要になりますし、クレームを補正すると補正前の損害賠償を請求できなくなる可能性があります。

コラム

限定要求に備えて、自発的にカテゴリ別に出願を分けるべきか？

　米国特許庁では、発明の単一性は狭く運用されています。方法、装置および製品のように、1つの出願に複数カテゴリのクレームがあると、殆どの場合、いずれか1つのカテゴリを選択するよう限定要求されます。どうせ限定要求されるのであれば、最初からカテゴリ別に分けて出願すれば、限定要求の応答が省略されて良いのではないかと考える方も多いでしょう。しかし、結論を先に言うと、1つの出願に複数カテゴリのクレームを作っておき、限定要求を待って分割する方が良いと思われます。

● 複数カテゴリを単一出願にした場合

　方法と装置、製品と製造法などの複数カテゴリを単一出願とした場合、通常は限定要求されますが、たまには限定要求されないこともあります。その場合は、出願時、オフィス・アクション応答時、特許発行時、特許維持料金ともに、1件分で済み、分割した場合と比較して、経済的になります。

　予想通り限定要求されたとしても利点があります。限定要求に基づいて、分割出願した場合は、二重特許拒絶されず、ターミナル・ディスクレーマが必要ありませんので、特許期間調整があれば、カテゴリ別に満了の時期が異なることになり、実質的権利期間が延びることもあり得ます。

また、1つのカテゴリ発明が許可されてから分割すれば、分割出願が許可される見通しも立て易くなります。その際に親出願のIDS（情報開示申告）と審査官の引用例をそのままIDSとすれば簡単です。

　さらに、関連出願の係属期間が延びますので、その間の状況の変化に応じたクレームの再検討や、新たな継続出願などをすることができます。

● カテゴリ別に複数出願にした場合

　自発的に別出願とした場合、まず、それぞれの出願に対して、他の出願を関連出願として申告する義務があります。明細書の開示が似ていますので、ほぼ確実に二重特許拒絶されます。そうするとターミナル・ディスクレーマが必要になり、これによって、それぞれ異なる特許期間調整があっても、満了時期は一番短いものに統一されます。

　また、複数の関連出願が同時に係属するとIDSが面倒です。特に審査官が異なっていると、1つの出願で引用された先行技術は、他の関連出願のそれぞれにIDSとして提出する必要があります。

●総合判断

　以上を総合すると、自発的にカテゴリ別に複数出願にする利点は少ないのに対して、複数カテゴリを単一出願にする利点は多いと言えます。また、分割出願の時期については、限定要求時にするよりも、選択したカテゴリが許可されてから、非選択カテゴリをまとめて分割出願して、1つずつ審査してもらうのが、良いように思われます。

第5章
米国特許出願の審査

39. 下位選択要求

（Election-of-Species Requirement）

●上位概念と下位概念(Genus and Species)

　上位概念と下位概念という言葉は、日常ではあまりなじみがない方もいらっしゃるかも知れませんが、下位選択要求や新規事項の概念を理解するためには、正確に理解する必要があります。「金属」という用語と「鉄」や「銅」という用語を比較した場合、「金属」は上位概念で、「鉄」や「銅」は下位概念です。「鉄」を「原子番号26の金属」と定義できるとすれば、「金属」を「原子番号26」で限定したものが「鉄」であるということができます。

●下位選択要求(Election-of-Species Requirement)(MPEP809)

　下位選択要求とは、限定要求と似ていますが、上位概念クレームの下に複数の下位概念クレームがあるときに、いずれか1つの「下位概念の選択（election of species）」を求めるものです。先の狭義の「限定要求」と「下位選択要求」をまとめて、広義の「限定要求」という場合もあります。

　下位選択要求は、上位概念の発明の下に複数の下位概念の発明があって、上位概念の発明が拒絶されたときに、下位概念の発明同士が独立して（independent）いるか、区別される（distinct）場合に、いずれか1つの選択を求められます。上位概念クレームがあり、その上位概念クレームが特許されるときには、選択しなかった下位概念クレームも特許される可能性があります。

　先の狭義の「限定要求」との違いは、下位選択要求の場合は、下位概念クレームを結合する上位概念クレーム(linking claim)が存在することです。そしてこの結合クレームが拒絶された結果、削除されると、狭義の「限定要求」と同じ状況になります。上位概念クレームの拒絶に対して補正する場合は、選択した下位概念を含まなくなるような補正はできません。

●コンビネーションとサブコンビネーション

(Combination and Subcombination)(MPEP806.05)

　コンビネーションとサブコンビネーションという言葉は、上位概念と下位概念という言葉以上に聞きなれない言葉であり、わかりにくい概念です。A＋Bがコンビネーションと呼ばれるのに対して、AとBはそれぞれサブコンビネーションと呼ばれます。上位概念とは異なる概念ですが、明確な区別が難しい場合もあります。

　コンビネーション・クレームとサブコンビネーション・クレームの間で限定要求する場合、審査官は、次のことを示すことが求められます。(a)コンビネーションが必ずしも特定のサブコンビネーションを必要としないか、または、(b)サブコンビネーションがそれ自体で有用性をもっていることです。

40. オフィス・アクション

（Office Action）

　審査官により審査されると、オフィス・アクション（拒絶通知、以下OA）または特許許可通知が出されます。細切れの手続の煩雑さを避けるため、審査官は一度にすべての拒絶を指摘することになっています。

　OAには、主にRejectionとObjectionの区別があり、原則として、Rejectionは技術主題の特許性がない場合、Objectionは記載が形式的に不備の場合です。

● Rejection（特許性に関する拒絶）

　主なRejectionの条文は、(1)102条：新規性なし（anticipation）、(2)103条：容易（obviousness）、(3)112条(a)（旧第1パラグラフ）：発明記述要件、実施可能要件、ベスト・モード要件（description, enablement, or best mode）違反、(4)112条(b)（旧第2パラグラフ）：クレーム不明確（indefiniteness）、(5)101条：特許不適格、などがあります。Rejectionに対する不服申立は審判請求によって行ないます。

● Objection（形式上の不備に対する拒絶）（MPEP706.01）

　Objectionは、記載形式などの不備に対して出されます。補正時の新規事項に対してもObjectionが出されます。Objectionへの不服申立は長官への請願（Petition）で行ない、審判請求はできません。

●クエイル・アクション（Quayle Action）（MPEP714.14）

　クエイル・アクションとは、記載不備などを除いて許可可能である旨の通知です。許可通知の場合と同じく、実体審査は終了され、補正は最終拒絶の場合と同様に、(a)OAの指示に従った形式的不備に関する補正、(b)クレームの削除、(c)その他形式的不備を正す補正、に限られます。

● OAへの応答（Response）（規則1.121、MPEP714）

　OAへの応答（Response）は、1つ1つすべてのrejectionとobjectionに

応答しなければなりません。故意に応答しないものがあると、出願は放棄となります。善意であると審査官が解釈した場合は、応答を補充させるため、指定期間の短いOAを送ります。

●応答しない出願の放棄と明示的放棄

OAにまったく応答しないと、出願は放棄となります。日本のように、「放棄」と「取下げ」の区別はありません。出願日が与えられた後に出願を撤回することはできません。また、放棄出願は、公開公報の刊行物としての効果を除き、先願の地位はなく、102条の新規性の要件を満たす限り、再出願は可能です。出願の放棄には、(a)応答しないことによる放棄と、(b)明示的放棄(Express Abandonment)とがあります。

応答しないことによる放棄は、さらに意図的な場合と非意図的な場合に分けられ、非意図的な放棄は復活させることができます。明示的放棄は、自発的に放棄する意図を示した書面を米国特許庁に提出するもので、後で気が変わっても、復活させることはできません。したがって、後で気が変わって後悔することのないよう、通常はOAに応答しない形で放棄します。これですと、OAが送付された日から6ヵ月猶予期間が与えられる効果があります。

41. 米国代理人による応答案の検討

（Analysis of Office Action by US Attorney）

●米国代理人による検討と補正案

オフィス・アクション（以下 OA）が来ると、米国代理人から依頼人に報告が送られます。米国代理人からの文書は、米国代理人の方針や依頼人の希望によって異なりますが、大体次の2通りに分けることができます。1つは OA が送られてきたことの簡単な報告のみで、応答に関しては依頼人に任せることを原則としたものです。他の1つは、米国代理人が特許出願と OA、引用例の内容を検討し、可能な範囲で補正案と意見書（Remarks）のためのコメントを作成して依頼人に送り、依頼人に検討してもらうものです。依頼人のニーズに応じて対応してもらうことも可能ですので、米国代理人に相談してみるのが良いでしょう。

●米国代理人による OA 検討の意義

OA の簡単な報告のみの場合は、米国代理人の手間が少ない分だけ費用が安くなります。しかし、依頼人側が米国特許出願実務に習熟していることが求められます。依頼人の指示が米国実務になじまない場合、米国代理人にとって、依頼人の意図と米国実務とを調和させた応答書を作成することは容易ではありません。依頼人に説明したり、説得したりするために時間と労力が必要以上にかかる場合もあるでしょう。したがって、依頼人側が米国特許出願実務に充分習熟していない場合は、OA の簡単な報告のみでは不充分でしょう。

これに対し、米国代理人が特許出願と OA、引用例の内容を検討し、補正案と意見書（Remarks）案を作成する場合は、米国実務に習熟している米国代理人の補正案やコメントは一般に信頼性が高く、依頼人がそのまま同意できる場合も多いでしょう。しかし、米国代理人がそのために時間と労力をかけますので、そのための米国代理人費用が必要になります。しかし、その分依頼人側の検討負担は全体として少なくなるでしょう。また米国代理人の作成した補正案や意見書案にそのまま同意しない場合も、これをたたき台にして改良することもできます。いずれを選ぶにせよ、コストの評

価は総合的に行う必要があります。

●米国代理人による検討についての考慮事項

　米国代理人に検討を依頼するどうかは依頼人が選択することができます。選択にあたっては、依頼人側の米国特許出願実務への習熟度、案件の重要度、技術の難易などを考慮する必要があります。

　依頼人側スタッフや日本の特許事務所が、米国特許出願実務に充分習熟しており、しかも、充分検討するだけの余裕がある場合は、OA の簡単な報告のみを送ってもらい、依頼人側のスタッフや日本の特許事務所で応答案を作成することを選択することができます。しかし、この場合も米国代理人の補正案やコメントをたたき台にすることにより、より充分な検討が可能になることも考慮する必要があります。

　また、技術や出願の状況が複雑で難解であるなど、米国代理人と綿密な打合せなしには発明や出願人の意図について充分な理解が期待できないときは、米国特許出願実務に充分習熟している依頼人側のスタッフや日本の特許事務所が、発明者と技術的協議して対応することが好ましいこともあり得ると考えられます。

　依頼人側スタッフや日本の特許事務所が米国特許出願実務に充分習熟していない場合や、習熟していても、扱う案件が多く充分な労力や時間を割当てることができない場合は、米国代理人が補正案と意見書案を作成してもらうことが賢明と思われます。

42. 米国代理人への指示

（Instruction to US Attorney）

●米国代理人からの応答案がない場合

　米国代理人からの応答案などがない場合は、基本的に依頼人の側で、補正書及び意見書の内容をすべて作成することが原則です。米国代理人が、英語の言いまわしや様式を整えて提出できる状態にしておくことが望まれます。特にクレームの補正は、言葉で説明するよりも、補正内容をそのまま示す方が、手っ取り早く正確に伝わります。米国特許庁で採用されている補正様式は、補正前と補正後が明確に分るようになっており、便利であるとともに正確に伝えることができますので知っておいた方がよいと思われます。

　また、意見書での主張は、あくまでもクレームの限定に基づいておこなうことが重要です。米国の応答において、技術的思想を論ずることはあまりありませんし、クレーム限定に基づく構成の差異を明確にせずに技術的思想の相違を主張することは、殆ど意味がありません。技術思想の説明を付け加えるとしても、まずクレームの限定に基づく構成の差異を明確に主張した上でこそ、技術的思想や効果について説明する意味があると言えます。

●米国代理人からの応答案がある場合

　米国代理人からの応答案がある場合の指示の要領としては、最初にその応答案について全面的に同意するのか、部分的に修正するのか、全面的に書き換えるのかを明かにすることが必要です。もし全面的に同意し、特に修正事項や追加事項がない場合は、その旨を伝えれば充分であり、補正内容や意見書内容に関する余分なコメントは必要ありません。時々、修正事項や追加事項ではないのに、発明の内容に関する余分なコメントで、依頼人の意図が不明で、そのコメントをどのように扱うべきか迷う場合があります。代理人から提示した応答案の修正が必要があるのかないのかがはっきりしないコメントは、代理人にとって一番困ります。

　基本的に同意するが、応答案の一部に修正事項や追加事項がある場合は、

まずその旨を伝えます。そして修正案と意見書案のそれぞれの修正事項や追加事項について、どこをどう修正するか、どこに何を追加するかを具体的に正確に説明することが大切です。クレームの補正案の修正は、説明するよりも、補正内容をそのまま示す方が手っとり早く確実です。なお、英語の表現に不安がある場合は、その旨伝え、必要に応じ、補正の意図について説明を加えればよいでしょう。

●日本語での指示

　私たちの事務所では、日本語の指示にも対応していますが、この場合も応答案は、通常は英語で作成して送ります。なぜならば、米国特許庁への応答書は英語で作成して提出しなければならないものですし、英語を読むのは何とかなるという依頼人が殆どだからです。

　米国代理人から英語の補正案を送っているのに、その補正案を日本語に訳して検討され、日本語のクレーム補正案を送ってこられる方がたまにあります。その補正案で新たな限定を追加したりする場合、訳語を含めて明細書全体との整合性を検討したり、対応する訳語を求めて明細書中を探し回るなど、大した語数ではなくても、予想以上に時間を費やす場合がよくあります。

　クレームは、英語のまま検討し、英語の補正案に手を入れていただくのが望ましいと思われます。どうしても英語のままの検討が難しい場合はやむ得ませんが、その場合もその分野特有の用語など英語交じりの日本語で指示をしてもらった方が、米国代理人としては助かることがよくあります。

43. 旧法(Pre-AIA)102条による新規性拒絶

（Anticipation Rejection）

　旧法(Pre-AIA)が適用されるのは、全てのクレームの有効出願日が、2013年3月15日以前である出願に限定されます。有効出願日とは、優先日を含み、その出願の新規性に関して、遡及できる最先の出願日を意味します。

　以下の説明では、判断の対象となる発明と出願を「本件発明」、「本件出願」と呼びます。

●新規性拒絶（MPEP706.02(a)-(I)、2131-2138）

　旧102条の条文の規定は、日本の特許法29条1項の規定に比べて複雑に見えますが、先行技術に関する規定は102条だけで、冒認（自分の発明ではない）に関する規定も混ざっています。日本の特許法では、先行技術に関する規定が、29条、29条の2、39条など複数の条文にまたがっていることを考慮すると、旧102条はさほど複雑ではないことがわかります。旧102条は、先行技術の種類を次のように挙げています。旧102条(a)、(e)、(g)は、発明日基準ですので、発明日の立証により克服可能です。

- 旧102条(a)：本件発明の前、他の人々によって
    - (1)米国内で公知にされた。
    - (2)米国内で公然使用された。
    - (3)刊行物に記載された。
    - (4)特許になった。

- 旧102条(b)：本件出願前1年前より前に[47]

---

[47] 「1年前より前に」は、「1年以上前に」と少し違います。「未満」と「以下」の違いと同様、前者はちょうど1年前を含みませんが、後者はちょうど1年前を含みます。原文は「more than one year prior to the date of the application」でちょうど1年前を含みません。「1年を超えて前に」と訳すこともできますが、私は「1年前より前に」の方が分かりやすいのではないかと思っています。

(1)米国内で販売された。

(2)米国内で公然使用された。

(3)刊行物に記載された。

(4)特許になった。

　ここで規定する1年間は、グレース・ピリオド(grace period)と呼ばれています。この旧法規定に関して注意しなければならないことは、日本の出願日前に刊行物発表して、日本特許法30条に基づく新規性喪失の例外適用を受けた場合、出願日から1年の優先権期限を待たず、刊行物発表から1年以内に米国出願されていなければならないということです。

● 　旧102条(c)：本件発明者自身が発明を放棄した。

● 　旧102条(d)：本件発明者によって

　　　(1)米国出願1年前より前に、

　　　(2)他の国で出願され、

　　　(3)米国出願前に他の国で特許となった。

　この規定により、権利を失う例としましては、日本で実用新案出願して、その優先権を主張するつもりでいたが、1年の優先権主張期限を逸してしまった場合が考えられます。

● 　旧102条(e)：本件発明前に他の者が出願した特許出願に記載され、

　　　(1)それが出願公開された。または

　　　(2)それが特許になった。

　ただし、米国を指定したPCT出願は英語で国際公開された場合のみ国際出願日にて同じ扱いとされます。

　この規定は、出願に開示された事項が、出願日から後の発明を排除する効果があることを定めています。

● 　旧102条(f)：本件出願に記載された以外に発明者がいる(冒認)。

● 　旧102条(g)：

　　　(1)米国外の他の者が、インターフェアレンスで先発明を立証した、

（2）米国内で他の者によって先に発明され、先発明が放棄されず、隠蔽されていない（出願済か出願予定）。

日本の新規性喪失の例外と米国の Grace Period

　旧法（Pre-AIA）においては、刊行物に発表した後に、日本特許法30条の新規性喪失の例外適用を受けた出願は、優先権主張期限を待たず、刊行物での発表から1年以内に米国出願しなければ、その刊行物が旧法（Pre-AIA）102条（b）の先行技術となり、米国で特許を取ることができませんでした。しかし、新法（AIA）下の新規性では、優先権主張期限内に米国出願すれば大丈夫です。

　発明者が、日本で特許出願する前に刊行物などに発表しても、それから1年以内に日本出願し、必要な書類を提出すると、日本特許法30条により新規性喪失の例外適用を受けることができます（2018年6月9日施行で、6ヵ月から1年になりました。以前の30条では、刊行物での発表から6ヵ月を過ぎて日

本出願すると、新規性喪失の例外適用を受けることができず、その日本出願は、自分の発表により拒絶されました。それでも発表から1年以内の日本出願であれば、米国出願のためには役に立っていました。）。

　日本出願の出願日から1年間はパリ条約による優先権主張をすることができ、この間に外国出願すれば、新規性進歩性に関して日本出願日の利益を受けることができます。しかも、日本出願日の前1年以内に刊行物に発表していても先行技術になりません。つまり、刊行物に発表してから1年以内に日本出願し、日本出願日から1年以内に米国出願すればよく、刊行物に発表してから米国出願まで最大2年の猶予期間（Grace Period）が与えられることになります。ただし、優先権主張が必須ですから、発表から1年以内に日本出願をすることが必要です。

新規性拒絶と内在性
（MPEP 2112.02）

　既存の物に関して新たな性質やパラメータを発見することにより、物クレーム特許をとることはできません。特に物質の性質やパラメータを限定した発明において、その物質が新規かどうか不明な場合がよくあります。プロダクト・バイ・プロセスの場合も、その製品が物として新規でなければ、特許性はありませんが、新規かどうかわからないことがよくあります。

　先行技術を調べても、発明者が勝手に編み出したパラメータを開示した先行技術を開示した先行技術などないのが普通です。先行技術に、公知物質のあらゆる観点の性質が開示されているわけではありません。クレームされた物は、新規かも知れませんし、新規ではないかも知れません。拒絶の立証責任を負う審査官はどうすればよいのでしょうか？このような場合には、審査官は具体的開示のない構成要件について内在性(inherency)を推定することにより拒絶することができます。

　新たな性質やパラメータを限定した物の発明が新規かどうか分からない場合、審査官は、クレームに記載の通りの性質やパラメータをそのまま開示する先行技術を引用する必要はありません。先行技術が、その性質やパラメータ以外の要件をある程度満たす物を開示していれば、内在性の根拠とすることができます。審査官は、このような内在性を推定する一応の根拠を示せばよいのです。

　これにより、一応の立証責任が果たされたものとされ、クレームされた性質やパラメータが、引用された先行技術に「内在しない」ことの立証責任が出願人に転嫁されます。出願人は、内在性の推定を覆す反証が求められのです。したがって、性質やパラメータを限定したクレームとする場合、審査段階で、このような反証が求められることがあることを念頭に置く必要があります。

　出願人にとって、このような拒絶に応答するに当たって重要なことは、クレームが先行技術を包含しているのではないかという疑問に答えることです。ここで、「引用された先行技術には、本件発明で限定した性質やパラメータについて開示がない」という主張は意味がありません。引用された先行技術では、本件発明で限定した性質やパラメータが満たされないことを立証する必要があります。

44. 新法(AIA)による新規性拒絶(102条)

(Anticipation Rejection)

●発明者先願主義[48]

　新法(AIA)により、米国は独特の「発明者先願主義」を導入しました。一応「先願主義」とは言っても、日本や欧州の先願主義とはかなり異なっていますので注意が必要です。しかも先行技術の例外規定は、難解です。

　以下の説明では、新規性判断の対象となっている出願を「本件出願」呼びます。

●2種類の先行技術(102条(a)(1)、(a)(2))

　特許を受けることのできない発明の種類は、旧法ではいろいろありましたが、新法(AIA)は、次の2種類にまとめています。これらは新規性に関する先行技術となります。

　(1)本件出願の有効出願日前に、公衆に利用可能となった発明。公衆に利用可能となった発明には、特許、刊行物、公然使用、販売、その他を含みます。

　(2)本件出願の有効出願日前に有効に出願された、異なる発明者の出願(先願)に記載された発明。この先願は、遅かれ早かれ出願公開されるか、特許になっていなければなりません。

●特許を受けられない発明と先行技術の例外(102条(b)(1)、(b)(2))

　有効出願日の前1年以内の上記の新規性に関する先行技術には、例外規定が設けられています。1つは、(A)その公衆に利用可能となった発明が、本件出願の「発明者等[49]」に由来している場合です。すなわち、本件出願の発明者等により、公衆に利用可能とされた場合です。もう1つは、(B)公衆に利用可能となった発明の内容を、発明者等がそれよりも先に公然と開示していたことを立証すれば、先行技術ではなくなります。これら(A)

---

[48] AIAの新規性規定は、2013年3月16日以降の有効出願日を有する出願に適用されます。
[49] ここでいう「発明者等」とは「発明者又は共同発明者、または発明者又は共同発明者からその技術主題を直接又は間接的に得た他の者」を意味します。

と(B)の例外は、前記(1)公衆に利用可能となった発明と、(2)先願に記載された発明に共通しています。

　一方、その出願の有効出願日の1年前より前に公衆に利用可能となった技術は、発明者等がそれに先立って発表したかどうかに関わりなく、先行技術となります。これは旧法102条(b)の先行技術と同じです。

●後願が先願に勝つこともある(102条(b)(2))

　すでに説明したように、本件出願の発明者等が、先願開示内容を、その先願の出願日よりも先に公然開示していることを立証すれば、先行技術ではなくなります。もし、その先願がその開示内容をクレームしていた場合は、本件出願の発明者等の公然開示により、新規性がないことになりますので、先願は拒絶されます。したがって、後願である本件出願が、先願に勝つということがあり得ることになります。

●グレース・ピリオド(102条(b)(1)(A))

　発明者自身の発表が先行技術にならないグレース・ピリオドは従来通り1年です。注目すべきことは、条文を見る限りでは、外国出願の優先権を主張している場合は、優先日（有効出願日）前1年のグレース・ピリオドが認められると解釈できることです。しかし、米国法の下で新規性を喪失しなくても、他の出願予定国で喪失することがありますので注意が必要です。

●優先権基礎出願の後願排除効果(102条(d)(2))

　旧法(Pre－AIA)ではヒルマー・ドクトリンといって、米国外の出願の優先権を主張した場合、先願としての後願排除力は、優先日からではなく、米国出願日からとされていました。

　新法(AIA)では、米国外の優先日から後願排除効果が認められることになりました。また、米国では、後願出願日に公知になっていない先願でも、進歩性の先行技術にも使えますので、日本出願の優先権を主張して米国出願した場合、日本出願は米国において、日本法29条の2以上に強力な先行技術になるということができます。なお、日本で出願公開されても、優先権主張せずに米国出願されたときは、他の米国出願に対するその日本出願

の先行技術としての効力は、従来通り公開公報の刊行物としての効力のみです。

●オン・セール・バー（On-Sale-Bar）（102条(a)(1)）

　オン・セール・バーとは、販売による特許を受ける権利の喪失を言います。旧法102条は、「新規性及び特許を受ける権利の喪失」と見出しがありましたが、新法（AIA）では「新規性（Novelty）」のみとなり、旧102条(c)(d)(f)など「特許を受ける権利の喪失（Loss of Right）」に関する規定がなくなりました。したがって、オン・セール・バーのうち、秘密の販売による権利の喪失も廃止された可能性があります。しかし、CAFCはこのような解釈には消極的です[50]。

●発明者等の先行公然開示と優先権との違い

　本件出願が後願であっても、本件発明者の先行公然開示内容により、先願としての効果を失わせることがあることから、先行公然開示は出願と同等、または優先権主張と同等に扱われるように思われるかも知れませんが、そうではありません。本件発明者等の先行公然開示は、出願や優先権主張と異なり、有効出願日を遡及させる効果はないことに注意が必要です。先行公然開示が先行技術の効果を失わせるかどうかの判断においては、先行公然開示と先行技術との内容の一致が焦点であり、先行公然開示と先行技術との内容を比較することによって行われ、ここでは、本件出願の内容は直接には関係ありません。そこで一致する内容は、先行技術として使えないということになります。これに対し、優先権により先願を克服できるかどうかの判断においては、有効出願日の遡及が焦点であり、基礎出願と本件出願の内容を比較して行われ、ここでは先願の内容は関係ありません。そして、基礎出願に開示のあるクレーム発明の有効出願日が基礎出願の出願日に遡及することによって、先願が先行技術ではなくなります。このように、先行技術として使えるかどうかの判断において、比較する対象が異なることを理解することが重要です。

---

[50] CAFC は、契約が公開されていれば、発明の内容が秘密でも On-Sale-Bar になるとしています。Helsinnv.Teva (Fed Cir. 2017).

●同一所有者の先願の例外(102条(b)(2)(C))

　新法(AIA)は、同じ企業の出願の間の先後願関係の例外について、特別の規定も設けています。同じ企業の先願に、本件出願の発明の開示がある場合、本件出願の有効出願日迄に、本件出願が先願と同じ人または企業に所有されるか、譲渡される義務があるときは、先行技術になりません。「本件出願の有効出願日迄に」ですから、発明時は他の企業の所有であっても、出願までに譲渡する契約をすればよいことになります。なお、102条(b)(2)(C)の規定の存在は、必ずしも二重特許拒絶の実務を廃止するものではないと思われます。

●共同研究当事者による先願(102条(c)；規則1.71(g))

　新法(AIA)は、同一所有者の先願の例外は、企業が共同研究している場合にも適用されるように規定しております。その条件は、後願である本件出願の発明が、(1)有効出願日前の書面による共同研究契約に基づき、(2)共同研究契約の範囲内の活動の結果としてその発明がなされ、(3)本件出願が、先願の所有者と同一人である契約当事者の名前を開示していることです。米国特許庁は、契約当事者名の開示は明細書で開示されるものとしております[51]。契約当事者名の開示は、出願後に補正により開示することができますが、そのタイミングは、(a)出願又は国内段階移行から3ヵ月以内、(b)最初の実体的オフィス・アクションの発送前、または、(c)RCE後の最初の実体的オフィス・アクションの発送前、に限定されます。

---

[51] 規則1.71(g)(1)

45. 新規性拒絶に対する応答

(Response to Anticipation Rejection)

●審査官の認定が誤っている場合(MPEP2131-2138)

審査官の認定が誤っている場合は、その誤りを指摘します。

(1)先行技術ではない場合：たとえば、刊行物発行日の認定の誤りなどです。この場合は、クレーム発明と引用例との比較は必要ありません。なぜその引用例が先行技術に該当しないかを、条文の規定と事実に基づいて説明します。先行技術かどうかの判断において、公知の先行技術の有効日は、公衆がアクセス可能となった日が基準となり、実際に知られていたかどうかではありません。

また出願人が自認している場合、それが真実であろうがなかろうが先行技術とみなされます。

(2)全構成要件が開示されていない場合：開示されていない構成要件をクレームの記載に基づいて具体的に指摘します。開示されている構成要件について特に説明は必要なく、開示されていない点を、クレームの記載を具体的に示して指摘します。全体の発明思想を論ずる必要はなく、むしろ、開示されていない構成要件の技術的な意義を明らかにする必要があります。

●新法(AIA)下で、引例の有効日より先の公然開示が立証できる場合

新法(AIA)の102条(b)の先行技術の例外に該当する場合は、そのことを示す規則1.130のデクラレーションを提出することができます。発明者自身が引例より先に公然開示した場合であれば、規則1.130のデクラレーションにより、引例の開示内容の開示であること、公然開示であるという開示状況、引例より早い公然開示日、発明者自身が開示した事実を立証する必要があります。公然開示が刊行物である場合はコピーを証拠として添付します。その他、発明者から発明内容を得た者が引例より先に公然開示した場合であれば、その事情を示す立証が必要になります。

●旧法下で、引例の有効日より先の発明日が立証できる場合

旧102条(a)、(e)による拒絶で、発明日が引用例の有効日よりも早い場合(規則1.131、MPEP715)、規則1.131条のデクラレーション(Swearing Back)により、引用例の有効日よりも発明が早いことを立証することができます。立証事項は、実施確認(Reduction to Practice)の日が引用例の有効日前の場合はその実施確認日を立証し、引用例の有効日以前に着想(Conception)し、有効日後に実施確認した場合は、着想日と、引用例の有効日の前から実施確認日または出願日に至る期間の勤勉さです。なお、旧102条(b)の先行技術は発明日に関わらず先行技術となるため、対象にはなりません。

●先行技術にクレーム発明が記載されている場合

この場合はクレームの補正が必要になります。明細書や図面の記載の中から、先行技術に開示されていない特徴を抽出して、クレームの構成要件として限定します。このとき、従属クレームの限定事項から選べるように、出願時に様々な従属クレームが作られていると、対応が容易になります。そして、Remarks(意見書に相当)において、補正により、どの構成要件で先行技術と区別できるかを具体的に指摘します。

新規性の欠如(発明の同一)に基づく拒絶に対する応答において重要なことは、あくまでもクレームの限定に基づいて構成上の差異を明確にすることです。新規性の欠如に基づく拒絶の焦点は、クレームが先行技術をカバーしているかどうかです。クレーム限定における構成上の差異がなく、クレームが先行技術をカバーしている限り、新規性欠如に基づく拒絶に対して、技術的思想や効果の予測性の議論はほとんど意味がありません。構成要件の差異をクレームの限定に基づいて指摘し、その差異の技術的意義を説明することが重要です。

また、米国特許庁の審査実務では、クレーム前置部(preamble)での限定は、原則として構成要件として認めてもらえませんので注意が必要です。

46. 進歩性拒絶と応答（103条）

（自明性、容易性：Obviousness）

　進歩性判断において、日本では「容易」が使われますが、米国では「Obvious」が使われています。「Obvious」は「自明」と訳されることが多いので、本書でも「自明」「自明性」などの用語を使うことがありますが、これらは、「容易」「容易性」と同様の概念と考えていただいて結構です。進歩性に関して日本と米国との間で大きく異なることは、日本の特許法29条の2や39条などが、公知になっていない先願は、進歩性判断の先行技術とならないのに対し、米国では、他人の先願は、本件出願の有効出願日時点で公知になっていなくても、進歩性判断の先行技術になり、他の先行技術と組合せて進歩性拒絶の根拠とすることができることです[52]。

●審査官の立証責任（Prima Facie Showing）（MPEP2143−45）

　KSR最高裁判決[53]が出て以来、自明性判断における審査官の立証責任が分かり難くなっていますが、審査官が103条で拒絶するためには、最初に自明性が推定される程度に立証をしなければなりません。そのためには、(1)クレーム発明の構成要件の全てが、そのまま引用例に記載されている必要はありませんが、各構成要件が引用例のいずれかに教示されていること、(2)当業者がそれらの構成要件を組み合せたり改変するよう動機付けられるであろうこと（would have been motivated）、(3)そのような組合せや改変による合理的な成功の見通しがあること、の3点を満たす必要があると言えるでしょう[54]。

　KSR判決以前は、審査官は先行技術の組合せや改変のための示唆や動機付けの根拠を立証しなければなりませんでしたが、KSR判決後は、先

---

[52] 旧法（Pre−AIA）では、他人の発明であっても、102条(e)、(f)、(g)の先行技術で発明時に権利が同一の所有者に帰属する場合は、特許性を否定することはできないことを103条(c)に規定していました。しかし、新法（AIA）では、103条ではなく、先行技術で発明時に権利が同一の所有者に帰属する場合や共同研究契約の102条(b)(2)(C)及び102条(c)において、102条の先行技術の例外にしています。

[53] *KSR Int'l Co. v. Teleflex Inc.*, 550 U.S. 398 (2007).

[54] *Personal Web V. Apple*, 2016−1174, slip opinion, page 7 (Fed. Cir 2017).

行技術の組合せや改変の理由を示せば、審査官は当業者の常識などに依拠することもできます。その理由については当然に妥当性と論理的な説明が要求されるのですが、論理的な説明が不充分な拒絶もあります。

米国特許庁の自明性基準では、自明の類型として、従来の示唆や動機付けの根拠がある場合に加えて、単なる公知技術の寄集めや、公知技術の置換、公知技術の適用で、予測された結果の場合などが追加されています。また、「Obvious to try」といって、公知の課題に対して予測される解決手段が限られている場合に、その何れかを採用して予測された結果を得る場合なども自明であるとされています。

●応答のパターン

進歩性拒絶に対する反論としては、まず、審査官の立証に対する不備の指摘で、(1)いずれかの引用例の基準日が遅く先行技術にならない(旧102条の先行技術でも103条(a)に使えないものがあります)、(2)構成要件のいずれかが、引用例のいずれにも教示されていない、(3)組合せてもクレームの発明にならない、(4)当業者にとって組合せや改変の理由がない、(5)先行技術に照らして合理的な成功の見通しがない、などを指摘することが挙げられます。また、審査官の主張するような組合せや改変が好ましくないことを、先行技術が示唆する場合は、「teaching away」といい、有効な反論の根拠となります。ただし、先行技術が、本件クレーム範囲外のものを好ましいと記載しているだけでは直ちに「teaching away」とは言えず、本件クレーム発明に関係する範囲が、好ましくないことを述べている必要があります。また、予測されなかった効果を示すことは有効です。

補正しないで反論するのみでは克服が難しい場合は、補正により、先行技術に開示のない限定をクレームに追加し、その追加された限定や、組合せることが自明でないことを説明します。

●出願人の反論のポイント

進歩性の欠如を理由とした拒絶に対する応答で留意すべきことは、議論はあくまでもクレームの記載に基づいて行なわれなければならないことです。日本からの指示で、クレームのどの構成要件について述べているのか明確にしないまま、技術的思想や目的についての議論する例を、しばしば

見かけます。先行技術との違いが、クレームでどのように表わされている
かを明らかにしないと、審査官を説得することはできません。

　また、独立クレームの限定と従属クレームの限定とを区別せずに議論す
る例も、よく見かけられます。従属クレームが進歩性を有することは、独
立クレームの進歩性とは無関係です。独立クレームは、従属クレームの限
定とは関係なく、先行技術に対して進歩性を有する必要があります。まず
独立クレームの限定に基づいて先行技術との差異を明確に指摘し、その差
異がどのように自明でないかを明らかにすることが要求されます。独立ク
レームの進歩性が主張できれば、従属クレームに関して、個別に主張する
必要はなくなります。

日本で公開後に米国出願しても
特許になり得る

　外国で出願され、その国で出願公開さ
れた発明を、その後に日本で特許出願し
た場合、日本特許法第29条第1項の規
定により、拒絶されます。しかし、日本
で出願され、18ヵ月後に出願公開され
た発明を、米国で特許出願した場合、特
許になることがあり得ます。

　米国では、刊行物に発表されたとして
も1年以内に米国特許出願をすれば、
その刊行物は先行技術にはなりません。
公開公報も一般の刊行物と同様に扱われ
ますので、その発行から1年以内に米
国特許出願すれば先行技術になりませ
ん。このことは、新法（AIA）の発明者先
願主義制度に移行してからも変わってい
ません。

　しかし、日本特許法第30条の新規性
喪失の例外適用を受けた出願が、18ヵ
月後に出願公開になってから米国特許出

願をした場合には、公開公報は先行技術
にならなくても、日本特許法第30条適
用の先の刊行物発表が先行技術となりま
すので、出願公開になってから米国出願
して特許になることはありません。

　一方では、従来は、刊行物発表後に日
本特許法第30条の新規性喪失の例外適
用を受けて日本出願して、その優先権を
主張して米国出願した場合、米国出願日
が、刊行物発表から1年経過している
と、この刊行物が先行技術となっていま
した。しかし、発明者先願主義制度の下
では、刊行物発行後1年以内に日本で
特許出願し、<u>その優先権を主張して米国
出願している限り</u>、この刊行物発表は先
行技術になりません。

　いずれにせよ、だめと思われるときも、
運良く命拾いすることもありますので、
重要な出願であれば、「だめで元々」と
思って、専門家に確認することが必要で
す。

Bilski 事件最高裁判決と
Alice 事件最高裁判決

ビジネス特許は、1998年にState Street 事件 CAFC 判決が、ビジネスを特許対象の例外とする理由はないと判示してから、ブームとなりました。しかし、10年以上も静観していた米国最高裁によって、2010年の Bilski 事件と2014年の Alice 事件の判決が出され、状況は一変しました。

Bilski 事件最高裁判決[1]の発明は、商品の価格が変動するリスクを回避する方法で、要するに、商品の価格を当事者間において一定期間固定して取引するというものでした。米国最高裁は、当該クレームは抽象的アイディアであり、特許適格性を具備しないと判断しました。

米国最高裁は Bilski 判決において、方法発明が特許適格性を有するための判断基準として、その方法が、(a)特定の機械によって実行されるか、(b)物をある状態から他の状態に変換させるか、によって判断する「機械 or 変換(machine-or-transformation)」テストについて、方法クレームの特許適格性の唯一のテストではないと判示する一方、「機械 or 変換」テストは、方法発明の特許適格性を判断するための有効なテストであると評価しておりました。しかし、コンピュータという機械によって実行される場合、どこで線引きをすべきか明らかではありませんでした。

Alice 事件最高裁判決[2]は、第三者が仲介して取引を決済するコンピュータ・システムに関するものでした。最高裁は、このような経済実務は、不特許事由である抽象的アイデアであり、これを単にコンピュータで実行するようにするだけの発明は、不特許事由を発明に変えるものではなく、特許不適格であるとしました。つまり、既存の抽象的アイデアである第三者仲介決済との違いは、コンピュータ技術適用のための慣用技術に過ぎず、このような違いによって、特許不適格な抽象的アイデアが、特許適格な発明になるわけではないとしています。この判断において、(1)発明が不特許事由に関するものかどうか、(2)不特許事由を特許適格な発明に変える実質的な内容が追加されているかどうか、という二段階テストが採用されています。これは、バイオ技術に関する Mayo 事件判決[3]で採用された基準と同じです。

しかし、特許実務者にとって、慣用技術だから「容易(自明)」というのであれば分かりやすいのですが、慣用技術だから「特許不適格」というのは違和感を感じます。さらに、慣用技術に関する立証も殆どなされないまま特許不適格とされるので、ますます分かり難くなっております[4]。言えることは、ビジネス関連の発明が、特許適格性が認められるためには、技術的な側面の特徴が必要と思われることです。また、明細書において、技術的課題とその技術的な解決を明確にすることが重要です。

こうして、1998年の State Street 事件 CAFC 判決によりブームにもなったビジネス特許は、16年後の Alice 事件最高裁判決で極めて限定されたものになってしまいました。

---

[1] *Bilski v. Kappos*, 561 U.S. 593 (2010).
[2] *Alice Corp. v. CLS Bank International*, 134 S. Ct. 2347 (2014).

[3] *Mayo Collaborative v. Prometheus Laboratories*, 566 U.S. 66 (2012).
[4] CAFC は、新規性進歩性の証拠は、特許適格性と無関係であるとの判決を出しています。*Two-Way Media v. Comcast* (Fed. Cir. 2017).

47. 拒絶を克服するためのデクラレーション
(Declaration to Overcome Rejection)

●拒絶克服のためのデクラレーション

　拒絶の理由によっては、一定の事実を証明するデクラレーションを提出することにより、拒絶を克服することができます。このようなデクラレーションとしては、引例より早い公然開示を示すもの、引例より先発明を示すもの、二次的考慮事項その他を示すものなどがあります。

　重要なことは、これらのデクラレーションは、何らかの「事実」に基く証拠を提出したり、専門家としての証言を提出したりするものであり、意見書に記載するような主張を提出するものではないということです。

●引例よりも早い公然開示を示すデクラレーション

　新法（AIA）102条（b）は、本件出願前1年以内の、他人の先願や先行技術の開示でも、それより前に発明者等が公然開示した内容は、先行技術にならないことを規定しております。したがって、そのような場合に該当するときは、引例や先願よりも先に公然と開示したことを示すデクラレーションを提出することができます。

　また、本件出願前1年以内の、引例や先願の記載が、本件発明者に由来する場合は先行技術になりません。この場合は、それぞれの場合に応じて引例の記載が、本件発明者に由来することを示すデクラレーションを提出することができます。この点は旧法でも同様です。

●引例より先発明を示すデクラレーション(Swearing Back)(規則1.131)

　旧法102条（a）拒絶（発明前、他人による、米国内公知・公用または国内外で刊行物・特許になった）や旧102条（e）拒絶（発明前の他人の出願に記載されている）に対して、引用された先行技術に対して、その先行技術よりも先に発明した旨の主張とその証拠をデクラレーションとして提出することができます。

　発明の時期を示す証拠としては、研究記録、設計図、その他客観的に見て発明の時期を立証する資料を添付します。場合によっては、証人のデク

ラレーションを証拠とする場合もあります。

　本件出願前1年以内の引例や、先願のクレームされていない記載が、本件発明者に由来する場合に、引例の記載が、本件発明者に由来することを示すデクラレーションを提出することができます。

●二次的考慮事項を示すデクラレーション
(Secondary Consideration)（規則1.132、MPEP716)

　発明が容易でないことを判断する二次的考慮事項のための客観的証拠として、規則1.132条のデクラレーションを提出し、(1)予想されなかった結果、(2)商業的成功、(3)課題が永年未解決であったことや他者の失敗、(4)ライセンス実績、(5)従来専門家の懐疑的見解があったこと、などの事実を考慮してもらうことができます。証拠は出願後の証拠でもかまいません。二次的考慮事項の証拠を提出することは有力な手段ですが、当然ながら常に成功するとは限りません。

　予想されなかった効果は、具体的事実をもって証明する必要があります。明細書の実施例の実験データなどにおいて示されていない場合は、追加実験をしてデクラレーションとして提出することができます。

　商業的成功は、発明との因果関係を示さなければなりません。営業方法や宣伝によるものではないことを示す必要があります。

　必要性と課題が永年未解決であったことや、他者の失敗の事実や、専門家の懐疑的見解があったことなどは、それぞれそのような歴史をよく知っている専門家が事実及び証拠に即して証言する内容をデクラレーションに記載します。旧102条(e)、(f)、(g)の先行技術は、発明時に所有者が同じであった場合、103条(a)の先行技術として使えませんので、発明時に所有者が同じであった事実をデクラレーションで証明することができます。

48. 法定特許対象と特許適格性

(Statutory Subject Matter)(Patent Subject Matter Eligibility)

●米国特許法101条

　米国特許法101条は、特許可能な技術主題として方法(process)、機械(machine)、製造物(manufacture)、組成物(composition of matter)、またはこれらの新規でかつ有用な改良を挙げています。この規定は、日本特許法2条の定義の「自然法則を利用した技術的創作」と29条の産業上の有用性に相当します。

　米国特許101条に関連して、米国最高裁はChakrabarty判決[55](1980)で、基本的には人間が作った物であれば、何でも特許の対象になるとしています。

　米国特許庁の101条の要件の審査ガイドラインでは、まず、(Step 1)101条の法定の特許対象カテゴリの発明かどうかを判断し、次に、判例法上の不特許事由に該当しないかどうかを判断するとしています。

　101条に列記されたカテゴリは、形式的な要件であり、日本の特許クレームで「末尾」といわれるものが、上記のいずれかに該当すれば、要件を満たしていると言えます(Step 1)。

●特許されない発明(MPEP2106)

　特許不適格なもの(不特許事由)については、米国特許法に明確な定義はなく、判例法に基づくものです。大きく分類して、(a)自然法則(law of nature)、(b)自然物(natural product)、(c)抽象的アイデア(abstract idea)、が挙げられます。抽象的アイデアとしては、アイデアそのもの(情報の収集・保存・比較、情報の整理など[56])、人間活動の管理(取引[57]、契約、仲裁方法、マーケティングなど)、数学的関係(数式の応用、計算方法など)が挙げられます。

---

[55] *Diamond v. Chakrabarty*, 447 U.S. 303 (1980).

[56] ただし、データベースの保存や検索を効率的にするデータ構造は抽象的アイデアではないとの判例があります。*Enfish v. Microsoft* (Fed. Cir. 2016).

[57] *Bilski v. Kappos*, 561 U.S. 593 (2010). エネルギ産業の取引における価格変動のリスクを避けるため、一定期間に買値と売値とを固定する取引方法は、不特許事由である抽象的アイデアとしました。

●不特許事由の判断のための二段階テスト

　一応101条のいずれかの法定カテゴリの属する発明に関して、特許適格かどうかの判断は、まず(Step 2A)クレームが不特許事由に関するものかどうかを判断します。全く関係しないものであるか、明らかに異なる特徴があれば、そのまま特許適格性を満たすことになります。もし、不特許事由との関係性が高い場合や、不特許事由と違いがあっても、決定的な違いとは言えない場合は、次の段階に進みます。例えば、Alice 事件の最高裁判決[58]での特許クレームは取引の仲介決済に関し、Bilski のリスク回避と同様、商取引で長年周知の基本的経済実務に関する抽象的アイデアに関するものということができます。

　次は、(Step 2B)何らかの相違点があるならば、その相違点が、不特許事由を特許適格な発明に変化させるような実質的差異をもたらすものかどうかを検討します。実質的差異をもたらすものであれば特許適格ですし、もたらさなければ特許不適格ということになります。

　例えば、Alice 特許のクレームは、汎用コンピュータを仲介決済の抽象的アイデアに応用することを限定したに過ぎず、米国最高裁によれば、抽象的アイデアを発明に変化させるような実質的差異をもたらすものではなく、特許適格性を有さないとされています。この辺りは、異論のある方も多いと思われますが、米国最高裁がそのように決めたから仕方がありません。

---

[58] *Alice Corp. v. CLS Bank International*, 134 S. Ct. 2347（2014）. 本書コラム「Bilski 事件最高裁判決と Alice 事件最高裁判決」参照。

49. ソフトウェア関連の特許適格性

　Alice事件判決は、不特許事由である抽象的アイデアを単にコンピュータで実行するだけの発明は、特許不適格であるとしました。つまり、抽象的アイデアとの違いが、コンピュータ技術の適用のための慣用技術に過ぎなければ、特許不適格な抽象的アイデアが、特許適格な発明になるわけではないとしています。この判断において、(1)発明が不特許事由に関するものかどうか、(2)不特許事由を特許適格な発明に変える実質的な内容があるかどうか、という二段階テストが採用されています。

　したがって、ソフトウェア関連発明が特許適格であるためには、(1')不特許事由に関するものではないか、あるいは、(2')不特許事由を特許適格な発明に変える実質的な内容があるか、のいずれかを満たすことが必要です。

●不特許事由に関しないものにするには

　コンピュータ・ソフトウェアはあらゆる産業に応用されています。工業的なプロセスへの具体的な応用が、不特許事由に関するとされる可能性は低いと思われます。これに対し、経済的な実務や、契約、取引などの人間活動の管理は抽象的アイデアとされていますので、そのソフトウェア発明が、販売や契約に使用される場合に、販売方法や契約方法などの不特許事由的表現を、前置部(Preamble)にすることは避けるべきでしょう。

　また、具体的な技術的な用途があるにも関わらず、クレーム本体部が、データの組合せなどの抽象的な構成要件のみにならないようにする必要があります。プロセスの限定においても、データ処理のみに留まるプロセスにせず、具体的結果が認識できる構成にすることが好ましいと言えます。例えば、装置の相性による画像表示の品質の劣化を防止するための発明において、装置に依存する変換データの組合せに過ぎない「装置プロフィール」を作成する方法は抽象的アイデアとされています[59]。

---

[59] *Digitech Image v. Electronics For Imaging*（Fed. Cir. 2014）.

●不特許事由を特許適格な発明に変える実質的な内容の限定

　ソフトウェアの発明が、販売や契約に応用されるものであっても、技術的課題とその技術的な解決が明確であれば、不特許事由を特許適格な発明に変える実質的な内容があるということができるでしょう。クレームにおいて、技術的課題を解決する技術的な手段を明確にすることが重要です。

　クレームの作成において、コンピュータの機能の改良として表現することも有効です。例えば、コンピュータがウィルスに感染するのを防止するために、受信ファイルを、まず検疫セクタメモリに保存し、有害コードを抽出し除去する発明は特許適格です。また、衛星位置データや絶対時間を受信できなくても、正確に位置を特定し表示する GPS システムもコンピュータの機能を改善するものと言えます[60]。

　対象物が明確な場合も、不特許事由に関するものとされ難いと思われます。例えば、少ないメモリで、グレースケールの画像を白黒のみのハーフトーン画像に変換する方法は、データの数学的操作を行うものですが、コンピュータの機能を改善するものとして特許適格とされます[61]。

---

[60] USPTO 2014 Interim Guidance, Example 4.
[61] USPTO 2014 Interim Guidance, Example 3.

50. 化学・バイオ関連の特許適格性

　化学・バイオ関連技術において、特許適格性が問題となるのは、自然に基づく生成物と、診断方法や治療方法などの発明です。

●自然生成物(Natural Product)

　自然生成物は、自然界で製造されたものであり、特許不適格なものとされています。かつては、自然界の植物や昆虫などが持っている有用な物質を発見した場合、その物質が新規で有用性があり、製造方法が開示されれば、物質特許として認められていました。しかし、Myriad判決[62]以後、自然生成物である物質そのものをクレームすることはできないとされています。

●自然に基づく生成物(Nature-Based Product)

　自然に基づく生成物とは、天然資源から派生して製造されたものであり、特許適格なものもありますし、不適格なものもあります。特許適格であるためには、自然生成物と顕著に異なる特徴(markedly different characteristics)を有する必要があります。

　したがって、自然に基づく生成物のクレームを作成する際の留意事項としては、自然に存在しない状態の物としてクレームすることが、最初の条件です。ただし、単に自然に存在しない状態であるだけでも、特許適格になるとは限りません。例えば、それ自体では自然に存在しなくても、単離したDNAは特許不適格とされました[63]。

　一方、混合物の個々の成分が自然物ばかりでも、混合物として自然に存在しないものであれば、特許適格性が認められる可能性があります[64]。

　また、クレーム前置部(Preamble)を自然物にしないことが重要です。

---

[62] *Association for Molecular Pathology v. Myriad Genetics*, 133 S.Ct. 2107 (2013).
[63] 同上。
[64] *Funk Brothers Seed v. Kalo Inoculant*, 333 U.S. 127 (1948)で最高裁は、天然微生物の混合物を特許不適格としています。しかし、この事件の発明では、相互に悪影響を及ぼさない天然微生物を特に選り分けて混合されており、そのような形の混合物は自然界に存在しないので、特許適格性が認められるべきものだったのではないかと思われます。

米国特許庁のガイドラインによると、例えば、その化合物が自然に存在するならば、「精製された(既存の)化合物」も特許不適格とされる可能性があります。このような場合、「化合物」を末尾にするのではなく、自然に存在しない状態の物をクレームする工夫が必要です。

●自然法則と方法の発明(Law of Nature)

方法のクレームの場合は、自然法則を応用する具体的工程を限定することが必要です。自然法則の一般的な応用をクレームするのでなく、実質的で具体的な人為的工程が限定されなければなりません。自然法則に慣用手段を限定しても、特許適格な発明はならないとされています。

例えば、医薬の代謝産物の血中量を測定し、測定値に応じて、投与量を増減して治療効能の最適化する方法の発明は、特許不適格とされました。その理由として、公知の医薬の投与において、血中量に応じて、投与量を増減する必要性は自然法則であり、医薬の代謝産物の血中量を測定する工程があっても、このような工程は慣用手段であり、このような慣用手段を限定することにより、特許適格な発明にはならないとされました[65]。さらに、物質の血中量の測定のために血液を採取すること等を Transform の根拠とすることはできないとされています。

また、DNA を増幅して検知する診断方法に関する発明で、DNA を増幅することは慣用手段であり、特許適格な発明はならないとされた例があります[66]。したがって、診断方法の発明などでは、自然法則と区別するための特別な工程を限定するよう注意が必要です。

---

[65] *Mayo Collaborative Services v. Prometheus Laboratories*, 132 S.Ct. 1289 (2012).
[66] *Ariosa Diagnostics v. Sequenom* (Fed. Cir. 2015), cert denied (2016). 上告が却下され確定しています。

51. 二重特許拒絶

(Double Patenting Rejection)

●二重特許拒絶の意義(Meaning of Double Patenting Rejection)
(101条、121条、MPEP804)

　米国での二重特許の意味は、日本で使われているものと少し違い、発明者や出願人、特許権者が同一の場合についてのみ使われます。二重特許には、同一発明型二重特許と容易型二重特許があります。同一発明型二重特許は、両方のクレームが同一ということですので、クレームが変わらない限り拒絶の克服はできません。同一発明を別出願として出願することが認められない点では、米国も日本も同じです。

　容易型二重特許に関連して、日本では、ある出願が公開される前に、その発明から容易にできる発明を同一人が出願して特許を受けることができます。しかし、米国では、このような発明を特許することは、実質的に特許期間を延長するものとして制限を設けています。すなわち、ある発明が特許になって特許期間が満了すると、その発明とともにその発明から容易な発明も、公衆のものになります。しかし、最初の出願の後に、その出願の発明から容易なものを第二の出願とした場合、最初の出願の特許が満了した後に、それから容易な発明に関する第二の特許が存続することになります。米国ではこれが実質的に法定期間を超えて特許期間を延長するものだと考えられています。

　容易型二重特許拒絶は、クレームを補正しなくても、ターミナル・ディスクレーマにより克服が可能です。

　なお、分割出願が審査官の限定要求の結果なされたものである場合、審査官は二重特許に基づく拒絶をすることはできません。これは、限定要求がされたということは、複数の発明が独立して区別できる特許が存在し得ると審査官が認定したことによるからです。

●ターミナル・ディスクレーマ(Terminal Disclaimer)
(規則1.130、MPEP706.02(k)、804.02)

　ターミナル・ディスクレーマとは、容易型二重特許拒絶に対し、これを

克服するために提出するものです。ターミナル・ディスクレーマにおいて宣言しなければならない事項は、(1)先に発行された特許が満了すると同時に後の特許も満了するように、それ以後の特許期間を放棄すること、(2)両特許が同一人に所有されなくなった場合は、後の特許は行使できないこと、の2点です。

　継続出願に関してターミナル・ディスクレーマをした場合、出願日が同じですから、特許期間保証のための期間調整がない限り、上記(1)の期間に関しては大きな影響はありませんが、上記(2)は、その特許を単独で譲渡できないことになりますので、特許権の譲渡における制約となります。ターミナル・ディスクレーマは特許公報のフロント頁に「Notice」として表示されます。ターミナル・ディスクレーマは有料です[67]。

●二重特許拒絶の妥当性判断基準(MPEP804)

　二重特許の妥当性判断基準には、一方向性テストと二方向テストがあります。通常は一方向テストが適用され、この基準によりますと、いずれか一方が他方から自明であれば、二重特許拒絶は妥当とされます。

　これに対して、二方向テストが適用されるのは、次の両方を満たす場合のみです。1つは、(a)先の出願に、後の出願発明のサポートがなく、1つの出願にできなかったこと、あと1つは、(b)2出願とも、拒絶理由がないのに、特許になる順番が逆転したなど、先に出願された上位概念クレームの特許発行が、米国特許庁の責任で遅れたこと、の2つです。一方が分割出願や継続出願の場合は、前記(a)の条件を満たしていませんので、該当しません。このような条件を満たし、二方向テストを適用する必要があることの立証責任は、出願人にあるものとされます。

---

[67] 2018年現在160ドル

52. 補正と新規事項

（Amendment）（New Matter）

●明細書、クレーム等の補正（規則1.121、MPEP714）

補正とは、出願と同時または後に加えられた明細書、クレームまたは図面の変更のことです。予備補正（preliminary amendment）とは、最初のオフィス・アクションの前にされる補正をいいます。補正の仕方が次の項目で説明してありますが、それなりに合理的にできていますし、米国代理人の補正案を正確に理解し、依頼人側の補正のインストラクションを伝えるために、覚えておいて損はないと思います。

●新規事項（New Matter）（132条、MPEP706.03(o)）

出願当初の明細書・図面などの開示によってサポートされていない技術主題は、補正により追加することができません。追加する場合にはCIP出願（部分継続出願）にしなければなりません。

新規事項の典型的なパターンとしては、（a）当初の広い開示（上位概念の開示）に新たな限定（下位概念）をつける、（b）当初の開示範囲外の事項を追加する、などがあります。新規事項は rejection（特許性の拒絶）の対象ではなく objection（形式不備拒絶）の対象とされています。

●新規事項と上位・下位概念の開示

上位概念の開示と下位概念の開示の関係で、新規事項かどうかの判断を誤りやすい場合があります。たとえば、ある化学的用途に「金属」を使用することがクレームされ、明細書には、鉄、銅およびアルミニウムのみが具体的に記載され、それぞれがその化学的用途において目的を達成しますが、同時に異なる特徴を表すことが記載されているとします。発見された先行技術に、鉄も銅もアルミニウムも同じような化学的用途に使用されることが開示されていたとします。そこで「金属」には、鉄、銅、アルミニウムの他にもたくさんありますから、先行技術に開示されていない金属、例えば金、チタンなどを適当に選んで、明細書に追加できるでしょうか。答は「ノー」です。上位概念の「金属」一般が開示されていることと、「金」

という特定の金属が開示されていることは、明確に区別する必要があります。

　逆に、銅に関してのみ開示されていて、金属一般について記載がなかった場合に、金属一般に関する発明を追加できるかというと、この場合も、明細書や図面の開示から、発明者がそのような認識を持っていたことが当業者にとって明らかでない限り、やはり答は「ノー」です。このことは、先行技術の下位概念開示により上位概念発明の新規性が否定されることとは区別して考える必要があります。

53. 補正の規則

(Amendment of Specification and Claims)

●補正内容の表示方法(規則1.121、MPEP714)

　補正内容の表示は、挿入部分はアンダーラインを付け、削除部分は取消線(1本線)を重ねて表示します。5文字以下の語句の削除は〔〔　〕〕(二重かぎかっこ)で括って示すか、削除の必要のない隣の単語を一緒にして5文字以上として取消線で一旦消し、隣の単語を再挿入して示すこともできます。削除部分と挿入部分が並ぶ場合は、削除部分の後ろに挿入部分を入れるのが一般的ですが、そうしない方が分かり易い場合など、固執する必要はないでしょう。

●クレームの補正(規則1.121(c)、MPEP714)

　クレームの補正は、既存のクレームの補正のほか、クレームの削除、クレームの追加など、クレームを1つでも補正する場合は、全クレームを記載して提出する必要があります。

　各クレームにはクレームの状況を示さなければなりません。状況を表す言葉は7種類に限られており、(a)「original」(当初のまま)、(b)「currently amended」(今回補正)、(c)「previously presented」(以前に補正または追加)、(d)「canceled」(削除された)、(e)「withdrawn」(限定要求で非選択)、(f)「new」(今回追加)、(g)「not entered」(補正したが採用されなかった)の7種類です。このようにすることにより、最終の補正書を見るだけでクレームの状況が一目でわかるようになっています。

　非選択クレームを選択クレームに従属させて再統合(Rejoinder)を請求するときには、「Withdrawn；Currently Amended」のようにすることもできます。

●明細書の補正と全文補正明細書(Substitute Specification：差替明細書)

　明細書の補正は、段落単位でしなければならず、補正箇所のみを示して補正することはできません。したがって、一文字の訂正でも段落全体を記載します。補正内容の表示はクレームと同じ要領で示します。訂正箇所が

多い場合、差替明細書を提出することができます。提出に当っては、(1)補正された全文明細書(Clean copy)、(2)補正個所を記した元の明細書(Marked－up copy)、(3)新規事項の追加がない旨の申告(Statement)、が必要です。

　なお米国特許庁は、PCT の国際出願や国内段階出願を除き、公開前に明細書が補正されると、全文補正明細書の提出を求めています。

●予備補正(Preliminary Amendment)(規則1.115、MPEP714.01(e))

　オフィス・アクション前に提出される補正を予備補正といいます。出願と同時に予備補正が提出されている場合は、補正前の内容も予備補正後の内容も、当初開示に含まれます。また、出願と同時に提出された予備補正で、クレームが補正されて、クレーム数が変化したり、多項従属クレームが単項従属に補正されたりしている場合、クレームに基づく料金は、予備補正後のクレームで計算されます。

54. 応答期間の延長、放棄出願の復活

(Due Date)(Extension of Time)
(Revival of Abandoned Application)

●応答期限と期間延長(133条、規則1.135、MPEP710)

オフィス・アクション(以下OA)の応答期限は、米国特許庁の発送日から数えます。期限が休日の場合は、次の最初のビジネス日が期限です。期限の月に対応する日がない場合は、その月の末日(31日が期限で、その月に28日までしかないときは28日)が期限となります。期限は、OA発送日から指定期間と合計して6ヵ月まで延長できます。なお、補正指令(Missing Parts)の指定期間は2ヵ月ですが、なぜか5ヵ月(合計7ヵ月)まで延長できます。

期間の延長のためには、事前に期限の延長を求める必要はありません。延長期間内に応答書(意見書、補正書等)を提出する際に適正な延長月数の料金を払うだけでOKです。適正な延長料金と応答書がそろって、初めて応答書の提出日となります。

期間を延長できないものとしては、(1)審判請求の審査官主張(Statement)に対する応答書、(2)口頭弁論の請求、(3)審判の決定に対する応答、(4)インターフェアレンス、(5)IDSの提出期限、(6)特許発行料の支払(しかし正当な理由がある場合は、それを示すことにより、3ヵ月以内は支払い可能)、(7)許可通知後の正式図面の提出、(8)再審査手続(正当な理由による期間の延長は事前に請求する必要があり、延長は無料)があります。

●期間延長料金

延長料金は最初の1ヵ月は比較的に安いですが、以後急激に高くなります。したがって、延長はなるべく1ヵ月までにした方がよいでしょう。また、延長の費用として、米国特許庁料金のほかに、弁護士費用もかかることを忘れてはいけません。

期間延長後の再延長料は、差額のみ支払います。例えば、最終拒絶に対して期間を1ヵ月延長して応答したが、審査官が特許許可としなかったために、さらにRCEまたは審判請求するために2ヵ月経過して、最終拒絶

の期限後3ヵ月延長に入った場合は、差額（3ヵ月延長料マイナス1ヵ月延長料）のみ支払います。不備な期間延長は延長可能な期間内に正さないと出願放棄となります。

●期間延長の事例

［例1］ OAが3ヵ月を指定した場合、延長は最大限3ヵ月です。なぜなら合計して6ヵ月を超えることができないからです。したがって、最大限5ヵ月の延長ができるのは、指定期間が1ヵ月の場合のみです。

［例2］ OAが3ヵ月を指定し、指定期間から2ヵ月延長の末日に1ヵ月延長料金のみ添付したとします。この場合、1ヵ月以内に追加差額（3ヵ月延長料マイナス1ヵ月延長料）を支払わないと出願は放棄となります。これは追加差額支払日はすでに3ヵ月延長に入っているからです。

［例3］ OAが3ヵ月を指定し、指定期間から3ヵ月目の延長に入り、OA発送から6ヵ月の末日に2ヵ月延長料金分の小切手しか添付しなかったとします。この場合、出願は放棄となり、復活するには非意図的復活手続が必要になります。

●非意図的放棄出願の復活（規則1.137、MPEP711.03(c)）

期限の延長可能なOA送付日から6ヵ月の間に、OAに応答しないと、出願は放棄となります。しかし、うっかりして期限を逃したりして、出願が放棄となっても、放棄が意図的にされたのでなければ、後で復活させることができます。

復活請求手続をするには、放棄が非意図的（unintentional）である必要があります。放棄する旨の書類を米国特許庁に提出した明示的放棄（express abandonment）の場合は、まず復活はできないと考えた方がよいでしょう。また、例えば、米国代理人に、OAに応答せずに放棄するように指示し、OAから6ヵ月経過して放棄となった後で気が変わった場合は、復活することはできません。

復活請求手続には、(a)OAに対する応答など、必要な書類や料金、(b)期限から復活請求に至る期間、遅延が意図的なものでなかったという申告

（理由は不要）、および(c)請願（Petition）料金[68]が必要です。

応答期間延長と審判請求

　米国のオフィス・アクションの応答は、通常３ヵ月の期間が指定され、この期間はさらに延長料金を支払うと最大３ヵ月まで延長することができ、合計６ヵ月となります。事情によってはさらに時間がほしい場合があるかもしれません。オフィス・アクションが、ファイナルであるか、２回目以降であれば、審判請求を期間延長の手段として利用することも可能です。

　例えば、オフィス・アクションの応答に３ヵ月延長で対応が困難なときは、２ヵ月延長段階で審判請求することも考えられます。３ヵ月延長料との差額で審判請求料は払えますし、審判理由書（Appeal Brief）提出期間２ヵ月が料金なしで確保できます。さらに料金を払えば最大５ヵ月延長できます(延長料金はオフィス・アクション応答と共通です)。そして、審判理由書を提出せず、RCEにすれば、審査が再開されます。

　また、RCEをし、実験データを提出して審査してほしいが、オフィス・アクションの応答期限を３ヵ月延長しても間に合いそうもないことがあります。その場合は、RCEの提出時に、３ヵ月以内の審査のSuspension（中断）を請求することができます。

延長期間	1月以内	2月以内	3月以内	4月以内	5月以内
米国特許庁料金（2018年度）	$200	$600	$1,400	$2,200	$3,000

[68] 復活の料金は、2018年時点で2,000ドルです。

用途付の物の発明

米国では既存の物の新規な用途の発明は、用途つきの物として特許を受けることはできず、方法のクレームにする必要があります。

日本では、物の性質を発見し、この性質をもっぱら利用する物を、物の発明として保護しています。たとえばDDTという物質が公知であって、その殺虫効果を発見した場合、「DDTを有効成分とする殺虫剤」という形で特許され得ます。

しかし、このクレームは、米国では、殺虫用を無視して「DDTを含む組成物」として解釈されます。「殺虫用」は単に意図された用途であり、物の構成要件ではないとされます。そして、組成物として従来にない組成を限定しない限り、物

としての特許をとることは難しいといえます。

しかし、「DDTを散布するステップを有する殺虫方法」と方法カテゴリにすると、米国でも特許になり得ます。この場合、直接の侵害者は殺虫剤を使用する者ですが、他にも用途があって、他の用途のための製造や販売は侵害になりません。殺虫剤としてDDTを販売したりする者は誘導侵害や寄与侵害することになります。

したがって、(1)直接侵害があること、(2)実際上特許を侵害せずに使用することのできる一般的商品でないこと、および(3)これらを知りながら製造または販売をしていることを立証することにより、差止めや損害賠償を請求することができます。

55. 最終拒絶（ファイナル・オフィス・アクション）

（Final Office Action）

●最終拒絶の意義（規則1.113、MPEP706.07）

　米国の審査において拒絶理由通知と拒絶査定の区別はありません。最終拒絶が拒絶査定に似ていると言えば似ていますが、最終拒絶後に補正ができ、特許許可となり得る点が大きく異なります。イメージ的には、日本の最後の拒絶理由通知に対して審判請求できるような感じです。

　最終拒絶されるのは、(a)以前の拒絶が解消されていないとき、(b)出願人の行為（補正等）によって、新たな拒絶が必要となったときです。第2のオフィス・アクション（以下OA）が、新たな根拠で拒絶をしていても、その拒絶が先の拒絶に対する出願人の応答により必要となった場合であれば、最終拒絶とすることができます。継続出願や継続審査請求（以下RCE）後の審査では、以前の審査で拒絶された後に実質的に補正がされておらず、拒絶が親出願と同じときは、審査官は最初のOAでも最終拒絶とすることができます。

●最終拒絶に対する応答（MPEP714.13）

　最終拒絶に対して、出願が放棄になるのを食い止めるには、応答期限（最大限延長してファイナルOAの発送日から6ヵ月）内に、(a)補正書の提出により、許可通知が出されるか、(b)審判請求（Notice of Appeal）、または(c)審査継続手続（RCEまたはCPA）を提出する必要があります。なお、ここで注意すべきことは、最終拒絶に対して応答書を提出しても、許可通知が発送されない限り、放棄になる期限の時計は止まらないことです。

　最終拒絶に対して応答書を提出して、許可になるかならないか分からないままファイナルOAの発送日から6ヵ月の最終期限が来てしまったときは、通常は審判請求を提出して放棄期限の時計を止めて、許可通知または、下記で説明するアドバイザリ・アクションを待ちます。

　このように、最終拒絶後の応答書を提出した後に、許可にならない場合は、RCEや審判請求するまでの延長料金が更にかかりますので、最終拒絶後の応答書の提出は、期限を待たずになるべく早く提出することが好ま

しいと言えます。

●アドバイザリ・アクション(Advisory Action)(MPEP706.07(f))

　最終拒絶後に、出願人が補正などの応答を提出し、それでも許可できない場合、審査官はアドバイザリ・アクションにより出願人にその旨を通知します。この場合、最終拒絶のOAの発送から6ヵ月以内に、出願人は、審判請求かRCEを提出する必要があります。審判請求かRCEを提出する際に、3ヵ月の指定期間を過ぎているときは、期間延長が必要です。アドバイザリ・アクションは、通常最終拒絶に対する応答書の提出から30日以内に発送されることになっていますが、アドバイザリ・アクションの発送が遅くなっても、期間延長料金は、全額出願人の負担です。

審判理由書提出前の見直し手続
(Pre-Appeal Brief Review)

　最近の統計は明らかではありませんが、審判請求のうち、審判理由書提出前の見直しを同時に請求する割合は約3分の1です。審判理由書提出前の見直し請求された総数を100%とすると、見直しの結果、約60%は審判続行で、審判理由書提出前の見直し請求をしても、あまり意味がなかったということになります。したがって、とりあえず請求するというのでは、コストの節約にはなりません。やはり明らかに誤っていると言えるものに限定する必要があります。

　審査再開約35%と拒絶撤回5％を合計すると40%は、一応成功と言えます。しかし、拒絶撤回5％はそのまま許可されますが、審査再開35%に関しては、その後も別の拒絶が続くこともあります。審判理由書提出前の見直し手続の成功率は、必ずしも高くはありませんが、問題と思われる拒絶が、審判の審理を経ずに解消し得ることは、評価できると思います。

56. 最終拒絶後の補正と AFCP 2.0

（Amendment After Final Rejection）
（After Final Consideration Pilot）

●最終拒絶後の補正（規則1.116、MPEP714.13）

　最終拒絶後、補正の採用は審査官の裁量となりますが、出願人が権利として補正できるものとして、(a)形式的不備に関するオフィス・アクション（以下OA）の指示に従った補正、(b)クレームの削除[69]、(c)その他形式的不備を正す補正があり、これらの範囲内の補正であれば、採用されます。最終拒絶後の補正で、これらの範囲外の補正を含むと、審査官は新たな争点を提起するものとして、その採用されないことをアドバイザリ・アクションで通知します。採用されなかった補正は、審判の審理でも、補正されなかったものとみなされます。

　新たな争点を提起するものとして採用されなかった補正は、継続審査請求（以下 RCE）をする時に、その補正の採用を請求することができます。この場合、審査官は最初の OA で最終拒絶とすることはできません。

●新たな争点（New Issue）と新規事項（New Matter）

　最終拒絶後の補正が、権利としての補正以外のものを含むと、審査官は新たな争点（New Issue：新たな調査や検討を要する事項）を提起するものとして、採用を拒否することがあります。この新たな争点（New Issue）と新規事項（New Matter）とは混同しないようにしなければなりません。新規事項（New Matter）は、出願当初の開示になかった事項をいいますが、新たな争点（New Issue）とは、当初の開示の中にあっても最終拒絶の時点で審査の対象となっていなかった事項が加わることにより、審査をし直す必要があることを意味します。

●クレームを追加する補正

　最終拒絶後に新たなクレームを追加する場合は、一般に新たな争点を提

---

[69] クレームの「削除」は、英語で「delete」ではなく「cancel」を使います。

起するものとして採用されないとともに、RCEにしてもファースト・ファイナルにされる恐れがありません。したがって、アドバイザリ・アクションを待つことなく、補正と同時にRCEする場合は、新たなクレームを追加することが推奨されます。

● AFCP2.0とは

　AFCPプログラムは、最終拒絶後の審査の効率を高めるための試験的なプログラムということで、2012年3月25日から2013年5月18日までの期限付きで開始されました。試行を延長するに当たり一部修正されてAFCP2.0となり、何度も延長されてきております。6年以上も続いているのですが、正式な制度として採用されるには至ってません（2018年時点で試行期限は2018年9月30日）。

　最終拒絶後は、軽微な修正などを除き、補正が制限され、デクラレーションその他の証拠物件の提出も認められません。中にはあと一歩で許可というところまで来ている出願もあるでしょう。しかし、審査官の勤務評価において、最終拒絶後の仕事は評価されなかったので、補正が採用されることは殆どありませんでした。そこで、AFCP2.0により、最終拒絶後の審査を若干評価することにより、最終拒絶後の補正で許可される案件を増やそうということです。

　AFCP2.0の請求には、所定の請求用紙と、少なくとも1つの独立項を補正する補正書を提出するだけで、特に米国特許庁料金は必要ありません。AFCP2.0の請求は、1回の最終拒絶に対して、1回しか請求できません。RCE等により審査を再開された後、再度最終拒絶された時には、またAFCP2.0を請求することはできます。

　最近では、AFCP2.0を請求すると、出願の取扱いについて説明した審査官からの通知（PTO－2323）が送られるようになりました。インタビューが行われた場合には、インタビュー・サマリもこの通知に含められます。

● AFCP2.0の使い方

　プログラムが発足した当時は、AFCPの請求後に許可されることもよくありましたが、AFCP2.0は、料金がかからないので、とりあえずAFCP2.0が請求されることも多く、最近では、アドバイザリ・アクション

を受けることが殆どのように思われます。

　AFCP2.0は、本来、審査官が本件発明の意義を認めていて、あと一歩の補正で許可になるような場合を想定したもので、そのようなときこそ有効な手段ということができます。審査官が本件発明を好意的に評価していない場合は、クレームを若干狭くしてAFCP2.0を請求しても、あまり成果は望めません。

米国出願件数の国別ランキング

		人口(千人)	2013	2014	2015	2016
1	日本	126,573	87,369	89,255	89,028	91,383
2	韓国	50,293	34,795	39,535	39,941	41,823
3	ドイツ	80,689	31,531	31,997	31,132	33,254
4	中国(本土)	1376,049	15,496	19,006	22,374	27,935
5	台湾	23,520	21,949	21,915	20,561	20,875
6	イギリス	64,716	13,680	14,304	14,290	14,824
7	カナダ	35,940	14,730	14,074	13,877	14,328
8	フランス	64,395	11,972	12,423	12,715	13,489
9	イスラエル	8,064	7,320	7,543	7,876	8,251
10	インド	1311,051	6,411	7,082	7,835	7,676
11	オランダ	16,925	4,764	5,328	5,443	6,676
12	イタリア	59,798	5,139	5,374	5,353	5,871
13	スイス	8,299	4,840	5,362	5,315	5,862
14	スウェーデン	9,779	4,641	5,170	5,510	5,699
15	オーストラリア	126,573	4,115	4,029	3,909	4,013
16	フィンランド	5,503	3,037	3,167	3,325	3,358
17	オーストリア	8,545	2,242	2,586	2,502	2,771
18	ベルギー	11,299	2,455	2,660	2,456	2,614
19	デンマーク	5,669	2,276	2,443	2,383	2,505
20	シンガポール	5,604	1,812	1,931	1,879	1,972

出願件数は米国特許庁年次報告、人口統計は United Nations Department of Economic and Social Affairs/Population Division *World Population Prospects : The 2015 Revision, Key Findings and Advance Tables*

　米国での出願件数は、日本が断然トップですが、件数は微増です。第二位の韓国は、その人口が日本の半分以下であることを考えると、人口比の出願件数で日本を越えています。中国は2016年は前年比で20％以上の延びで、2017年のデータはまだ不明ですが、ドイツと肩を並べているかもしれません。台湾は、人口比の出願件数で日本以上ですが、こちらはここ数年殆ど伸びていません。インドは伸びていたのに、2016年は減少しています。あと注目されるのは、イスラエルは800万人の小国ですが、米国出願数に関しては独英仏以外の欧州諸国をしのいでおり、米国との経済的結びつきの強さをうかがわせます。欧州諸国は概して伸びは少ないです。

57. RCE（継続審査請求）

〈Request for Continued Examination〉

●審査継続(Continued Examination)

　最終拒絶後の応答書によっても、許可にならない場合は、最終拒絶発送から6ヵ月以内に、審判請求するか、RCE（デザイン特許出願の場合はCPA）しないと、出願は放棄になってしまいます。RCE（継続審査請求）もCPA（継続審査出願）も最終拒絶を撤回してもらい、補正したり、新たな証拠を追加したりして、さらに審査を継続してもらうための手続です。広い意味では、継続出願や分割出願も審査継続の手続に含めることができます。

● RCE（継続審査請求）(132条、規則1.114、MPEP706.07(h))

　RCE は、最終拒絶の撤回と審査の継続の請求であり、最終拒絶に対して審判請求しないで審査を継続する手段です。RCE の手続では、RCE の用紙と料金を提出すると同時に、補正書その他何らかの提出物（submission）が必要です。最終拒絶後に補正書やデクラレーションを提出していて、その採用が拒否されていたものがある場合は、それらを RCEのための提出物とすることができます。そのようなものがない場合に、新たな提出物を提出しないと、出願は放棄になってしまいます。

　RCE では、それ以前に限定要求があった場合は、そのクレーム選択を引継ぎますので、RCE 提出時に審査対象を非選択クレームに変更することはできません。非選択クレームを審査してもらうためには、RCE ではなく、分割出願が必要です。

●審判請求後の RCE

　審判請求後も、RCE を提出することが可能であり、このような RCE は、審判請求の取下げと審査官による審査の再開の請求とみなされます。さらに審判で拒絶支持の審決が出た後の不服申立期間中に RCE と補正書を提出して、審査を再開してもらうことができます。

● CPA（継続審査出願）（Continued Prosecution Application）
（132条、規則1.53(d)、MPEP201.06(d)）

CPA（継続審査出願）は、デザイン特許出願において、審査継続のために、親出願のファイルを引継ぐ継続出願です。出願日や出願番号は親出願と変わりません。通常の継続出願では、明細書の冒頭に親出願を特定し、その継続出願である旨の補正が必要ですが、CPA用紙において親出願を特定していれば、明細書で親出願を引用する補正は必要ありません。

●継続出願と RCE と CPA

これらは、歴史的経緯から理解すると分かり易いでしょう。審査で最終拒絶された場合、審判請求する以外の選択肢として、補正してさらに審査を継続してもらうために、昔は元の出願を放棄して、新たな継続出願をすることが行われておりました。継続出願する際には、明細書、クレームなどの出願書類を再度提出することが必要でした。

CPAは、このような継続出願手続を簡略化するものとして採用された制度で、親出願のファイルや出願日、出願番号をそのまま引継ぐ継続出願です。CPAの手続では、CPA請求用紙を提出するだけで、明細書、クレームなどの書類を提出しなおす必要がなくなりました。

RCEはCPAをさらに発展させたもので、CPAは、親出願とは別の新たな出願とみなされますが、RCEは、同じ出願のまま、最終拒絶の撤回と審査の再開を請求するものです。RCEは2000年5月29日に採用され（デザイン出願を除く）、その後、デザイン特許以外の特許出願のCPAは2003年7月14日に廃止され、現在はRCEに一本化されました。

したがって、デザイン出願の審査継続はCPAで、その他の特許出願の審査継続はRCEとなっています。

米国特許出願件数の統計で、RCEも出願として数えられているのは、上記の歴史的経緯によるところも大きいと思われます。

58. 審査の中断

（Suspension）

●審査の中断（MPEP709）

　出願人側に正当な理由があるときは、審査の中断を請願（petition）することができます。また、審査官は裁量により自ら一時的に中断することができます。しかし、応答期間中のオフィス・アクション（以下 OA）[70]があるときには、審査の中断を求めることはできません。再審査と IDS の期限に関しては、中断を求めることはできません。

● RCE 提出時の審査の中断

　RCE（継続審査請求）の提出時に、補正の検討や実験のために更に時間が必要な場合、最大 3 ヵ月の審査の中断を請願することができます。この場合、正当な理由は求められず、理由を述べる必要もありません。RCEの提出時に審査の中断を請願する場合も、前記の提出物（submission）が必要であることは変わりません。したがって、審査の中断の間に検討したい場合でも、とりあえず何らかの提出物を提出しておく必要があります。

●時間が必要なとき

　いろいろな事例の中には、OA の応答期間を最大限延長して、応答しないで継続出願することを繰返すなど、明らかに時間稼ぎをしていると思われる出願を見かけたことがあります。

　そこまで極端にしなくても、すでに説明したように、RCE を提出する際に、最大 3 ヵ月の審査の中断を請願することができます。この場合は正当な理由は求められませんので、最終拒絶後の期間延長後に更に時間が必要な時は、RCE 提出時の審査の中断を利用することができます。

　また、審査の中断手続ではありませんが、RCE ではなく、審判請求を提出すると、審判理由書の準備のために 2 ヵ月の期間が与えられ、この期

---

[70] 応答期間中の OA は、Outstanding Office Action と呼ばれます。Outstanding には「傑出した」の他に「未解決の」という意味があります。

間はさらに5ヵ月迄延長できますし、審判理由書を提出しないで、RCE
を提出することもできます。ただし、5ヵ月延長すると延長料は再出願以
上に高額であること、期間延長や審査の中断期間は、特許期間調整がある
場合に差し引かれることになることも考慮する必要があります。

　他にもいろいろな方法があるかもしれませんが、特許期間は出願から20
年（プラス特許期間調整）の制限があること、Prosecution Laches[71]が適用
されることもあることを忘れないようにしなければなりません。

---

[71] *Symbol Tech. v. Lemelson*, 422 F.3d 1378, 1385, 76 USPQ2d 1354, 1360 (Fed. Cir. 2005)（特許の発行を遅らせるための出願の繰返しは、正当な理由の出願ではない）.

59. 審査官との話合い

(Interview with Examiner)

●審査官との話合い(MPEP713)

　電話による話合いは行なわれますが、最近は自宅勤務の審査官も多く、面談は従来のように簡単にはできなくなってきました。

　話合いのタイミングとしては、出願前は絶対に許されません。最初のオフィス・アクション(以下OA)前は、継続出願などの場合には許されます。最初のOA後は、通常許されます。最終拒絶後は、簡単に応じてくれる審査官と、RCEなどの審査継続の手続をすることを条件にする審査官など様々です。

●話合いの有効な場合

　話合いの有効な場合としては、(1)審査官が本件発明や引用例の内容を誤解していると思われる場合や、(2)審査官が補正を促しているがその補正の指示が不明瞭である場合などがあります。話合いをした後に許可される割合は非常に高く、重要な案件については活用すべきでしょう。

　ただし、審査官が本件発明と有力な先行技術を正確に理解している場合に、先行技術から容易かどうかの見解の差を話合いで埋めることは、一般には困難です。また、話合いを成功させるためには、説明の中に、なるほどと思わせる内容や、予想されなかった効果を示す具体的データなどがあることが重要です。

　時々、話合いの目的や話し合う内容に関して殆ど説明なしで、話合いをするようにと指示をいただくことがあります。日本の依頼人サイドで検討した結果、話合いが有効だろうという結論に至ったのでしょうが、そのような話合いに参加していない米国代理人としては、せめてどのような目的で、どのような説明をすることが有効と考えているのかを知らせていただく必要があります。実際に話合いをする代理人が理解し納得してこそ、話合いする意味があると言えるでしょう。

●話合いの条件

話合いの必要条件としては、(a)補正案を提示すること(補正案なしで審査官の意向を打診する目的のみでは許されませんが、補正案に対する意見を聞くことはできます)、(b)発明者または米国特許庁に登録された特許弁護士または弁理士が行うことが求められます(登録特許弁護士または弁理士は委任状に名前が記載されていなくてもファイルのコピーを持っていれば、代理人として認められます)。また、面談を行うには、(c)話合いの時間は米国特許庁内で通常勤務時間内に行なわれることが必要です。

なお話合いをしても、OAへの書面による応答義務は免除されません(話合いで主張した内容は、応答書に記載しなければなりません)。

話合いでの発明のデモンストレーションは、危険でなくまた汚れる惧れのないものに限り許されます。密封状態でない液体を用いるものは許されません。

●話合いの記録

話合いの記録は、審査官が記録する旨を表明しない限り、出願人が記録しなければならないこととされています。通常は審査官が作成したものが後日送られてきます。また、出願人側は、応答書で話合いの内容を述べることもできます。面談の場合は、通常はその場で審査官が作成し、面接者の署名を求めるのが通常です。面接者は署名する前に、審査官との合意事項があれば、それが話合いの記録に反映されていることを確認する必要があります。

60. 拒絶不服審判手続

(Appeal to Patent Trial and Appeal Board：PTAB)

●審判手続(134条、規則41.30−41.54、MPEP1200)

　審判が審査の上級審で、その決定が審査官を拘束する点は、日本の審判と同じです。しかし、日本との著しい違いは、審判において審査官の拒絶が誤りであると判断しても、審判で許可通知を出さないことです。その場合は、審判部の決定とともに、出願は審査に戻されます。審判の手続は、次のようになっています。

●審判請求(Notice of Appeal)(規則41.31、MPEP1204)

　審判手続は審判請求の提出で始まります。審判請求書は簡単なもので、クレームの特定も理由の記載も必要ありません。最終拒絶後の審判請求の提出は、オフィス・アクション(以下OA)での指定期間内、またはOAの発送日から6ヵ月以内に提出する必要があります。

●審判理由書提出前の見直し手続(Pre-Appeal Brief Review)
(1296 OG 67 (July 12, 2005)、MPEP1204.02)

　審査官の拒絶が明らかに誤りである場合には、審判理由書を提出する前に、複数の審査官による見直しを求める手続があります。この見直しを請求するには、審判請求と同時に、見直し請求書を提出する必要があります。この見直しで主張が認められると、拒絶が撤回され、審査が再開されるか、許可通知が発行され、審判理由書を提出する必要がなくなります。

●審判理由書(Appeal Brief)(規則41.37、MPEP1205)

　審判請求した後、出願人(審判請求人)は2ヵ月以内に審判理由書を提出することになります。ただし、審判理由書提出前の見直し手続を請求し、その主張が認められなかった場合の審判理由書の提出期限は、見直し決定の発送日から1ヵ月または審判請求から2ヵ月のいずれか遅い日となります。審判理由書の提出期限は延長料を払って延長できます。通常のOAの応答と異なり最大延長期間は5ヵ月で、審判請求書の提出から合計して

7ヵ月後まで、審判理由書の提出が可能です。

　審判理由書には、(1)実際の利害関係当事者、(2)関連する審判、裁判、および冒認手続、(3)クレームのステータス(許可されているか、拒絶されているか)、(4)補正のステータス(採用されたかどうか)、(5)発明の概要、ならびに(6)各拒絶に関する主張を記載し、(7)審判対象クレームのコピーを含む資料を添付します。

●審査の再開(MPEP1207)

　審判請求人の提出した審判理由書に対して、審査官が回答書を提出せずに拒絶を撤回した場合は、審決を待たずに審査が再開されます。審査官が許可可能と判断した場合は、許可通知を出します。新たな根拠で拒絶する場合は、OA が出されます。後に審査官は、再度の最終拒絶をすることができます。審決に至ることなく、審査再開されてから、出願人が再度の審判請求する場合、すでに支払われた審判手続の料金は、新たな審判手続に充当されます。料金の値上げがあった場合は、差額を支払う必要があります。なお、再度の審判請求がないまま許可になった場合、すでに支払われた審判手続の料金の返金はありません。

●審査官の回答書と審判請求人の答弁書(Examiner's Answer)
(Reply Brief)(規則41.39, 41.41、MPEP1207、1208)

　審判理由書が提出されますと、審査官は回答書を提出します。回答書において審査官は、新たな根拠の拒絶はできません。ただし、ファイナル・オフィス・アクション後の補正が審判のために採用されたときは、その補正に関して新たな根拠の拒絶をすることができます。これに対し、審判請求人は、審査官の回答書の送付から2ヵ月以内(延長不可)に、答弁書を1回だけ提出することができます。答弁書の提出時に審判部への送付料金が必要になります。また、希望する場合は、ヒアリング請求を提出することができます。

●審判ヒアリング(Oral Hearing)(規則41.47、MPEP1209)

　前述のように、審判請求人は、審査官の回答書の送付から2ヵ月以内(延長不可)にヒアリングを請求することができます。ヒアリングの請求は任

意であり有料です。ヒアリング期日が決まると通知されますが、それまでにかなり時間がかかります。ヒアリングでは、審判官への説明のために15分間の時間が与えられます。

●審判部の決定(Decision by Board)(規則41.50、41.52、MPEP1211-1214)

審判部の決定は、審査官の拒絶の維持または取消しで、審判部で許可通知を出すことはありません。審査官の拒絶取消しの審判部の決定は、審査官を拘束します。しかし、審査官は、別の理由で拒絶することができます。

また、審判部が審判請求されている拒絶以外の新たに見出した拒絶の根拠を記載することがあります。この場合、審査再開を請求するか、再ヒアリングを請求することができます。

審査官の拒絶を維持する審判部の決定に不服な場合、審判請求人は、決定から2ヵ月以内に再ヒアリングを請求することができます。また、最終的な決定から63日以内[72]にCAFCに上訴することができます。

---

[72] 出訴期間の規則90.3(a)(3)(i)、MPEP1214

最終拒絶、審判理由書提出前見直し及び審判手続

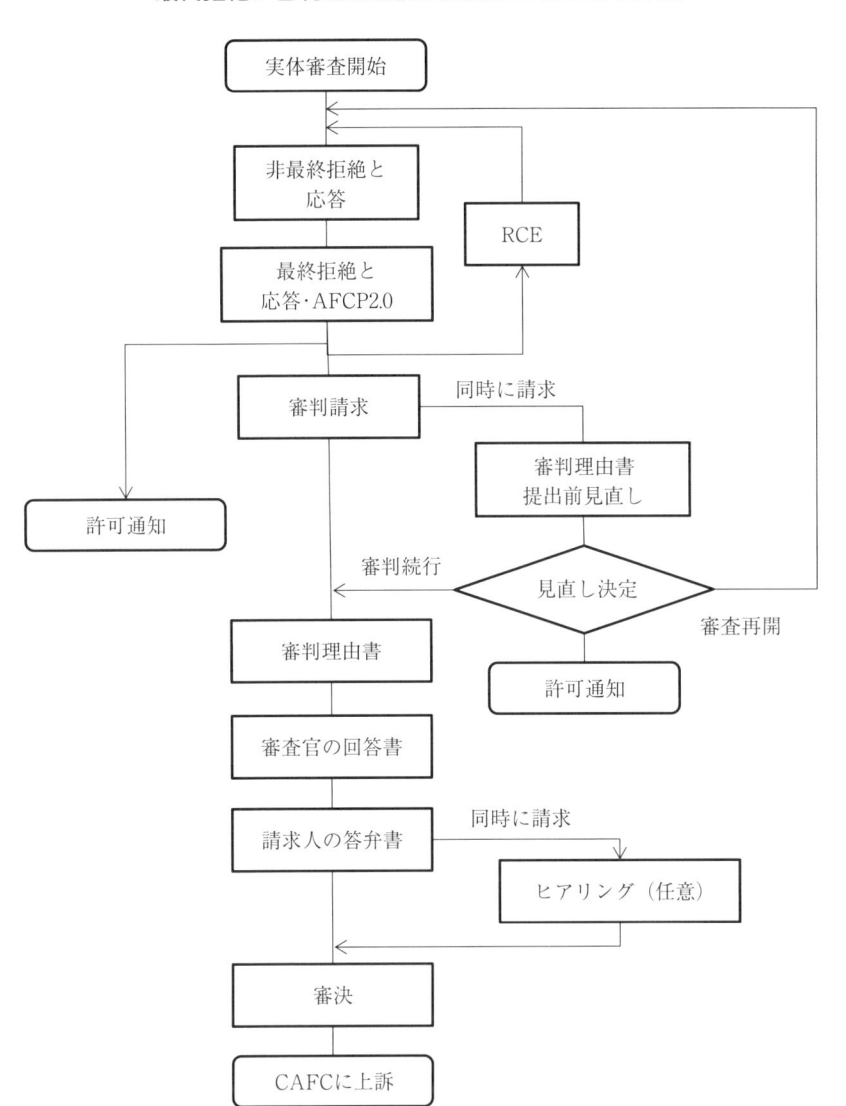

実体審査開始

非最終拒絶と応答

RCE

最終拒絶と応答・AFCP2.0

審判請求 —— 同時に請求

許可通知

審判理由書提出前見直し

審判続行 —— 見直し決定 —— 審査再開

審判理由書

許可通知

審査官の回答書

請求人の答弁書 —— 同時に請求

ヒアリング（任意）

審決

CAFCに上訴

61. 審判理由書提出前の見直し手続

（Pre-Appeal Brief Review）

●審判理由書提出前の見直し手続(Pre-Appeal Brief Review)

(1296 OG 67 (July 12, 2005)、MPEP1204.02)

　前述のように、審査官の拒絶の根拠が明らかな誤りである場合には、審判理由書を提出する前に複数の審査官による見直しを求める手続があります。この見直しで主張が認められると、拒絶が撤回されて審査が再開されるか、許可通知が発送され、審判理由書を提出する必要がなくなります。しかし、この手続は、「明らかに誤った」拒絶を主たる対象としたもので、詳細な技術内容に関する判断を争う場合は、あまり成果が期待できません。

●見直し手続の請求

　審判理由書提出前の見直しを請求するには、審判請求と同時に、見直し請求書を提出する必要があります。見直し請求には、5頁以内で理由を記載した意見書を添付する必要がありますが、意見書では、クレームや先行技術の解釈を要しない、明らかな法的または事実に関する誤認や見落としについて簡潔に説明し、詳細な議論については、それまでに提出した応答書の日付や頁を指摘することにより、省略することができます。

　なお、見直し手続を請求した場合、見直し決定までに審判理由書を提出することはできません。審判理由書の提出は、見直し手続の請求取下げとみなされ、通常の審判手続に移行されます。

●見直し手続の中止要因

　見直し手続の中止要因としては、(a)審判理由書、(b)RCE、(c)補正書、(d)新たな証拠、(e)放棄書があり、これらを不用意に提出しないよう注意する必要があります。なお、見直し手続が中止されると、その旨通知されます。

●見直し手続の決定

　見直しは、審判部ではなく、審査部の審査長、担当審査官、第三者審査

官の3名が行います。決定には結論のみが記載され、理由は付けられません。結論の種類は、(a)審判続行、(b)審査再開、(c)許可、(d)請求却下の4通りです。この決定に不服申立はできません。拒絶の撤回は、請求件数の3分の1程度と言われています。

　見直し決定で請求が認められなくても、それは、審査部として、簡単に見直した限りでは、拒絶が明らかな誤りとは言えないと判断したというだけであり、拒絶が誤っていないと結論づけられたわけでもありませんし、審判部の判断ではありません。

　審判続行の場合、(1)見直し決定から1ヵ月、または(2)審判請求から2ヵ月、の遅い方までに審判理由書を提出することができます。

●審判理由書前の見直しの利点

　審判理由書提出前の見直し手続の利点としては、見直し請求の意見書の作成は、審判理由書に比較して安価であり、この段階で拒絶が撤回されれば、審判理由書の提出が不要になります。また、決定は早期(原則として請求から45日以内)に行われます。見直しは、複数審査官によっておこなわれますので、一応の客観性が期待できます。

　なお、見直し決定で審判続行となった後に、見直し請求と殆ど同じ主張の審判理由書を提出してから、審査官の回答書ではなく、許す通知が来ることもたまにあります。

62. 冒認手続

（Derivation Proceeding）

●冒認手続（135条、規則42.400−42.412）

　先願があっても、その先願の出願人が、後願の発明者の発明を無断で盗用したという根拠がある場合、その後願の出願人は、先願の出願人を相手として、米国特許庁に冒認手続を請求することができます。135条はもともと、先発明を決定するためのインターフェアレンスの規定でしたが、新法（AIA）で、先発明主義の廃止とともにインターフェアレンスも廃止され、冒認手続の規定に改められました。

●冒認手続の開始（135条(a)、規則42.403、42.405）

　冒認手続を請求するにあたっては、先願出願人が、冒認により、許可なく、特許出願したという宣誓書を提出して請求しなければなりません。また、冒認の事実は、実質的証拠により支持されている必要があります。公開された出願に対する冒認手続の請求は、その出願の公開後1年以内にしなければなりません。長官は、請求が基準を満たしているときにこの手続の開始の決定をします。この決定に関し、不服申立はできません。

●冒認手続の決定（135条(b)、135条(d)）

　冒認手続についての規則を定めています。先願の出願人が、後願の発明者の発明を無断で盗用したかどうかの決定は、審判合議体が行います。決定は米国特許庁の最終決定となり、負けた当事者の出願は、拒絶されたことになります。決定に不服な者は、CAFC に出訴することができます。

●冒認手続の延期（135条(c)）

　審判合議体は、先願特許の発行後3ヵ月まで手続を延期することができます。また、審判合議体は、職権で手続の延期または中断をすることができます。これは、冒認とされる先願が拒絶されて結局特許にならないのであれば、敢えて冒認手続を開始するまでもないとの配慮と思われます。

●和解または仲裁(Settlement or Arbitration)(135条(e)、(f)、規則42.409、42.410)

　冒認手続の当事者は、当事者間で和解することができます。その場合は和解合意の書面コピーを長官に提出しなければなりません。提出しないと和解は無効です。和解合意は、非公開とするよう請求できます。

　また、当事者間の合意により、米国特許庁の決定ではなく、仲裁により解決することもできます。この場合も、仲裁決定を長官に提出しなければならず、仲裁決定は長官に提出しないと行使できません。これらの規定はインターフェアレンスの規定と同じです。

先発明主義と発明者先願主義

　米国は主要国の中で唯一先発明主義の国でしたが、現在では、AIAの施行により2013年3月16日以降の有効出願日を有する出願は、発明者先願主義が適用されています。

　先願主義は、先後願の勝敗が一目瞭然ですが、先発明主義では、先後願の関係で同一発明がある場合、インターフェアレンスという手続によって、どちらが先に発明していたかを決定しなければなりませんでした。

　先願主義への移行に反対する意見として、先発明主義は、個人発明家や小企業の発明を保護するのにより適するとの議論がありました。しかし、インターフェアレンスは年に200件程度しかありませんでしたし、それらのうち、いくつが個人発明家や小企業が当事者になっているのかわかりませんが、インターフェアレンスの確率は1000件に1件もありませんでした。

　しかも、インターフェアレンスでは、後願当事者の立証責任が重いことから、後願当事者が勝つ確率は10%以下と言われていました。これらを考えると、先発明主義により利益を受ける出願は1万分の1にも満たなかったことになります。したがって、先発明主義から先願主義への移行は、個人発明家や小企業にとっても殆ど影響はなかったはずです。

　そして先発明主義においても先に出願することが重要でしたし、さらに、発明日を立証するための実験記録の作成や保管の煩雑さ、インターフェアレンスの費用負担に耐えることができるのは、むしろ大企業だったのではないでしょうか。その上、大企業も米国外で特許が取れなくなると困るので、先発明主義に頼るわけにも行かず、必ずしも先発明主義を支持していたわけではありません。

　先発明主義の廃止により、文字通り万が一のための実験記録の作成や保管の煩雑さやコストから開放されることは、全ての発明者や企業の利益となっているでしょう。むしろ、2011年の法改正まで先発明が維持されたことが不思議なくらいです。

米国特許庁審査官
(Examiner of USPTO)

米国特許庁の求人広告によると、審査官として採用してもらうためには、米国籍を有し、工学または理学の学士以上の学歴を有することが必要です。2017年度の俸給表によると、新卒だとGS-5、年俸43,674ドル、1年の大学院教育または職業経験でGS-7、年俸54,099ドル、2年の大学院教育または職業経験でGS-9、年俸63,146ドルとあります。電気工学、コンピュータ、バイオ関係の審査官は10%程度上乗せされるようです。審査官の平均年俸は12万ドルと言われ、求人広告でも連邦政府の「one of the best」であると宣伝しています。休暇は、有給休暇が10日とバケーション休暇(最初13日、3年後20日、15年後26日)ということです。

米国ではプロフェッショナルは通常個室で仕事をしますが、審査官の部屋は、8〜10畳くらいです。審査官との面接で、審査官の部屋に行くことがありますが、電子レンジと小さな冷蔵庫を自分で持っている女性審査官もいました。

勤務時間はフレックス・タイム制で、午前5時30分から午後10時の間に8時間働けばよいとのことです。一般に朝早くに働き始める人が多いようで、朝8時半頃に電話をかける方が、午後4時過ぎにかけるよりもつかまえる確率が高いように思われます。最近は在宅勤務の審査官も多いので、留守番電話が多くなっています。面談による話合いも難しくなってきており、殆ど電話での話合いになっています。面談に比べ、電話での話合いでは、親近感がわきにくい気がします。

人種は様々ですが、黒人は少ないように思われます。DCは東海岸にあり、西海岸ほど東洋系が多いわけではありませんが、米国特許庁のマイノリティでは、中国系、インド系、ベトナム系、韓国系など東洋系も多いです。

第6章

特許許可、特許発行、その後

63. 許可通知と特許発行料の納付

（Notice of Allowance）（Issue Fee Payment）

●許可通知と許可可能通知（151条、規則1.311、MPEP1303）

　拒絶理由が解消されたと判断したときは、審査官は許可通知（Notice of Allowance）と特許発行料の納付書を送付します。また、軽微な不備などがあるときは、添付された許可可能通知（Notice of Allowability）の中で、審査官補正をしたり、図面の補正を要求したりします。

●審査官の許可理由（Reasons for Allowance）（MPEP1302.14）

　許可通知において、審査官は、許可理由を記載することができます。この許可理由に対し、出願人はコメントを提出することができます。コメントの提出は、処理の遅れを避けるために、発行料の支払いまでに提出すべきとされています。審査官はコメントを検討する必要はありません。

　従来、出願人は応答する必要がありませんでしたが、最近は、許可理由についてコメントしないことはその理由を黙認したものとの推定及び不利な影響があり得るとされています[73]。しかし、許可理由は全ての理由をもれなく記載するように意図されたものではありませんので、応答書で主張した点がすべて記載されていないからといって、特に神経質になる必要はないと思われます。CAFC も、審査官の許可理由を出願人が黙認したことにより、エストッペルを適用することには、消極的です[74]。

●特許発行料の納付と期限後の納付（Payment of Issue Fee）
（151条、規則1.311、1.316、MPEP1306）

　特許発行料[75]の納付期限は、通常は許可通知から3ヵ月であり、オフィス・アクションの場合と異なり、期限を延長することができません。また、図面に不備がある場合の正式図面の提出期限も延長できません。これらの期限を逸すると出願は放棄となります。納付期限後に納付するには、非意

---

[73] 規則1.104（e）
[74] *Salazar v. Procter & Gamble*, 414 F.3d 1342, 1347（Fed. Cir. 2005）.
[75] 特許発行料は2018年現在1,000ドルです。

図的（unintentional）放棄の復活手続が必要となります。非意図的放棄の復活[76]には、（a）発行料、（b）復活請求料金、（c）遅れが意図的でなかったことの申告を提出することが必要です。

特許表示（Marking）

　米国特許法は、特許製品を製造し販売する際に、特許されていることと特許番号を製品に表示することを義務付けています。この義務を怠ると、損害賠償は、実際に警告や通知をした時点からに限定されてしまいます。特許表示の方法は、「Patent No. 6,543,210」のような表示で充分です。

　米国以外にも輸出し、複数国の特許がある場合でしたら、米国特許であることを示すために「Patent」を「US Patent」とすればよいでしょう。製品に直接表示できる場合は、製品にラベルなどで直接表示し、製品に直接表示することが困難な場合は、パッケージに表示してもかまいません。また、新法（AIA）で、インターネット・アドレスを表示して、ウェブサイトで、製品と特許番号を表示することができるようになりました。

　方法特許の場合は、このような特許表示の義務がなく、特許の表示がなくても、警告前の損害賠償を請求することができます。

　なお、特許が失効した後に特許表示を続けることも不正表示とされていましたが、大企業製品の失効特許の削除漏れをねらった、マーキング・トロールが増加したため、2011年法で、失効特許が削除されていないことは不正表示ではないものとされました。

---

[76] 非意図的放棄の復活については、規則1.135、MPEP711

64. 許可通知後の補正・IDS・その他の手続
（Amendment after Allowance）

●許可通知後の補正(Amendment after Allowance)（規則1.312、MPEP714.16）

　許可通知が発行された時点で、実体審査が終了するので、補正する権利はなくなります。この段階でまだ許可される補正としては、(a)形式に関する指示に従う補正、(b)クレームの形式的不備の補正、(c)クレームの削除があります。このような補正書(規則1.312による補正)を提出するときは、補正書の説明(Remarks)において、(a)補正の必要性、(b)サーチや再考慮の必要がないこと、(c)新クレームの特許性、(d)もっと早く補正されなかった理由を説明しなければなりません。

　補正の採用を拒否された場合は、(a)RCE(継続審査請求)をすることができます。この場合、拒否された補正を審査対象の提出物(Submission)とします。

●特許発行の延期(Deferring Issuarance of a Patent)(MPEP1306.01)

　特別な事情があるときは、出願人は特許発行の延期を求める請願(Petition)をすることができます。延期できるのは余程の事情でない限り最大1ヵ月です。特許発行料は、延期の請求と関係なく、3ヵ月の期限内に支払わなければなりません。

　延期が認められる特別な事情としては、関連特許を同時に発行されるようにしたいときなどで、このための請願は認められます。特許発行の延期が認められない例としては、(1)外国出願の準備のため、(2)CIP出願の準備のため、(3)ライセンス交渉のため、などが挙げられます。

●許可通知後のIDS(規則1.313、MPEP1308)

　特許許可通知が出された後で特許発行料を払う前に、特許性に関わる重要な情報を発見した場合は、(1)他国特許庁により3ヵ月以内に引用された情報、または、(2)開示義務を負うものが誰も3ヵ月以内に知らなかった(3ヵ月以内に発見された)情報であれば、その旨の申告とIDSを料金とともに提出すれば、審査官に考慮してもらうことができます。放棄する

場合は、明示的放棄にするか、または発行料を支払わないで放棄することにより、特許発行を辞退することができます。

　特許発行料を払ってしまった後に、特許性に関わる重要な情報を発見した場合は、特許発行の辞退を求める petition（請願）と RCE をした上で IDS を提出しなければなりません。

　特許発行料が支払われた後に、米国特許庁の職権で、特許発行を中止することもあります。そのような理由としては、(1)米国特許庁の誤りにより許可通知が発送された、(2)情報開示義務その他の法律違反が発見された、(3)クレームの特許性欠如が判明した、(4)冒認手続やインターフェアレンスが開始される、などがあります。

● QPIDS（Quick Path IDS）

　前述のように、特許発行料を払った後に重要な情報を発見した場合は、特許発行を辞退し RCE をした上で IDS を提出しなければならないのですが、RCE するほど重要かどうか判断に迷うときに、審査官に判断してもらう QPIDS という制度があります。QPIDS では、RCE 料金と IDS 料金の両方を支払います。もし審査が再開されれば、IDS 料金が払戻されますし、審査が再開されなければ、RCE 料金が払戻されることになっています。

65. 特許期間と特許維持料金

（Patent Term）（Maintenance Fee）

●特許発行(Issue of Patent)

　特許公報の発行とともに特許証書(Letters Patent)が発送されます。米国では日本のような登録原簿はありません。特許公報に特許満了日は特に掲載されませんので、各自で確認する必要があります。特許明細書公報が発行された後、訂正証明書が発行されていることがありますので、注意が必要です。各特許に関する情報は、古い特許を除き、審査経過を始め、米国特許庁のPAIRシステムにより、インターネットで見ることができ、ダウンロードすることもできます。

●特許期間(Patent Term)（154条、MPEP2701）

　米国特許は、日本特許と同じく出願日から20年で満了します(1995年6月8日の時点に生きていた特許及び特許出願については、特許発行から17年または出願から20年いずれか長い方になります)。継続出願や分割出願の場合は、最先の米国出願の出願日から20年です。

　外国出願の優先権主張して米国出願されたものは米国出願日から20年となります。仮出願の優先権を主張して本出願し、特許になった場合も、本出願の出願日から20年となります。また、国際出願をして米国を指定して国内段階に移行したものは、国際出願日(優先日ではありません)から20年です。なお、デザイン特許の特許期間は特許発行の日から15年です(2015年5月13日以降の出願。それより前の出願は14年)。

　特許期間の調整や延長がある場合は、公報にその旨と日数が掲載されます。しかし、満了日は掲載されていませんので、各自で確認する必要があります。米国特許庁は、特許期間計算をするためのソフトを公開しています。

●特許維持料金(41条(b)、規則1.20、1.362、MPEP2500)

日本では、特許登録料を納付する他に年単位で特許年金を納付することになっていますが、米国では、特許発行前に発行料を支払い、特許発行から

3年後、7年後、11年後から、それぞれ半年の期間内に特許維持料を納付することになっています[77]。それらの半年間を逸した場合、更に半年以内でしたら、遅延料金[78]を支払うことにより、納付することができます。なお、デザイン特許や植物特許には維持料金はありません。

●特許の失効と中用権(41条(c)(2)、規則1.362(g)、1.378、MPEP2590、2591)
(Expiration of Patent)(Intervening Right)

上記の特許維持料金納付期間が過ぎてしまった場合、つまり特許発行から4年後、8年後、または12年後までに特許維持料金が納付されなかった場合、特許権は失効してしまいます。この滞納が意図的でなかった場合は、失効特許を復活させることができます。この復活の手続は失効から24ヵ月以内にしなければなりません。復活手続により復活しても、もし特許の失効期間中に発明を実施した第三者がいる場合には、中用権が発生してしまいます。中用権は、失効期間中に、(1)特許発明の製造、使用、販売した者、(2)その準備をした者は、特許失効の事実を知っていたか否かに関わらず、侵害とならず、特許の実施を継続することができます。ただし、特許復活後に中用権者が、その規模を拡大したりすることはできません。

---

[77] 維持料金は3年後1,600ドル、7年後3,600ドル、11年後7,400ドルです(2018年度)。
[78] 遅延料金は160ドルです(2018年度)。

66. 特許期間の調整

（Adjustment of Patent Term）

●特許期間の調整(154条(b)、規則1.701−1.705、MPEP2710−2736)

　米国特許(1995年6月8日以降の出願)は、日本特許と同じく出願日から20年をもって満了することになっています。すると、特許になるまでに時間がかかればかかるほど、特許になってから満了までの期間が短くなります。そこで、米国特許庁の責任により特許発行が遅れた場合、それを補償しないのは不当であるとの考えから、特許期間保証制度が生まれました。この特許期間保証制度によると、出願日から20年の後に日単位で特許権の調整期間が追加されることになっています。

　分割出願や継続出願の調整期間は、親の調整期間とは独立して算定されます。ただし、ターミナル・ディスクレーマがある場合は、後の特許は先の特許の満了期間を超えることはできません。

● A 保証：米国特許庁の遅滞による期間調整(154条(b)(1)(A))

　米国特許庁の処理の遅れによる期間調整の対象となるのは、(1)現実の米国出願日からファースト・オフィス・アクション(以下ファーストOA)まで14ヵ月以上経過した場合、(2)出願人の応答から次のオフィス・アクション(以下OA)まで4ヵ月以上経過した場合、(3)特許性有りの審決または判決が出てから次の米国特許庁のアクションまでに4ヵ月以上経過した場合、または(4)特許発行料の納付から特許証発行まで4ヵ月以上経過した場合などで、その超過日数の合計が延長されます。ここでのファーストOAは文書による限定要求を含みます。上記の特許期間の調整の蓄積は、RCE後の継続審査でも引き継がれます。

● B 保証：特許までに3年以上かかった場合の期間調整(154条(b)(1)(B))

　個別のアクション毎の調整とは別に、実際の米国出願日から特許発行までに3年以上かかった場合にも、3年を超えた期間が権利期間に追加されます。この出願日から3年を超えた場合の期間調整では、RCE後の期間は数えられず、RCE後に追加されるのは、A保証だけです。

最終拒絶された後に、RCEしないで継続出願として出願し直しても、それ以前の期間は期間調整に数えられません。ですから、特許期間一律17年の時代のサブマリン特許のように、古い特許が浮上した後に長期間存続するということは起こらないと思われます。

● C 保証：秘密保持命令、審判・上訴に関する期間調整(154条(b)(1)(C))

　秘密保持命令、審判請求・上訴により特許の発行が遅れた場合は、これらの日数が延長されます。インターフェアレンスや冒認手続により特許発行が遅れた場合も同様に、それに要した日数が延長されます。

●調整期間の削減(Reduction of Patent Term Adjustment)

　調整期間が重複する場合はすでに数えた分は算入しません。また、出願人側の責任で遅れた期間は、差し引かれます。例えばOAの応答期間の延長や、米国特許庁の手続に影響する自発提出書類などです。また、外国特許庁がOAで引用した文献のIDS(情報開示申告)提出も、そのOAの発送日から30日を超えると削減される可能性があります。

●特許期間調整の確認

　米国特許庁による特許期間調整日数の内訳は、米国特許庁のPAIRシステムで見ることができます。また、調整日数の合計は特許公報に掲載されます。満了の日は掲載されませんので、出願日から20年に調整日数を足して確認する必要があります。

　これらの特許期間の調整の結果、権利者と第三者の双方の利害に大きな影響を与える特許権の存続期間が権利毎に異なることになり、権利者にとっても第三者にとっても米国特許の管理が煩雑になります。

●特許期間調整の再考請求(Request for Reconsideration)

　特許公報に掲載された調整期間が誤っている場合、特許発行日から2ヵ月以内に特許期間調整の再考請求をすることができます。この期間は最大5ヵ月延長することができます。

67. 特許期間の延長

(Extension of Patent Term)

●特許期間の延長(Extension of Patent Term)

(156条、規則1.710−1.791、MPEP2750−2764)

　この制度は、前項で説明した特許期間保証制度に基づく特許期間の調整とは、独立した別のものです。先の特許期間の調整は、米国特許庁の手続が遅れた場合のものですが、ここでの特許期間の延長は、医薬品のFDA(連邦食品医薬品局)認可手続などの行政的規制のために特許が実際に行使できなかった場合、その期間を回復するためのものです。対象となる製品は、医薬品の他に、医療装置、食品添加剤、着色剤など連邦食品医薬品化粧品法による規制の対象製品です。医薬品は、新薬、抗生物質薬もしくは人間の生物学的製品、または動物用新薬もしくは動物の生物学的製品であって、主としてDNA組換え、RNA組換え、ハイブリドマ技術、その他遺伝子操作技術の関与するプロセスにより生産されないものとされています。

●特許期間延長の請求(Application for Extension of Patent Term)

(規則1.740−1.741)

　特許期間延長の請求は、特許の存続期間中に行われなければなりません。また過去に延長したことのある特許に関して再度の延長請求はできません。行政的認可の申請が複数あるときは、最初に許可が出たときまでの期間となります。

　特許期間の延長の請求には、(1)認可された製品、(2)連邦規制の条文、(3)製品の認可を要する特許、(4)認可製品の関係するクレーム、(5)認可までの期間を特定するための情報、(6)認可手続中の申請者の手続の説明、などを提出する必要があります。

●特許期間延長証明書と延長期間

(Certificate of Extension)(Extended Term)(156条、規則1.780)

　特許期間の延長が認められますと、特許庁長官は特許期間延長証明書を

発行し、この証明書は公式ファイルに記録され、特許の一部とみなされます。特許期間の延長は、認可手続で費やされた期間が特許期間に追加されます。ただし、延長は最高5年までで、出願から3年以内の期間は延長の対象になりません。また、手続過程において、申請者が応答期間の延長をしているとその延長期間も差引かれます。特許期間の延長が認められた場合、延長期間の特許権は、認可が必要であった用途などに限定されます。

特許期間調整 A 保証と B 保証の重複（154条(b)(1)(B)）

特許期間調整には A 保証と B 保証があります。A 保証とは、米国特許庁が個々の段階で、所定期間内に処理しなかった場合の保証であり、B 保証とは、特許出願日から特許発行まで3年を超えた日数の保証です（詳しくは関連箇所を参照して下さい）。

米国特許庁は調整期間の計算に当たり、A 保証と B 保証の両方がある場合、出願3年以内の A 保証は、B 保証と重複するものとして計算していました。しかし、CAFC は、その解釈は、条文の文言通りの意味に反すると判決しました[1]。

例えば下記表のような場合、米国特許庁によりますと、A 保証の500日の遅れがあるから、B 保証の300日が発生したということができるので、A 保証500日と B 保証300日は重複があるとしました。しかし、CAFC は、3年超えた後の A 保証100日と B 保証300日は重複があるが、これらと3年以内の A 保証500日には重複がないとしたのです。

誤った調整日数（従来米国特許庁）
=500＋100−200＝400日
正しい調整日数（CAFC）
=500＋300−200＝600日

---

[1] *Wyeth v. Kappos* 591 F.3d 1364 (Fed. Cir. 2009)

米国特許庁による遅れ		3年以内	3年超えた後
	A 保証	500日	100日
	B 保証		300日
出願人による遅れ		200日	

68. 付与後レビュー

（PGR：Post-Grant Review）

●付与後レビュー（321−329条、規則42.200−42.224）

　付与後レビューは、新法（AIA）により2012年9月16日から設けられた制度です。対象となる特許は、新法（AIA）の適用される特許、及び旧法のビジネス方法特許のみです。新法（AIA）の適用される特許その請求の時期が特許発行後9ヵ月に限定されている点で、特許異議申立的な意味合いを持つ制度です。請求人は特許権者以外の利害関係人に限られます。なお、旧法のビジネス方法特許に関しては、請求の時期が特許発行後9ヵ月に限定されません。

●無効理由の範囲

　クレームの無効理由の範囲は、特許要件全般に亘り、特に限定されません。新規性や進歩性による無効理由は、再審査や当事者系レビューと異なり、特許や刊行物に限定されず、公知や公然使用も対象になります。さらに112条の明細書やクレームの記載不備による無効主張も可能です（ただし、ベスト・モード要件違反による無効主張はできません）。再発行出願の違反も無効理由になります。当事者系レビューよりも、広範囲でディスカバリ（証拠開示）手続が利用できます。

●付与後レビュー請求（322条、規則42.204）

　付与後レビュー請求には、料金[79]のほか、利害関係者の特定、1つ以上の無効クレームの特定、無効の根拠と証拠を提出しなければなりません。証拠としては、先行技術文献に限定されず、事実に関する証拠などを提出することができます。

---

[79] 付与後レビューの料金は請求提出時16,000ドル（クレーム20項を超える1項当たり375ドル追加）で、レビュー開始後に22,000ドル（クレーム15項を超える1項当たり825ドル追加）です（2018年度）。なお、小企業割引はありません。

●特許権者の予備答弁(Preliminary Response)(323条、規則42.207)

　付与後レビュー請求がなされると通知から３ヵ月以内に、特許権者は予備答弁書を提出することができます。この予備答弁書では、レビュー請求が要件を満たしていないなど、レビュー手続を開始すべきでない理由を述べます。

●レビュー開始の決定(Institution)(324条、規則42.208)

　予備答弁書の提出後または提出期限経過後３ヵ月以内に長官はレビューの審理を開始するかどうかの決定をします。この決定の基準は、レビュー請求において提出された情報が、もし反論がなければ、特許が無効となる可能性が50%を超えている(more likely than not)かどうかです。審理開始の決定に対して不服の申立はできません。審理開始の決定は公示されます。

●ディスカバリと最終弁論(規則42.51、42.224)

　ディスカバリが必要な場合は、ディスカバリに入り、立証の記録が作られます。ディスカバリでは、資料提出請求のやり取りをはじめ、証人による宣誓供述書の提出や、証人のデポジション(証言録取)が行われます。ディスカバリが終わると、最終弁論での立証内容を整理した書面を提出し、最終弁論が行なわれます。ここでは、すでに提起された申立のみ許されます。

●最終決定と上訴(Final Written Decision and Appeal)
(326条(a)(11)、328条、329条、規則42.200(c))

　審判部は原則として付与後レビューの開始から１年以内に最終決定を下します。審判部の決定に不服のある当事者は、CAFC に上訴できます。

●付与後レビュー請求の制限(325条(a)(1)、規則42.201)

　レビュー請求人が、すでに民事訴訟で特許クレームの無効を主張している場合は、この手続は請求できません。ただし、侵害訴訟の被告として特許無効の反訴をしている場合は、訴訟を提起したものとはされず、付与後レビューを請求することができます。

●エストッペル（禁反言）（325条(e)）

　付与後レビューで最終決定が下された場合、レビュー請求人は、そこで提起されまたは合理的に提起され得た主張に関する他の手続を請求または維持することはできません。また、この手続で特許有効の最終決定が下された場合は、レビュー請求人は、民事訴訟やITC訴訟において、付与後レビューで提起されまたは合理的に提起され得た根拠に基づき同じ特許の無効を主張することができなくなります。これらの効果をエストッペルと言います。

　エストッペルは「禁反言」と訳され、以前の自分の主張に反する主張をすることが許されないことを含みます。ここでのエストッペルは、最終決定の内容に反する主張を禁ずる効果です。

再審査や当事者系 / 付与後レビューの開始基準と無効立証基準

再審査を開始するには、「特許性に関する実質的で新規な問題を提起している」こと、当事者系レビューでは「請求人勝利の『reasonable likelihood』がある」こと、付与後レビューでは「『more likely than not』無効らしい」ことが要求されます。

査定系再審査の開始基準は、「特許性に関する実質的で新規な問題」を提起してさえいればよく、無効かどうかという証拠の評価ではありません。

一方、当事者系レビューの「reasonable likelihood」と、付与後レビューの「more likely than not」では、どちらの基準の方が高いのか疑問を持つ人も多いでしょう。米国特許庁の見解では、「more likely than not」の方が高く、付与後レビューを開始してもらうことは、当事者系レビューよりも難しいことになります。理由は「more」があることです。争

いがあるときに、一方の当事者が「reasonable」で、他方が「unreasonable」とは限りません。両方ともに「reasonable」であることがむしろ普通です。したがって、主張が「reasonable」でも、勝つ可能性が高いとは限りません。しかし「more likely than not」ということになると、「50％以上勝利の可能性」が要求されることになります。

これらの手続の開始基準は、あくまでも目安としての可能性です。付与後レビューが開始されたからといって、請求人の勝利が保証されるわけではありません。それでも実際の請求人の勝率は、当事者系レビューでも付与後レビューでも50％を大きく上回っています。

米国特許庁手続において、最終的に特許が無効かどうかの立証基準は、あくまでも「優勢な証拠（Preponderance of Evidence）」です。これは、出願の審査・審判、特許後の再審査、当事者系レビュー、付与後レビューなどすべて共通です。

69. ビジネス特許レビュー

(Business Patent Review：
Transitional Program for Covered Business Method Patent)

●ビジネス特許レビュー(AIA Section18)

　ビジネス特許レビューは、2020年9月16日まで(施行から8年間)の暫定的な制度で、付与後レビューに準ずるものですが、付与後レビューと比較して、レビューの対象となる特許、請求の時期など、大きく異なっています。

　請求人は、利害関係人であるだけでなく、ビジネス方法特許の訴訟で被疑侵害者とされれていなければなりません。

●ビジネス特許レビュー請求(AIA Section18(d))

　レビューの対象となるビジネス方法特許の定義は、「金融製品やサービスの実行、執行、管理において使用される、データ処理または他の作業を遂行するための方法または対応する装置をクレームする特許を意味し、技術的発明の特許を含まないものと定義されています。旧法(Pre–AIA)適用の特許か新法(AIA)適用の特許かは問いません。

　請求人はレビューを求める特許が、ビジネス方法特許であることを示さなければなりません。

　また、請求人が規則42.302に規定する適格性に合致することを示さなければならない。つまりビジネス方法特許に対する係争当事者であり、かつ、禁反言による制限を受けていないことを示す必要がある。

●無効理由の範囲

　無効理由の範囲は、付与後レビューと同じです。特許や刊行物に限定されず、公知や公然使用も対象になります。さらに112条の明細書やクレームの記載不備による無効主張も可能です(ただし、ベスト・モード要件違反による無効主張はできません)。

●請求時期

請求時期は特に制限はありません。ただし、新法(AIA)の発明者先願主義の適用される出願の特許の場合、特許発行日から9ヵ月(付与後レビュー請求期間)は、ビジネス特許レビューの請求はできません。

●ビジネス特許レビューの手続

上記の他は、ビジネス特許レビューの手続は、付与後レビューの手続と同様です。

70. 当事者系レビュー

(IPR：Inter Partes Review)

●当事者系レビュー(311-319条、規則42.100-42.123)

　当事者系レビューは、新法(AIA)により、2012年9月16日から当事者系再審査(inter partes reexamination)に代わるものとして、新法(AIA)により設けられた制度です。名前が変わっただけでなく、審査部の審査から、審判部の手続及び審理に変わりました。付与後レビューと同じく、請求人は、特許権者以外の利害関係人に限られます。

●無効理由の範囲

　クレームの無効理由は、査定系再審査と同じく、特許または刊行物に基づく新規性及び進歩性のみに限定されます。特許や刊行物に基づかない、公知や公然使用に基づく無効理由で請求することはできません。また、明細書やクレームの記載不備による無効理由で請求することもできません。

●当事者系レビュー請求(311条(c)(1)、312条、規則42.104)

　当事者系レビューの請求期間は、特許の発行から9ヵ月経過後または付与後レビューの手続終了後のいずれか遅い方です(すなわち、付与後レビューの請求期間と、付与後レビューの係属中は、当事者系レビューは請求できないということです)。レビュー請求には、料金[80]のほか、利害関係者の特定、1つ以上の無効クレームの特定、無効の根拠と証拠を提出しなければなりません。証拠は、原則として特許または刊行物に限定されますが、これらの記載内容に関する専門家のデクラレーションなどを提出することができます。

●特許権者の予備答弁(Preliminary Response)(313条、規則42.107)

　レビュー請求から2ヵ月以内に、特許権者は予備答弁書を提出すること

---

[80] 当事者系レビューの料金は請求提出時15,500ドル(クレーム20項を超える1項当たり300ドル追加)で、レビュー開始後に15,000ドル(クレーム15項を超える1項当たり600ドル追加)です(2018年度)。なお、小企業割引はありません。

ができます。この予備答弁書では、レビュー請求が要件を満たしていないなどレビューを開始すべきでない理由を述べます。

●レビューの開始決定(Institution)(314条、規則42.108)

予備答弁書の提出後または提出期限経過後3ヵ月以内に長官は、レビューを開始するかどうかの決定をします。この決定の基準は、レビュー請求において提出された情報が、請求人が勝利する合理的見込み[81]を示しているかどうかです。この開始基準は、査定系再審査より厳しく、付与後レビューよりは敷居が低いと言われています。なおレビュー開始の決定に対して不服の申立はできません。開始の決定は公示されます。

●ディスカバリ(316条(a)(5)、規則42.51)

当事者系レビューでの審理は、特許または刊行物に基づく新規性・進歩性に限定されていますので、ディスカバリは非常に限られたものになります。例えば、特許や刊行物の記載の解釈や、当業者の常識などに関して、専門家の証言などが必要なことがあるかもしれません。このような場合、ディスカバリにおいて、デクラレーションの提出や証人のデポジション(証言録取)が行われます。

●最終弁論と最終決定(Final Written Decision and Appeal)(318、319条)

ディスカバリが終わると、最終弁論での立証内容を整理した書面を提出し、最終弁論が行なわれます。ここでは、すでに提起された申立のみ許されます。最終弁論後、審判部は最終決定を下します。審判部の決定に不服のある当事者は、CAFCに上訴できます。

●当事者系レビュー請求の制限(315条、規則42.101)

レビュー請求人が、すでに特許無効の確認訴訟を提起している場合は、当事者系レビューは請求できません。但し、侵害訴訟の被告として特許無効の反訴をしている場合は、訴訟を提起したものとはされず、当事者系レ

---

[81] 請求人が勝利する合理的見込み(Reasonable Likelihood of Success That the Petitioner Would Prevail)

ビューを請求することができます。また、侵害訴訟の訴状を送達されてから1年経過後も請求できなくなります。

●エストッペル(315条(e))

　当事者系レビューで最終決定が下された場合、レビュー請求人は、そこで提起されまたは合理的に提起され得た主張に関する他の手続を請求または維持することはできません。また、この手続で特許有効の最終決定が下された場合は、レビュー請求人は、民事訴訟やITC訴訟において、当事者系レビューで提起されまたは合理的に提起され得た根拠に基づき同じ無効を主張することができなくなります。

**当事者系レビューと
付与後レビューの違い**

　新法(AIA)で規定された当事者系レビューと付与後レビューは、条文規定が非常によく似ています。条文上の違いを整理すると次のようになります。

	当事者系レビュー　IPR	付与後レビュー　PGR
請求の時期	いつでも（但し、訴状を送達を受けてから１年経過した後、及び、付与後レビューの請求期間及び係属中は除く）	特許発行後９ヵ月以内。
無効理由	特許／刊行物に基づく新規性／進歩性のみ。 ただし、証拠をサポートするデクラレーション提出可能。	無効理由全般 101条(特許対象)、 102条(新規性)、 103条(進歩性)、 112条(明細書、クレーム) 新規性／進歩性は公知公用に基づくものを含む
ディスカバリ	極めて限定的。 宣言者デポジション等は可能。	ディスカバリを利用できる。
開始基準	請求人勝利の「reasonable likelihood」があるか。	more likely than not（50％以上）無効の可能性があるか。

 **コラム**

特許後の補正と損害賠償

　米国特許発行後のクレーム補正について知っておくべきことがあります。それは、再発行出願や再審査、当事者系レビューなどでクレームが実質的に補正されると、中用権（Intervening Right）が発生することです。（252条、307条）。すなわち、特許クレームが「実質的に補正」されると、補正前の特許クレームは無効であったものとみなされ、過去の損害賠償は全く請求できなくなります[1]。それは、図に示すように、補正前後の両方のクレームを侵害していても、判例法上そういうことになっています。

　そして、再発行特許や再審査証明書により補正クレームが発行される前に、米国内にあった特許製品は、その後も自由に販売・使用することができます。また、米国内で特許製品を生産していた場合は、衡平法に基づき有償実施権が与えられる可能性があります。

　中用権は、再審査や当事者系レビュー、付与後レビューでのクレーム減縮にも適用されます。補正前のクレームは無効とみなされ、その範囲はゼロであったからと考えると分かり易いかもしれません。

　このことから、特許権者が再発行や補充審査・再審査するならできるだけ早くして、特許クレームの瑕疵をなくすべきであると言えます。一方、被疑侵害者の立場からすれば、再審査請求や当事者系レビューを遅らせて、遅く補正させれば得であるということになります。特許満了間近に再審査が開始され、オフィス・アクションで拒絶されると、特許権者は補正しないことが多いはずです。これは、損害賠償が遡及して請求できなくなるのを避けるためです。補正がされないと、再審査や当事者系レビューで無効になるものが多くなります。

　このような事態を避けるには、特許出願の時点で、再審査や当事者系レビューで生き残れるようなクレームを作っておくことが重要です。クレームが、従属クレームとして補正前の特許クレームにあった場合、そのようなクレームに減縮されても「実質的に補正」されたことにはなりません。

---

[1] *Bloom Engineering v. North American Mfg.*, 129 F.3d 1247 (Fed. Cir. 1997).

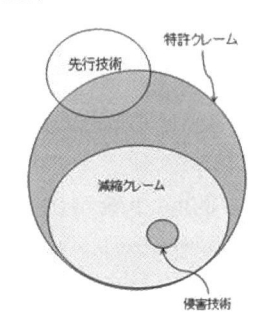

71. 当事者系審判実務と手続

(Trial Practice and Procedure)

当事者系レビューや付与後レビュー、ビジネス方法レビューは、それぞれに分かれた規則もありますが、手続が類似している部分もありますので、共通の手続規則もあります。

●第三者によるレビュー手続の請求(規則42.22)

レビューの請求には、請求人として適格であるとの言明が必要です。請求の内容は、(a)クレームの特定、(b)無効理由の法的根拠、(c)クレーム解釈、(d)クレームが無効である具体的な説明、(e)証拠の特定と具体的引用箇所、が必要です。無効理由の法的根拠は、当事者系レビューでは、特許又は刊行物に基づく102条又は103条違反に限定されます。PGRでは、282条(2)及び(3)の無効抗弁に限定されますが、102条又は103条違反は特許又は刊行物に限定されず、また、ベスト・モード要件を除く112条の記載要件違反による無効主張が可能です。請求の本文には語数制限があります[82]。

●特許権者の予備答弁(3ヵ月以内)(Preliminary Response)(規則42.107, 42.207)

特許権者は、請求の通知を受けてから3ヵ月以内に予備答弁書を提出します。この段階で補正の申立はできませんが、無効クレームのディスクレーマは提出できます。予備答弁書の内容は、「手続を開始すべきでない理由」ですが、具体的制限を設けられていません。なお、予備答弁書を提出しなくても、不利な扱いは受けないとされていますが、80%以上の事件で提出されています。また、この段階で宣誓供述書や証拠を提出することも可能です。

●手続開始の決定(3ヵ月以内)(Institution)(規則42.108、42.208)

長官は、予備答弁提出(期限)後3ヵ月以内に開始の決定をします。決定

---

[82] 語数制限には、目次や審判決例の一覧、添付資料などは含まれません。

に当って考慮される事項は、(a)手続開始基準を満たしているか、(b)他の係属事件の有無であり、(c)過去の議論と実質的に同じでないかを検討することもできます。手続の開始の決定は、クレーム単位でなされます。決定は公示されます。決定に不服な場合は、再考請求はできますが、上訴することはできません。

●予備電話会議（1ヵ月程度）

　予備電話会議に関して特に規定はありませんが、通常は手続開始決定から約1ヵ月以内に行われます。当事者は申立案リストを電話会議の2日前迄に提出します。予備電話会議では、申立案の必要性と内容の充分性の検討、スケジュールの調整が行われ、解決の手がかりも検討されます。なお、この段階でリストされた以外の申立でも、追加が許可されることもあります。その場合も、全体スケジュールの変更は許されません。

　特許権者は、クレーム補正の申立を予定する場合、電話会議でクレーム番号と補正の概要を告げます。なお、特許権者が答弁書を提出しない予定であれば、特許放棄に関して電話会議が設定されます。

●特許権者のディスカバリ（規則42.51）

　予備電話会議で決められたスケジュールに基づき、まず特許権者が、請求人の主張に関して、ディスカバリを進めます。請求人が、特許や刊行物の記載の解釈や、当業者の常識などに関して、専門家の宣誓供述書を提出している場合、ディスカバリにおいて、デクラレーションの提出や証人のデポジション（証言録取）が行われます。

●特許権者の答弁とクレーム補正（3ヵ月以内）（規則42.120−121、42.220−221）

　特許権者は、手続開始の決定から3ヵ月以内に、請求人の主張に対する答弁書を提出します。クレーム補正の申立をすることもできます。答弁は、手続の開始された争点に関してのみ答弁します。ここでは、特許性を主張する全てのクレームを特定しなければなりません。必要ならば宣誓供述書や証拠を提出できます。答弁書でも、レビュー請求と同じ語数制限があります。

　補正の申立は、相手の合意がない限り、1回限りで、サポートを明示す

る必要があります。クレームの削除や誤記の訂正は認められます。補正の申立にも量的制限があります。

●請求人によるディスカバリ (規則42.51)

この段階で、請求人は、特許権者の答弁書の内容や証拠に関してディスカバリを行います。

●請求人による特許権者への応答または補正への異議 (3 ヵ月) (規則42.23)

請求人は、特許権者により提出された答弁書の内容に関して反論することができ、また、補正に関して異議を唱えることができます。

●補正への異議に対する特許権者の応答 (1 ヵ月) (規則42.23)

特許権者は、請求人により提出された応答の内容に関して反論することができます。

●口頭弁論 (Oral Argument) (規則42.70)

口頭弁論を行うには独立した請求が必要です。口頭弁論の請求には、議論すべき事項を特定して請求します。説明内容は提出済みの証拠の範囲内で説明する必要があります。但し、説明用の資料を用いることができ、この説明用資料は、口頭弁論の 5 日前までに相手方に送達し、当日までに提出しなければなりません。口頭弁論では、速記記録を作成することができます。

●最終決定とエストッペル (315条(e)、325条(e)))

口頭弁論後、審判部は審決を下します。審決は、原則としてレビュー開始決定から 1 年以内に下されることになっています。正当な理由がある場合は半年延長することが可能です。当事者系レビューや付与後レビューで審決が下され確定した場合は、敗訴した当事者は、そこで提起されまたは合理的に提起され得た主張に基づく他の手続を請求または継続することはできません。また、この手続で特許有効の審決が確定した場合は、レビュー請求人は、民事訴訟や ITC 訴訟において、無効を主張することができなくなります。

●再ヒアリング請求(Request for Rehearing)(規則42.71)

　最終審決に不服な当事者は、審決から30日以内に再ヒアリング(Rehearing)を請求することができます。再ヒアリング請求人は、審判部の誤解や見落としの立証責任を負います。再ヒアリング請求において、新たな証拠は認められません。さらに、審判部の決定に不服のある当事者は、CAFCに上訴することができます。

72. 査定系再審査

（Ex Parte Reexamination）

●制度の概要（301－307条、規則1.510－1.570、MPEP2209－2296）

　再審査制度とは、特許に関して有力な先行技術が発見された場合に、その先行技術に関して、審査官に再度審査をしてもらう制度です。改正前は査定系再審査と当事者系再審査がありましたが、新法（AIA）により、2012年9月16日から当事者系再審査は廃止され、審判部が行う当事者系レビューに移行しました。

　査定系再審査は、特許が発行されてから特許権消滅後6年までの期間、誰でも請求することができます。特許権者が請求してもよく、実際に特許権者による請求もあります。しかし、新法（AIA）により、特許権者が請求する補充審査制度が設けられたことから、特許権者が請求するものは、補充審査の請求に移行するものと思われます。

　必要書類などは、(a)「特許性に関する実質的で新たな問題」を提起する主張（Statement）、(b)再審査を求めるクレームの特定と各クレーム毎に先行技術を適用した詳細な説明、(c)引用したすべての特許または刊行物のコピー、(d)特許権者に送達した旨の証明書、(e)料金[83]です。料金は後で払うことができますが、再審査請求日は料金支払日となります。したがって、特許権消滅後6年の期限間際に請求する場合は、料金を同時に支払う必要があります。

●査定系再審査手続の流れ（301－307条、規則1.510－1.570、MPEP2209－2296）

　査定系再審査手続の流れは、次のようになります。再審査請求が提出されると、米国特許庁はまずその再審査請求が、「特許性に関する実質的で新たな問題」[84]を提起しているかどうかの決定をします。もし再審査請求が、特許性に関する、実質的で、新たな問題を提起していない場合は、請求が斥けられ80％返金されます。この決定に対して不服申立はできません。

---

[83] 査定系再審査の料金は12,000ドルです。
[84] 「特許性に関する実質的で新たな問題」はSubstantial New Question of patentabilityでSNQと略されます。

米国特許庁の再審査の決定があると、2ヵ月以内に特許権者は主張書（Statement）を提出することができます。これに対し第三者請求人は2ヵ月以内に答弁書を提出することができます。第三者請求人の答弁書の提出期間が過ぎると、以後の再審査手続は、通常の審査と同様に審査官と特許権者との間で行なわれます。審査官と特許権者がやりとりした書類のコピーは第三者請求人にも送られます。第三者請求人は、先行技術の補充はできますが、特許権者の補正や主張にコメントを提出する権利はありません。また、審査官は特許権者と面会することもできますが、第三者請求人はこれにも参加できません。

再審査が終了すると、特許性または非特許性、および削除クレームを記載した再審査証明書[85]が発行されます。

●査定系再審査手続の特徴

このように、当事者系レビューと異なり、査定系再審査では、特許権者と審査官の間の審査が開始された後は、第三者請求人が参加できないのが特徴です。また、決定に不服の場合、特許権者は審判部そして裁判所へと上訴できますが、第三者請求人には不服申立の手段がありません。

また、査定系再審査請求の取下げや放棄はありません。さらに、オフィス・アクションへの応答は、通常の審査と異なり、期限の自動延長はありません。ただし、正当な理由があるときは、無料で期限の延長を請求することができます。もう1つ重要なことは、再審査では特許権者はクレームの拡大はできないことです。しかし従属クレームなど、拡大しない範囲での新たなクレームの追加は認められることがあります。

---

[85] 再審査証明書（ex parte reexamination certificate）

73. 補充審査

（Supplemental Examination）

●補充審査と情報開示義務

特許出願に関与した者（発明者、譲受人、代理人など）は、特許性に関して重要（material）なすべての情報を米国特許庁に開示する義務を負います。しかし、当然提出されるべき情報が提出されていなかったということが、ときには起こり得ます。このような場合、補充審査により、情報開示の不備などを是正することができます。ここで注意すべきことは、是正できる情報開示の不備は、善意のものに限定されるということです。重要な情報を隠すことにしておいて、特許になってから気が変わった場合などは、補充審査により情報開示違反を是正することはできません。

なお査定系再審査は特許権者が請求することもできますが、補充審査制度が設けられたことから、特許権者による再審査請求の多くは、補充審査の請求に移行しています。

●補充審査の請求と開始決定（257条、規則1.601−1.625、MPEP2800）

補充審査は特許権者だけが請求できます。補充審査が開始されるためには、査定系再審査の開始基準と同じく、提出された情報が「特許性に関する実質的かつ新たな問題」[86]を提起するものである必要があります。米国特許庁長官は補充審査の請求から3ヵ月以内に補充審査開始の可否を決定します。開始が決定されると、査定系再審査と同じ料金を支払うことになります。

●補充審査の手続

補充審査手続は、査定系再審査の手続に準じて進められます。ただし、補充審査の請求は、特許権者自身が行いますので、第三者による査定系再審査と異なり、改めて特許権者のStatementを提出する機会が与えられることはありません。

---

[86] Substantial new question of patentability

●補充審査の効果(257条(c))

　補充審査で考慮された場合は、情報開示義務の不備などを是正することができ、先の審査で不備であったことにより権利行使不能にされることはなくなります。ただし、是正できるのは、自発的に請求した場合のみで、例えば、訴訟等において、相手方当事者から指摘を受けた後に補充審査を請求した場合には、その効果は及びません。

　また特許が発行される以前に、隠蔽など不正があった場合は、補充審査がされても不正は是正されません。

特許後手続の統計

　再発行出願は、ここ数年間横這い状態でしたが、2017年は若干減少しました。これに対して、再審査は、2013年度から当事者系再審査が廃止され当事者系レビューとなり、査定系再審査のみとなっていますが、査定系再審査のみとしても減少傾向にあります。特許権者による査定系再審査の多くは、補充審査となっていることを考慮しても、減少傾向は明らかです。

　当事者系再審査は、当事者系レビューに変わりましたが増加は著しく、また絶対数でも2017年は、1,800件を超えています。

	2013	2014	2015	2016	2017
再発行出願	1074	1207	1087	1072	706
再審査＋補充審査	305	399	296	223	245
査定系再審査請求	305	356	243	219	188
特許権者	19	23	14	8	25
第三者	286	324	229	211	163
長官	0	9	0	0	0
補充審査	－	43	53	45	57
当事者系レビュー (＊は当事者系再審査)	514	1310	1737	1565	1812

74. 再発行出願とその他の訂正

(Reissue Application) (Other Corrections)

●**再発行出願**(Reissue Application)(251条、規則1.171−1.179、MPEP1401−1470)

　字句の誤りなどの軽微なミスではない特許の誤りであって、その誤りが(a)詐く意図のないもので、(b)特許権の一部もしくは全部が無効または行使できない場合は、特許権者は再発行出願をすることができます。再審査請求は第三者ができるのに対し、再発行出願ができるのは特許権者のみです。訂正によりクレームを拡大する場合、その再発行出願は特許発行から2年以内にされなければなりません。

　明細書の記載要件(実施可能、ベスト・モード)違反は、再発行出願の根拠にすることはできません。再発行出願の根拠とできる誤りとしては、(1)クレームが広すぎるか狭すぎる、(2)不正確な開示、(3)優先権主張をしてなかった、(4)同時に継続中の出願を正しく引用していなかった、などがあります。

●**再発行出願の書類等**(Contents of Reissue Application)
　(規則1.173−1.175、MPEP1401−1418)

　再発行出願に必要な書類には、(1)デクラレーション(クレームを拡大しない場合は、譲受人のみのサインでよいが、拡大する場合は全発明者によるデクラレーションと譲受人の合意書が必要)、(2)アフィダビット(宣誓供述書)(誤りの内容とどのようにしてそれが起こったかの説明)、(3)再発行を条件として元の特許を返却する旨の書面、(4)登録権利の記録の作成依頼、(5)再発行出願明細書、(6)再発行出願料があります。また、優先権主張は改めてしなければなりません。なお再発行出願においても、通常の出願と同様に情報開示義務があります。

●**再発行出願の審査**(Examination of Reissue Application)
　(規則1.176、MPEP1440、1441)

　審査は、再審査出願の公報掲載から2ヵ月経過後に開始されます。再発行出願の審査は、通常の出願の審査と同様に行なわれます。審査官は、限

定要求はできません。また、審査官は、出願人が審査を求めるクレーム以外に関しても審査することができ、先の審査と同じ根拠でも新たな根拠でも拒絶できます。特許権者は、再発行出願の審査過程で継続出願することもできますし、再審査と異なり、特許権者は再発行出願を放棄することもできます。再発行出願が許可されると再発行特許が発行されます。なお、再発行出願の審査経過は閲覧可能です。

●再発行特許と中用権(Intervening Right)(252条、MPEP1460)

再発行特許の特許期間、特許維持年金の支払時期は元の特許と同じです。再発行前に再発行クレーム発明を実施していた者には、その状況によっては、中用権が発生します。ただし実施規模の拡大はできません。また、判例法によりますと、特許後にクレームに実体的(substantive)な変更が加えられた場合は、元のクレームは無効であったものとみなされ、再発行特許の発行前の行為に対して損害賠償を請求できないとされています[87]。

●訂正証明書(Certificiate of Correction)

(254-255条、規則1.322、MPEP1480-1485)

特許に軽微なミスがある場合の訂正は、訂正証明書によって行われます。米国特許庁による誤りの訂正の場合、米国特許庁が自発的に訂正証明書の発行する場合もありますし、特許権者の請求により発行する場合もあります。米国特許庁による誤りに関して、特許権者が訂正証明書を請求するのに料金は必要ありません。

出願人の責任により特許に軽微なミスがある場合、特許権者は、料金[88]とともに訂正証明書の発行を請求することができます。出願人の責任による誤りが実体的内容に関するものである場合、その訂正は訂正証明書ではできず、再発行出願が必要になります。

●ディスクレーマ(Disclaimer)(253条、規則1.321、MPEP1490)

特許権者は、特許クレームをクレーム単位で放棄することができます。

---

[87] *Bloom Engineering v. North American Mfg.*, 44 USPQ2d 1859 (Fed.Cir.1997).
[88] 訂正証明書の料金は2018年度150ドルです。

これをディスクレーマといいます。ディスクレーマは、全特許期間放棄とすることもできますし、ある時点以降の末端期間とすることもできます。ディスクレーマは有料です[89]。特許クレームの中に無効のクレームがある場合、再発行出願の補正で削除しなくても、無効クレームを放棄することができます。

ディスクレーマでは、(a)特許とクレームを特定しクレーム単位でディスクレームし、(b)特許権者または代理人がサインした書面で提出し、(c)米国特許庁に登録しなければなりません。

二重特許拒絶に対する応答としてのターミナル・ディスクレーマは、ディスクレーマの一種です。

---

[89] ディスクレーマの料金は2018年度160ドルです。

米国特許訴訟入門

第7章

特許侵害

75. 特許侵害の分析

（Analysis of Patent Infringement）

　特許侵害の分析には、(a)クレーム解釈、(b)侵害分析対象（イ号）の特定、(c)クレームと侵害対象の比較による文言侵害分析、(d)均等論侵害の分析、という順で進められます。

●クレーム解釈(Claim Interpretation、Claim Construction)

　特許侵害の分析の第一歩はクレームの解釈です。裁判において、陪審員と裁判官がいる場合に、クレーム解釈を最終的に決定するのは、裁判官とされています[90]。クレーム解釈において、決定的に重要な文書は、内部証拠と呼ばれるクレーム、明細書、そして審査経過の3つです。これらにより明確に定義されていない場合は、辞書や専門家証言などの外部証拠を利用することができます。しかし、これらの外部証拠はあくまでも、クレーム、明細書、そして審査経過に基づくクレーム解釈を補助するもので、クレーム、明細書、または審査経過により明らかなクレーム用語の意味を変えることはできません[91]。

●侵害分析対象の特定(Identification of Subject)

　侵害分析には、その分析の対象が特定されなければなりません。物カテゴリのクレームに関する侵害分析においては、具体的な装置や製品が特定されることが多いでしょう。方法カテゴリのクレームに関する侵害分析においては、対象となる方法において、何が行われているかを具体的に特定する必要があります。物クレームであれば、構造や材質など、方法であれば、工程や条件など、クレームの構成要件に基づいて、表現される必要があります。

　また、仮想的な物や方法に関して、侵害分析が行われることもありますが、この場合も、クレームの構成要件に基づいて判断できる程度の情報が

---

[90] *Markman v. Westview Instruments*, 517 U.S. 370 (1996).

[91] *Phillips v. AWH Corp.*, 415 F.3d 1303 (Fed. Cir. 2005).

特定されることが必要です。

●文言侵害(Literal Infringement)

侵害分析の対象が、解釈されたクレームの構成要件を、記載されたままにすべて満たしている場合に、文言侵害となります。クレームの限定をすべて満たしている場合でも、逆均等論が適用され非侵害となることがあり得ますが、きわめて稀な例外的な場合に限定されます。侵害分析の対象が、たまたまクレームの限定をすべて満たしていても、偶然の一致であり、同じ発明とするにはその機能や態様があまりにも異なっているような場合です。

●均等論侵害(Doctrine of Equivalents)

クレームの一部の構成要件を文言どおりに満たしていなくても、均等論侵害となることがあります。

均等論の適用においては、オール・エレメント・ルール[92]が適用され、クレームの構成要件それぞれに対応するものがなければなりません。しかし、ここでの対応は必ずしも1対1の対応でなくてもかまいません。そして被疑侵害対象において、クレームの構成要件のいずれかに対応するものが欠けている場合は、均等論は適用されず、均等論侵害はないことになります。

侵害分析の対象がクレームの構成要件のすべてに関して対応するものを備えている場合は、クレームの構成要件と異なる部分に関し、クレームの構成要件との差異が「非実質的(insubstantial)」かどうかの分析をします。この分析の方法として、Graver Tank事件最高裁判決(1950年)[93]が適用した「機能、方法、結果(function, way, result)」テストが最もよく用いられます。そして、機能、方法、結果のいずれかの差異が非実質的でなければ、均等ではないとされます。「機能、方法、結果」テストが適用できないときには、当業者にとっての置換の容易性も均等論の判断の指標になります。

---

[92] *Pennwalt Corp. v. Durand - Wayland, Inc.*, 833 F.2d 931 (Fed.Cir.1987) *(en banc).*

[93] *Graver Tank & Manufacturing v. Linde Air Products*, 339 U.S. 605 (1950).

[94] *Festo Corp. v Shoketsu Kinzoku Kogyo*, 535 U.S. 722 (2002).

●均等論適用を阻む要因

均等論適用を阻む要因としては、(1)審査経過禁反言と、(2)先行技術を挙げることができます。

審査経過禁反言は、審査経過の補正や主張によって出願人が放棄したと、競争相手が合理的に結論することができる事項に適用されます。

Festo事件最高裁判決(2002年)[94]では、クレームを減縮する補正をした場合、その減縮部分は放棄されたものと推定(審査経過禁反言の推定)され、この推定が覆されなければ、均等論は適用されないとしています。

侵害分析の対象が、先行技術の実施である場合、これに均等論を適用して侵害とすることはできません。したがって、先行技術の実施は、均等論侵害に対する抗弁になります。一方、文言侵害に対して先行技術の実施は抗弁になりません[95]。この場合は、特許の無効の抗弁をする必要があるでしょう。」

Warner-Jenkinson 事件
最高裁判決[1] (1997)
均等論の要件と審査経過禁反言

この事件で争われた特許クレームにはpH 約6.0−9.0の限定があり、この限定は、審査過程で先行技術がpHが11以上を好ましいとしていたのを回避するために追加されたものでした。被告製品のpHは5.0であり、これが侵害するかが争われました。

最高裁はまず特許侵害訴訟における侵害の均等論侵害の必要性と、均等論適用と模倣の「意図」は無関係であることを再確認しました。そして均等論侵害の判断は、発明全体としてではなく、構成要件の1つ1つの対応を見た上でしなければならず、対応する構成要件を欠く場合は均等論はないとしました(All Elements Rule)。そして均等とは差異が非実質的であることであり、判断時点は侵害時点であることを明らかにしました。

また特許性に関わる理由によりクレームの減縮補正をした場合、審査経過禁反言により均等論の適用が制限され得るとしました。そして、クレームの減縮補正で補正理由が示されていないときは、特許性のため補正されたものと推定され、特許権者がそれを覆す立証をしない限り、審査経過禁反言が適用されると判示しました。均等論の適用基準については、CAFCの専門性に委ねるとしました。事件の特許については、pHの下限の限定が特許性に関わる補正であったかどうかを審理するため、下級裁判所に差戻しました。

---

[1] *Warner-Jenkinson v. Hilton Davis Chemical*, 520 U.S. 17 (1997).

---

[95] *Cordance Corp. v. Amazon.com*, Case No. 10−1502（Fed. Cir. 2011）

Festo 事件最高裁判決[1] (2002)
減縮補正と審査経過禁反言

この事件は、クレームの補正に関する均等論と審査経過反言の適用についての最高裁の考え方を示す重要なものです。

Warner-Jenkinson 最高裁判決[2] (1997)と関連する審査経過禁反言について、2000年に Festo 事件大法廷(en banc)判決[3]は、(1)特許性に関わる補正とは新規性や進歩性に関わるものに限らず、記載不備に関する補正も含む、(2)審査官の拒絶理由に直接関係しない自発的な補正も同様に扱われる、(3)審査経過禁反言が働くと均等論は適用されない、(4)補正理由の説明がない補正でも均等論は適用されない、と判示しました。この CAFC 判決は、均等論に関して裁判所の判断が予測しやすくなるとして、歓迎する意見と、補正により減縮されると機械的に均等論の適用がなくなるなど、その画一性を批判する意見があり、最高裁の判断が待たれておりました。

Festo 事件最高裁判決(2002)は、上記(1)と(2)については CAFC の考え方を支持しましたが、(3)と(4)の点では、審査経過禁反言は、出願人の主張から合理的に導き出されるべきものであり、CAFC 判決の画一的な適用を批判しました。そして、補正によりクレームが減縮されたものでも、均等物が予測できなかった場合や、補正と均等物との関係が希薄な場合、その他その均等物をカバーするクレームの作成を出願人に期待することが困難である場合には、均等論の適用があり得ると判示しました。

この最高裁判決では、CAFC 判決と異なり、減縮補正して審査経過禁反言の適用が推定されても、反証によりこの推定を覆すことができること、さらに審査経過禁反言が適用されたとしても、均等論が画一的に禁止されるわけではないとされています。しかし、Festo 最高裁判決もクレームの減縮補正により、減縮された部分は放棄(surrender)されたものとの推定(presumption)が働くことは認めていますので、特許権者は、この推定を覆す立証が求められることにより、均等論の適用に一定の制限を設けています。したがって、審査経過禁反言の適用が推定されながら、推定を覆して均等論が認められることは非常に難しくなっています。

[1] *Festo Corp. v. Shoketsu Kinzoku Kogyo*, 535 U.S. 722, 122 S. Ct. 1831 (2002).
[2] *Warner-Jenkinson v. Hilton Davis Chemical*, 520 U.S. 17 (1997).
[3] *Festo Corp. v. Shoketsu Kinzoku Kogyo*, 234 F.3d 558 (2000).

76. 特許侵害の形態

（Ways of Patent Infringement）

●直接侵害（Direct Infringement）（271条（a））

　米国特許法271条は特許侵害について定めています。最も基本的な特許侵害の形態は、「特許の存続期間中に、米国内において、権限なく特許発明を生産、使用、または販売する」ことです。また、販売の申し出も販売と同様に侵害になりますし、米国への輸入も侵害になります。特許侵害は、クレームの構成要件の全てを満たすことが必要です。侵害者自身が侵害行為を行う場合、直接侵害と言います。直接侵害は、無過失責任であり、特許を知らなかったり、特許侵害をしないように事前に特許調査をしていたりしていても、抗弁にはなりません。

　なお、米国の特許侵害の規定には「業として」に相当する限定がありませんので、個人的な利用であっても一応特許侵害になります。

●侵害の誘導と寄与侵害（Inducement of Infringement）
（Contributory Infringement）（271条（b）、（c））

　さらに、自分自身が特許発明を生産、使用、販売、または輸入しなくても、他者による特許侵害を積極的に引き起こすと、侵害の誘導として、侵害者としての責任が生じます。侵害の誘導において、特許無効を確信していたことは抗弁になりません[96]。

　また、クレームの構成要件の全てを満たしていなくても、「寄与侵害」といって、特許侵害となることがあります。例えば、特許された機械、製品、組成物の構成部分や、特許された方法を実施するために使用される材料や装置であって、（a）その発明の重要部分をなし、特許の侵害に使用するために特別に製造あるいは改造されたものであり、しかも（b）実際上特許を侵害せずに使用することのできる一般的商品でないことを、（c）知りながら販売することも、侵害行為とされます。

---

[96] *Commil USA, LLC v. Cisco Systems*（S. Ct. 2015）.

●侵害行為に対する特許権者の権利(271条(d))

特許権者は、特許権の侵害または寄与侵害行為に対し、救済を受ける権利があり、以下の行為は、そのための正当な行為として、認められており、これらの行為を行なったことにより、救済を否定されたり、特許権の濫用または特許権の不当な拡大とされたりしないものとされています。

(1)他人が特許権者の同意なしに実施すれば特許の寄与侵害となる行為から収益を得ること

(2)特許権者の同意なしに実施すれば特許権の寄与侵害となる行為について、他人に実施許諾すること

(3)特許の侵害または寄与侵害に対して特許権を行使しようとすること

(4)特許権につき、ライセンスを拒否すること

(5)特許に関する権利のライセンスまたは特許製品の販売につき、他の特許権に関するライセンスの取得、または他の製品の購買を、条件として課すこと(ただし、条件を課されたライセンス、または販売に関わる特許または特許製品の関連市場において、特許権者が市場支配力を有すると認められる場合には、制限されます)

77. 輸出入による特許侵害

(Infringement of Patent through Import and Export)

　米国特許法271条(a)は、特許発明を輸入することを特許侵害と規定していますが、さらに、271条(f)は海外組立用輸出による特許侵害について、また271条(g)は特許製法で製造された製品の輸入による特許侵害について規定しています。

●海外で組み立てるための全体または主要部の輸出(271条(f)(1))

　特許製品を海外で組み立てるための輸出も侵害となり得ます。すなわち、特許発明の構成部品が、全体もしくは部分的に組み立てられていなくても米国内で組み立て可能な状態にあり、もし米国内で組み立てれば特許権を侵害するものであるときに、そのような構成部品のすべてまたは要部を[97]、米国内もしくは海外へ許可なく供給したり供給させたりすることは、侵害とみなされます。

●特許発明の実施にしか使えない特製部品の輸出(271条(f)(2))

　特許発明の実施のために特に製造され、または改造された特許発明の部品であって、特許を侵害しない用途に用いられる一般的商品ではない部品は、その部品が全体または部分的に組み立てられていなくても、その部品が米国内で組み立てられれば特許を侵害するように製造されることを知り、かつそのことを意図していた場合は、米国内もしくは海外へ供給したり供給させたりすることは、侵害とみなされます。

●特許製法で製造された製品の輸入(271条(g))

　特許製法で製造された製品の輸入については、米国特許の方法により製造されたものを、権限なく米国に輸入し、米国内での、その物の輸入、販売あるいは使用が、特許の有効期間中に行われる場合、これらの行為は、

---

[97] 271条(f)(1)の侵害となるには、輸出する構成部品は、複数である必要があります(*Life Technologies v. Promega* (S. Ct. 2017))。

侵害とみなされます。

　特許方法により製造された製品であっても、特許方法による製品と認められなくなる場合があります。そのような場合としては、(1)製造後の加工により、実質的に変更が加えられた場合、または、(2)他の製品の重要でない部品とされた場合があります。

　特許製法で製造された製品による特許の侵害においては、特に製品の輸入、使用、あるいは販売についての侵害への救済が不充分な場合を除き、業としない使用、あるいは小売り販売による侵害に対しての救済は認められません。

eBay 事件最高裁判決[1]（2006）
本案差止めの要件

　eBay 事件最高裁判決は、差止めを武器に法外な和解金を得ようとするパテント・トロールを抑制する大きな意義のある判決ということができます。

　この判決以前、特許侵害と特許有効が認められた場合、CAFC は特別な事情がない限り、殆ど自動的に本案差止めを認めていました。これに対して、eBay 社は、差止めは衡平法による救済であり、衡平法の原則に基づいて判断されるべきと主張しました。衡平法の原則によると、原告は次の4項目立証しなければなりま

せん。(1) 原告が回復不能の損害を受けていること、(2) 金銭的救済では不充分であること、(3)差止めの有無と当事者間の苦痛のバランスを考慮して救済が正当であること、及び(4)差止により公衆の利益が損なわれないこと、の4項目です。

　米国最高裁は、特許訴訟における差止めも衡平法の原則に基づいて判断されるべきであると判決しました。パテント・トロールは、特許製品を製造していないので、前記の4項目を立証することが難しいため、差止めが認められる可能性が低くなりました。すなわちパテント・トロールにとって、和解金を引上げるための武器の1つが、eBay 事件最高裁判決によって失われたと言えます。

---

[1] *eBay Inc. v. MercExchange*, 547 U.S. 388 (2006).

78. 医薬の認可申請による特許侵害

(Infringement by Application for Approval of Drug)

●医薬認可申請のための適切な行為(271条(e))

　米国特許法271条(e)は、医薬の認可申請に関して特別の規定を設けています。まず、医薬の認可申請に関して情報提出のための適切な行為として、医薬、または獣医用生物製品の生産、使用、または販売を規制する連邦法の下での開発および情報提出に適切に関連する使用のためにのみ特許発明を生産し、使用し、販売することは、侵害行為ではないものとされています(ただし、連邦食品医薬品化粧品法に規定される動物用医薬または獣医用生物製品であって、主として再結合DNA、再結合RNA、交配技術、あるいは他の特別遺伝子操作技術を含む方法を用いて製造されるものは除かれます)。

●医薬の認可申請による侵害

　医薬の認可申請による侵害としては、申請の目的が、特許権の満了前に、特許において、それ自体あるいはその使用がクレームされている医薬または獣医用生物製品を業として製造し、使用し、販売することの認可を得ることにある場合は、書類を提出すること自体が侵害行為とみなされます。

　このような許可のための手続としては、医薬に関して連邦食品医薬品化粧品法505条(j)項による簡略新薬申請または同法505条(b)(2)項に記載の新薬申請、主として再結合DNA、再結合RNA、交配技術、あるいは他の特別遺伝子操作技術を含む方法を用いずに製造される医薬、または獣医用生物製品の同法512条による申請があります。

米国における侵害訴訟件数

　米国における侵害訴訟件数は、1990年に約1,000件程度であったのが、増加の一歩をたどり、2004年には3,000件を超えました。その後は2009年まで横ばい状態でしたが、2010年から2013年まで急激に増加して6,000件を超えました。2012年から2013年の急激な増加の原因として、AIAにより、同じ特許でも複数の被告をまとめることができなくなったことが挙げられます。その後2014年には減少に転じましたが、その原因の1つとして、訴訟の前哨戦となる米国特許庁での当事者系レビュー（IPR）が増加していることが挙げられます。また、2014年4月のOctane事件最高裁判決が影響していると思われます。それまで、原告は敗けても、相手方から賠償金が取れないだけでしたが、Octane判決により、提訴が悪質な場合は、相手方の弁護士費用まで負担させられるリスクが生じたのです。

　米国では提訴する前に交渉する場合もありますが、提訴後に交渉が本格化することが多いです。提訴後ディスカバリに入る前に約25%は和解し、ディスカバリの進行中に60%近くが和解またはサマリ・ジャジメントにより決着します。そしてさらに10%以上は公判の直前に和解します。そのため、侵害訴訟が提訴されても公判に至る割合は5%以下です。

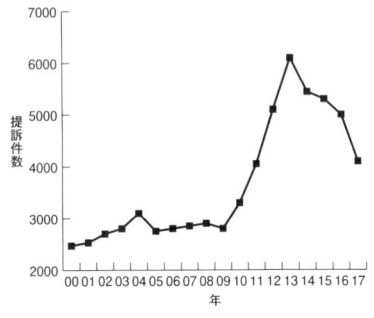

出典は Judicial Facts and Figures（US Courts）

79. 侵害に対する抗弁

（Defence to Infringement allegation）

●侵害に対する抗弁の条文規定(282条(b))

　米国特許法は侵害に対する抗弁として、次のものを挙げています。(1)非侵害、侵害責任の不存在、又は権利行使不能、(2)特許法第Ⅱ部(100条－212条)の違反による特許又はクレームの無効、(3)112条(明細書とクレームの記載要件)又は251条(再発行の要件)の違反による特許又はクレームの無効(但しベスト・モード要件違反は除く)、(4)その他特許法で抗弁とされる事実又は行為、です。主なものとしては次のようなものがあります。

●特許非侵害(Non-infringement)

　対象となる物や方法が、クレームの構成要件のいずれかを満たしておらず、その差異が些細なものでなければ、非侵害を主張することができます。

●先行技術によるクレームの無効(新規性と進歩性)(Invalidity)

　クレームの全ての構成要件が、クレームに記載されたままに先行技術に開示されているか、クレームが先行技術に開示されたものを包含する場合は、その特許クレームは新規性を満たしていないことになります。

　また、クレームの全ての構成要件が、クレームに記載されたままに先行技術に開示されていなくても、当業者にとって自明であれば、進歩性要件を満たしていないことになります。

●特許適格性の欠如(Patent Ineligibility)

　Miriad 事件判決[98]以前は、自然生成物であっても、新規性と有用性があれば、物質特許になることがありました。また、Alice 判決[99]以前のソフトウェア特許には、現在の基準から見ると、抽象的アイデアをクレームしたとされ得るものがあります。また、情報の収集・保存・比較や整理、人間活動の管理など、現在の基準から見ると問題のありそうな特許もあります。

---

[98] *Association for Molecular Pathology v. Myriad Genetics*, 569 U.S. 576 (2013).
[99] *Alice Corp v. CLS Bank*, 134 S. ct. 2347 (2014).

●明細書の記載要件違反

　明細書の記載要件は、(1)発明が記載されていること（発明記述要件）、(2)発明が実施可能な程度に開示されていること（実施可能要件）、(3)最良の形態が開示されていること（ベスト・モード要件）の３つです。この内、ベスト・モード要件違反は、特許侵害の抗弁としては認められません[100]。

●クレームの記載要件違反

　クレームは、出願人が自分の発明と考える対象を特定し明確に記載しなければなりません。そして、クレームの記載が、当業者にとって、発明の範囲を合理的な確かさで理解できるものでないと、不明確として無効にされます。特にミーンズ・プラス・ファンクション形式のクレームは、その機能を果たす、明細書に開示された対応構造が明確にされていないことが多く、無効とされる割合が高くなっています。

●特許の権利行使不能（審査過程の不公正行為）(Inequitable Conduct)

　特許出願に関与している者は、特許性に関して重要なすべての情報を米国特許庁に開示する義務を負います。知っている重要な先行技術を米国特許庁に提出しなかった場合、特許訴訟において、不公正行為として認定され、特許権の行使が認められなくなることがあります。

　また、それ以外にも米国特許庁を欺くような行為があると不公正行為とされます。

●特許権の消尽(Exhaustion of Patent Right)

　特許権者が製品を一旦販売すれば、特許権者が意図する制限に関わらず、その製品の特許権を全て消尽させ、米国外での販売でも、米国内の販売と同様、特許権者が製品を一旦販売すれば、その製品の特許法上の権利は全て消尽し、特許権者は、特許製品の転売や使用を制限することはできず、後の所有者に特許権は及びません。

---

[100] 282条(b)(3)(A)

●特許製品の修理(Repair)

　特許製品の修理にとどまる行為、例えば、部品の一部を交換しても特許侵害にはなりません。また、特許のプリンタ・カートリッジに単にインクを詰めて再利用することは、特許侵害にはなりません。

●暗黙のライセンス(Implied License)

　暗黙のライセンスは、特許権者の意志表示や態度がどのようなものであったか、というような事実が問題になるものと、特許権者の意図とは関係なく、状況から解釈されるものがあります。例えば、特許権者から製品を購入した場合、その製品が、特許発明の実施以外に使い道がないような物である場合は、暗黙のライセンスがあったとの解釈が可能になります。

●先使用権(Prior User Rights)(273条)

　米国における先使用権は方法特許全般、及び製造その他の商業的プロセスにおいて内部的に使用される物の特許に関して認められています。なお米国特許法下の先使用権は、米国内での使用に限定され、米国外での先使用に基づいて侵害の抗弁とすることはできません。先使用に基づく抗弁をするためには、(A)クレーム発明の有効出願日、または、(B)出願前に発明者等がクレーム発明を公然と開示していた場合はその開示日の1年以上前に商業的に使用していた事実が必要です。その先使用の事実の立証責任は抗弁する者が負い、「明白で説得力のある証拠」という高い基準で立証することが求められます。

●実験的使用(Experimental Use)

　科学的実験や効果の追試などのために特許発明を使用することは判例法により、特許侵害の例外とされています。しかし、CAFCは、業務としての研究に実験的使用の例外は適用されないとし、企業の研究は勿論、大学の研究も業務として行っているのだから実験的使用の例外にはならないとした判例があり、かなり限定される可能性があります[101]。

---

[101] *Madey v. Duke University*, 307 F.3d 1351, 1362 (Fed. Cir. 2002).

●独禁法違反 (Antitrust Violations)

特許侵害訴訟において、特許権者の独禁法違反の反訴がなされることが多い時代がありましたが、最近は非常に少なくなっています。特許権の行使は正当なものであっても、必然的に独占権を伴い、独禁法違反かどうかは、合理の原則 (Rule of Reason) が適用されます。例えば、特許権者が、特許無効の提訴をしないことを条件に、競合会社に金銭を支払う場合、それが、無効になる可能性の高い特許を維持するためのものであれば、独禁法違反になります。しかし、それが、訴訟の負担を避けるための合理的な金額であれば、合理的な経営判断として、独禁法違反にならないこともあり得ます。

Graver Tank 事件
最高裁判決[1] (1950)
均等論侵害とその判断基準

　この判決は古いものですが、均等論侵害を確立したものとして、高く評価されています。問題の特許は溶接フラックスに関するもので、アルカリ土類金属のケイ酸塩を含むのに対し、被告のフラックスは、アルカリ土類金属ではなく、マンガンのケイ酸塩を含むものでした。最高裁は、侵害者は、特許を利用し、自明な

置換によって、侵害を免れようとするので、特許は、実質的に同じ機能を持ち、実質的に同様に達成し、実質的に同じ結果を得るものから保護されると判示しました。この「機能、方法、結果 (function-way-result)」テストは、万能ではありませんが、今も均等論の適用に当たって有力な判断基準とされています。また、特許クレームの方法や装置との差異が「非実質的」なものは、均等とされること、また、クレームのものと、被疑侵害者が変更したものとの互換性を、当業者が認識していたかどうかが重要であるとしました。

---

[1] *Graver Tank & Mfg. v. Linde Air Products*, 339 U.S. 605, 70 S. Ct. 854 (1950)

80. 特許権の消尽、修理と再構成

(Exhaustion of Patent Right)(Repair and Reconstruction)

●特許権の消尽(First-Sale Doctrine)

特許権の消尽の原則は、米国では「First-Sale Doctrine」といわれます。典型的には、特許権者自身または実施権者が特許製品を一旦販売した場合、その販売により特許権は消尽するとされ、その後に更にその製品に関して、特許権を行使することができないことを言います。このため、その特許製品を購入した者は、その特許製品を自分で使用しようが、他人に貸そうが自由ですし、転売することもできます。特許において、特に消尽が問題になる場合には、修理と再構成の区別や、並行輸入の問題があります。

●並行輸入(Parallel Import)

並行輸入とは、例えば、米国特許権者が、米国外で販売している米国特許製品(正規製品)を入手した者が、米国特許権者の承諾を得ることなく、米国に輸入することです。この場合、その製品が販売されていた国の特許権は消尽していますが、米国特許権が消尽しているか否かに関しては、2通りの考え方があります。

1つは、「国際消尽」と言って、外国の特許権のみならず、その特許製品についての米国特許権も含めて、国際的にも消尽するという考え方です。もう1つは、ある国において、ある発明につき成立した特許権は、同じ発明であっても、他の国の特許権とは相互に独立した関係にあるとの考え方もあります。この考えによれば、ある国での適法な販売により、特許権が消尽したとしても、米国特許権が消尽するとは言えないとするものです。CAFC は、正規製品の輸入や譲渡等は特許権侵害となるとしていました[102]。

しかし、2017年の Impression Products 事件最高裁判決[103]は CAFC の

---

[102] *Jazz Photo v. ITC*, 264 F.3d 1094 (Fed. Cir. 2001). *Fuji Photo Film v. Jazz Photo*, 394 F.3d 1368 (Fed. Cir. 2005)(CAFC は、米国特許法は、外国には及ばないので、外国での製造販売は、米国特許の消尽に影響しないとしていました。
[103] *Impression Products v. Lexmark* (S. Ct. 2017).

判決を覆し、特許権者が製品を一旦販売すれば、特許権者が意図する制限に関わらず、その製品の特許権を全て消尽させ、米国外での販売も、米国内の販売と同様、特許権者が製品を一旦販売すれば、その製品の特許法上の権利を全て消尽させると判決しました。特許権者は、特許製品の再販売を、特許法で制限できないが、合法的な販売契約により、特許製品購入者による再販売を制限することはできるとされていますが、この場合の救済は購入者の契約違反に限定されるように思われます。日本の最高裁判例と似ていると思われますが、後の所有者を制限できるのかどうか疑問です[104]。

●修理と再構成(Repair and Reconstruction)

特許製品を修理する際に、一部の部品の交換を行っても、特許侵害にはなりませんが、大々的な部品の入替になると、修理ではなく再構成になり、実質的に新たな特許製品の製造として特許侵害になります[105]。その都度特許製品の一部の部品の交換であれば修理ですが、大々的な部品の入替になると再構成になります。また、その修理の際に、多少の改良が加えられても、そのことにより再構成にはなりません[106]。

---

[104] 日本でも平成9年7月1日のBBS事件最高裁判決は、特許権者が、日本国外で特許製品を譲渡した場合には、その譲受人との間で、特許製品の販売先等を制限する特段の合意があり、その合意が当該特許製品に明示されていなければ、譲受人及び後の所有者に対して特許権は及ばないとしています。

[105] *Aro Mfg. Co. v. Convertible Top Replacement*, 365 U.S. 336 (1961).

[106] *Wilbur–Ellis Co. v. Kuther*, 377 U.S. 422 (1964).

81. 先使用に基づく侵害抗弁(先使用権)

(Defense to Infringement based on Prior Commercial Use)
(Prior User Rights)

●先使用に基づく侵害抗弁

　米国における先使用権は1999年法で初めてビジネス方法特許に関してのみ認められるようになりました。さらに新法(AIA)では、方法特許全般、及び製造その他の商業的プロセスにおいて内部的に使用される物の特許へとその対象範囲が拡大されました。市販される製品に関して先使用権はありません。なお米国特許法下の先使用権は、米国内での使用に限定され、米国外での先使用に基づいて侵害の抗弁とすることはできません。

●先使用に基づく侵害抗弁の要件(273条(a)(2))(273条(b))

　先使用に基づく抗弁をするためには、(A)クレーム発明の有効出願日、または、(B)出願前に発明者等がクレーム発明を公然と開示していた場合はその開示日の1年以上前に商業的に使用していた事実が必要です。その先使用の事実の立証責任は抗弁する者が負い、「明白で説得力のある証拠(Clear and Convincing Evidence)」という高い基準で立証することが求められます。

●商業的使用(Commercial Use)(273条(c))

　商業的使用を行うために認可が必要な場合、その認可申請後の審査期間中は、すでに商業的に使用されているものとみなされます。また、非営利機関の使用であっても、継続的な使用は商業的使用とみなされます。

●先使用権による消尽効果(Exhaustion of Right by Prior Use)(273条(d))

　先使用権を有する者が、特許方法で製造した製品を販売・譲渡した場合、特許権は、その製品には及びません。このように、先使用権は、特許権者の行為により特許権が消尽するのと同じ範囲まで、特許権を消尽させます。

●先使用権の属人性と譲渡(273条(e)(1)(A), (B))

　先使用権は属人的なものであって、その商業的使用を行っている者に限定され、先使用権を他人に許諾したり譲渡したりすることはできません。ただし、例外としては、企業全体又はその事業部門の善意の譲渡による移転に付随する場合などは、移転することができます。

●先使用権の場所の制限(273条(e)(1)(C))

　先使用権が、譲渡又は移転の一部として取得された場合、先使用権は、特許の有効出願日、又は当該企業または事業部門の譲渡若しくは移転の日の内の遅い方の日前に使用されていた場所での使用についてのみ主張することができます。その後に拡大することはできません。

●大学特許の例外(University Patent Exception)(273条(e)(5))

　大学特許に対しては、先使用の抗弁をすることができないことになっています。大学特許とは、発明時に、大学または、1以上の大学のTLO(技術移転機関)に所有されていた発明に関する特許です。したがって、発明後に企業等に譲渡され、企業が特許権者になっても先使用の抗弁はできません。逆に企業の特許を大学が所有した場合は、ここでの大学特許に該当しません。

●悪質な先使用抗弁(Unreasonable Assertion of Defense)(273条(f)、285条)

　先使用に基づく侵害抗弁は、慎重に用意周到に行わなければなりません。特許侵害が認定され、先使用の抗弁がなされたにも拘らず、抗弁の合理的根拠を証明できなかった場合は、裁判所は、悪質な「例外的事件」であると認定することとされ、相手方弁護士費用を負担させることになっております。

　ただし、その先使用の事実の立証基準は「明白で説得力のある証拠」という高いものですので、先使用の抗弁が認められなかったら直ちに相手方弁護士費用の負担が命じられるというわけではありません。それでも、先使用の侵害抗弁は、慎重に行うべきことは確かです。

コラム

実験的使用の例外

　実験的に特許発明を実施することは、判例法で特許侵害の例外とされています。しかし、CAFC は、実験的使用の例外は、娯楽や、好奇心を満たすためなどに限定されるとしました。CAFC は、研究の目的に関係なく、侵害者の業務としての研究に実験的使用の例外は適用されないとしました。そして、大学の研究も業務として行っているのだから実験的使用の例外にはならないとしました。

　Madey 事件[1]の特許発明は実験用装置ですので、大学の実験で使用するといっても、業務として使用しているのだから実験的使用の例外にはならないというのは、妥当と思われます。なぜなら、特許発明の実験用装置は、そこでは実験的に使用されているわけではなく、研究業務の設備として使用されているからです。このような装置の使用まで実験的使

用の例外を適用したら、実験装置業界の特許は無意味なものになってしまいます。

　これに対し、特許発明の追試をするのは、好奇心を満たすだけなら実験的使用の例外になるが、業務として行うなら実験的使用の例外にはならないというのは、少し話が違うように思われます。特許発明を追試することは業務の一環であったとしても、特許発明の実施はあくまでも実験的に行われているのであり、少なくとも特許発明を業務として使っているわけではないからです。大学や企業の研究所で追試するにもライセンスが必要とするのは、現実的ではありませんし、研究開発の妨げになるでしょう。このあたりの区別は、Madey 判決後の判例でまだ明確にされていないように思われます。追試を特許侵害と仮定しても、それにより多額の損害賠償を得ることはできないでしょう。2002年の Madey 判決以来、追試に関して明確にされていないことは、現実にそのような提訴をする者がいないことを示しているのではないでしょうか。

---

[1] *Madey v. Duke University*, 307 F.3d 1351, 1362 (Fed. Cir. 2002).

第8章

特許訴訟の概要

82. 特許侵害訴訟の流れ

（Flow of Patent Infringement Litigation）

　米国特許侵害訴訟は、連邦裁判所の管轄となり、その手続は原則として連邦民事訴訟規則（FRCP：Federal Rules of Civil Procedure）と、各裁判所が定める規則（Local Rules）に従って進められます。

●訴訟の開始(Commencing an Action)

　訴訟は、原告が、事実関係の簡単な説明と請求の内容を記載した訴状を連邦地方裁判所に提出することにより開始されます。原告から被告に訴状が送達されると、被告は訴状で述べられたそれぞれの点に対して、認める、否認する、知らないのいずれかで答える答弁書を提出します。答弁とともに被告側から原告を訴える反訴をすることもあります。被告から反訴が提起されると、原告は反訴に対して応答書を提出します。

●ディスカバリ(Discovery)

　その後、裁判官と両当事者で会合が開かれ、公判までのスケジュールが決められるとともに、ディスカバリが開始されます。ディスカバリは、公判のための情報や証拠を収集し整理するための手続で、原則として、原告と被告の当事者間で行われます。ディスカバリにおいて、証拠の提出の要否などで争いが生じたときは、裁判官の判断を求めます。ディスカバリには、資料提出請求、証言録取（デポジション）、質問状、自白請求などがあります。ディスカバリは、通常の訴訟において１〜２年に亘り、大きな費用がかかります。事件の大半がディスカバリ中に和解しており、その進め方は重要です。

●サマリ・ジャジメント(Summary Judgment)

　事件の主要な事実に関して争いがなく法律問題のみである場合は、裁判官はサマリ・ジャジメントを下すことができます。裁判官がその申立を認めてサマリ・ジャジメントを下した場合は、公判を開くことなく第一審はそれで終了します。それ以外の場合は、公判の準備が進められます。

●公判(Trial)

　米国では、民事訴訟においても、陪審裁判を受ける権利が憲法により保証されているため、原告または被告の一方が陪審裁判を請求した場合、相手方の意志に関わらず、陪審裁判が行なわれます。公判に先立って陪審員の選定が行なわれます。

　公判では、まず冒頭陳述で原告が主要な事実およびその事実を立証する証拠について説明し、被告がこれに対抗する事実や抗弁とそれらを立証する証拠について説明します。次に、証人の尋問などの証拠調べが行なわれますが、先に原告の側から、原告が立証責任を負う事実に関してまとめて行なわれます。その後で被告の側から、被告が立証責任を負う事実に関しての立証が行なわれます。それぞれの証人尋問は、証人を呼んだ側が主尋問を行い、次に相手側の反対尋問が行われます。最後に原告と被告のそれぞれが最終弁論を行ないます。その後裁判官から陪審への説示が行なわれ、陪審員間の評議が行なわれます。評議の結果、陪審員の判断が決まりますと、陪審評決として法廷に報告されます。評決は原則として全員一致が要求されますが、訴訟当事者間で異なる合意をすることができます。

●第一審判決と控訴(Trial Court Judgment and Appeal)

　裁判官は、陪審評決に基き判決を下します。しかし、陪審評決の内容が、常識的な陪審が下すと思われる内容と乖離していると判断する場合は、裁判官は評決に従わない判決（JMOL：Judgment as a Matter of Law）を下すことができます。

　地裁判決の不服な当事者は、CAFC（連邦巡回区控訴裁判所）に控訴することができます。控訴審では、証拠調べは行なわれず、裁判記録に基づいてのみ、審理が行なわれます。CAFC の判決にさらに不服な当事者は、連邦最高裁判所に上告することができますが、審理するかどうかは最高裁の裁量になっており、すべて審理が行なわれるわけではありません。

特許侵害訴訟手続の流れ

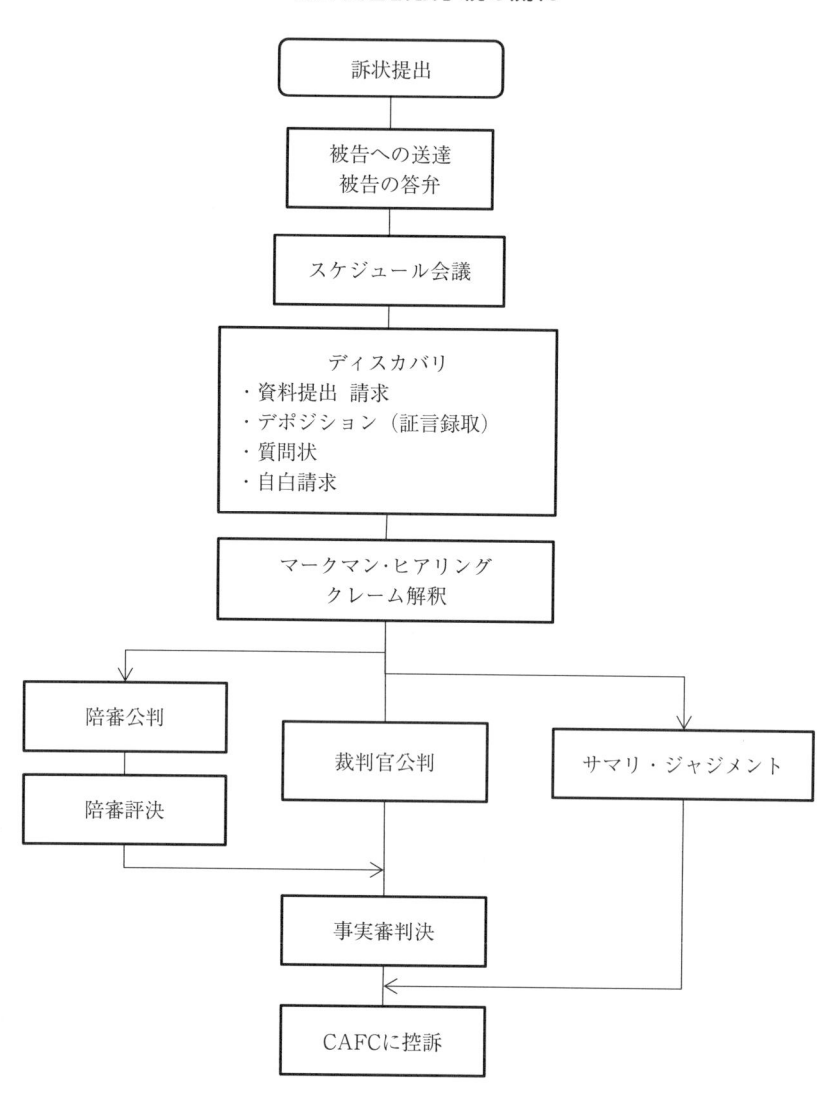

Teva 事件最高裁判決[1]
控訴審による地裁クレーム解釈の見直し基準

　この事件は、下級審クレーム解釈の、上級審による見直し基準に関するものです。一般にクレーム解釈は法律判断として、「全面的見直し(de novo)」基準が適用されています。この判決では、クレーム解釈でも、地裁が、専門家証人の証言を考慮して補助的事実についても判断しているような場合には、その判断が「明らかな誤り(clear error)」であるときにのみ覆されるべきとしたものです。

　この事件では、Sandoz 社は、Teva 社の医薬に関する特許無効の確認訴訟を提起し、クレーム中の薬の特定成分の「分子量」に関連して、3通りある意味のうちどの意味で解釈すべきかが特定されておらず、その不明確さは致命的であると主張しました。Markman ヒアリングで、クレーム用語の解釈に関して、専門

---

[1] *Teva Pharmaceuticals v. Sandoz*, 574 U.S. ＿ (2015).

家証人の尋問が行われ、証言に基づいて、地裁は、当業者の採用する「分子量」の意味は明確であるとしました。

　Sandoz 社は、地裁判決を不服として控訴し、CAFC は、クレーム解釈を全面的に見直し、地裁の判断を覆し、クレームの不明確さは致命的であり、特許は無効であると判断しました。

　Teva 社は上告し、最高裁は、補助的事実認定を含む地裁のクレーム解釈を見直すときの基準は、全面的見直しではなく、明らかな誤り基準であると判決しました。

　最高裁は、調書や当事者の指摘する部分のみを読む控訴審判事よりも、実際に証言を聞いた地裁判事が、特定の科学的問題や原理に関して習熟するために、より多くの機会を得ている場合は、その判断を覆すには「明らかな誤り」を見出す必要があるとしました。

　そして地裁の判決を見直すときに、CAFC は地裁の判断が明らかに誤りであるかどうか判断しないまま Teva の専門家証人の説明を斥けているとして、CAFC の判決を破棄し差戻しました。

83. 米国の特許侵害訴訟の特徴

(Characteristics of US Patent Infringement Litigation)

　米国の特許侵害訴訟制度は、次の点で日本の司法制度と大きく異なります。

●連邦裁判所と州裁判所との二本立て

　米国は連邦制ですので、各州は独立して立法、行政、司法制度を持っています。連邦裁判所では、連邦法上の権利に基づく訴訟や、原告と被告とが別の州民である事件を管轄しています。特許権は連邦法上の権利ですので、特許侵害訴訟は連邦裁判所の管轄になります。

●ディスカバリ手続

　ディスカバリは公判のための情報を収集し整理するためのもので、通常は訴訟の開始からすぐに始められ公判の直前まで続けられます。その期間は短くても半年、通常は1～2年かかります。資料提出請求、証言録取、質問状、自白請求などの形で行なわれます。ディスカバリは原告と被告の当事者間で行なわれますが、証拠の提出などで争いが生じたときは、裁判官の判断を求めます。この手続により相手側の情報が入手でき、訴訟結果の予測が可能になります。実際訴訟の多くは、ディスカバリの段階で和解したり、訴訟が取下げられたりしています。

●短期集中の公判

　日本では口頭弁論は長期間にわたって行なわれますが、米国の訴訟において公判は1～2週間の短期に集中して行われます。公判前のディスカバリ手続で、争点の整理と、証拠の収集と整理が行なわれ、公判では、それらの証拠に基づいて、裁判官や陪審員を説得するための、わかりやすく工夫を凝らしたプレゼンテーションが行なわれます。

●陪審裁判の存在

　米国では、民事訴訟においても、陪審裁判を受ける権利が憲法により保

証されているため、原告または被告の一方が陪審裁判を請求した場合は、相手方の意志に関わらず陪審裁判が行なわれます。陪審員は一般の市民から決められるため、複雑な技術の特許侵害訴訟に関しては、陪審裁判の妥当性を疑問視する意見も多くあります。

●事実審は第一審のみ

日本では控訴段階でも事実審理が行なわれますが、米国では第一審でしか行なわれません。控訴審では、第一審での事実認定が訴訟記録の証拠によって支持されているかどうかのみを見て、証人尋問などの証拠調べは行なわれません。

●懲罰的賠償制度

米国特許法は、特許権を故意に侵害した場合に損害賠償額を実際の損害額の3倍まで増額することを認めています。三倍賠償制度と呼ばれていますが、自動的に3倍になるわけではなく、裁判官の裁量で倍率が決定されます。故意侵害を避けるためには、事前に特許調査を行ない、侵害のおそれのある特許に関しては、米国特許弁護士の鑑定を得る必要があります。

84. 裁判管轄と裁判地

（Jurisdiction）（Venue）

●裁判管轄の意義

　裁判管轄には、被告の保護や裁判の便宜や両当事者の公平性などが求められます。提訴するためには、どこの裁判所に訴えるかを決める必要がありますが、原告が勝手に決めることができるわけではありません。例えば、東海岸に居る原告Ｐが、自分の住む州で、西海岸に住む被告Ｄを勝手に訴えることはできません。

　原告は、自ら裁判所を選んで提訴してくるので、その裁判所が原告に対して裁判権を行使することに特に問題はないのですが、被告は、そうではありませんので、被告にとっても公正になるようなルールが必要になります。

●裁判所のある州と裁判管轄

　米国では、州裁判所と連邦裁判所がありますが、人的管轄権については、同じ法律が適用されると考えてよいでしょう。ある州のある裁判所が、被告に対して人的管轄権を有するためには、被告がその州と最小限の接触（minimum contacts）を持っている必要があります。最小限の接触は、組織的で継続的な活動があるどうかにより判断され、その管轄権の行使が、伝統的なフェアプレイの精神と正義に反しないものであることが要求されます。

　例えば、被告の会社が、その州に子会社を持っている場合があります。その子会社が、名目的なもので、親会社の単なる出先機関に過ぎないものであれば、親会社が組織的で継続的な接触を有することになります。このような判断のための要素として、日常業務での親会社の関与、子会社の業務内容、管理職の重複、会計的分離などがあります。子会社が親会社の単なる出先機関に過ぎなければ、子会社の業務に関して、その州にある裁判所は、親会社に裁判権を行使することができます。

　インターネット上の活動は、その程度により人的管轄権の根拠となり得ます。例えば、ウェブサイトの広告情報にアクセスするだけでは不充分で、

最小限の接触を満たすには、さらに何らかの事業活動が必要です。一方、意図的で継続的な情報データの配信は、それだけで最小限の接触を満たします。

●特許事件と裁判管轄、裁判地

特許権者が原告として提起する特許侵害訴訟の場合、請求は特許権という連邦法上の権利に基づくものですので、第一審は連邦地方裁判所の管轄になります。

どこが特許侵害訴訟の裁判地（venue）となるかについて、米国最高裁は、被告会社が米国企業の場合その設立された地区の裁判所、又は、正規の定着した営業所をもちかつ侵害行為を行っている地区の裁判所のみであるとしています[107]。一方、米国内にそのような場所を持たない外国企業ですと、その州との最小限の接触があれば、人的管轄権が成立し、その州で訴えられ得ることになります。被告外国企業の被疑侵害製品が販売されている州であれば、管轄が認められる可能性があります。

---

[107] *TC Heartland v. Kraft Foods*（S. Ct. 2017）

85. 訴状と答弁書

(Complaint)(Answer)

●訴状(Complaint)

　訴訟は、原告が、事実関係の簡単な説明と請求の内容を記載した訴状を裁判所に提出することにより開始されます。訴状に記載しなければならない事項は、(1)裁判管轄(Jurisdiction)の根拠、(2)請求の原因(Claim：救済を求める根拠となる事実関係の説明)、(3)請求の趣旨(Relief：判決で求める救済の内容)です。

　原告は、訴状を裁判所に提出してから120日以内に被告に送達しなければなりません。

　裁判管轄については、裁判管轄が適切であることを説明します。

　請求の原因は、要するに原告が特許権を所有していること、被告が侵害行為を行なっていることです。

　請求の趣旨は、一般に被告に侵害行為をやめさせること、原告が被った損害の賠償を被告に命ずることなどがあります。

●答弁書(Answer)

　原告から被告に訴状が送達されると、被告は送達の日から20日以内に答弁書を提出します。答弁書において被告は、訴状で述べられたそれぞれの点に対して、認める、否認する、知らない、のいずれかで答えます(認否)。被告が認めた事項に関しては、原告は立証する必要はなくなります。不知(知らない)は否認と同じ扱いとなり、主張する者が立証責任を負います。

　被告は原告の主張の認否の他に、抗弁を行ないます。また、答弁とともに被告側から原告を訴える反訴をすることもあります。抗弁としては、特許権者が原告として提起した特許侵害訴訟の場合、被告は侵害行為の存在を否認する他に、特許権の無効、不公正行為による特許権行使不能などを主張します。これらは積極的抗弁(affirmative defense)といわれ、その主張に関しては、これを主張する被告が立証責任を負います。

　被告からの反訴がありますと、原告は反訴に対する応答書を提出します。特許侵害訴訟において、反トラスト法(独禁法)違反の反訴が行なわれるこ

ともあります。

●差止め仮処分(Preliminary Injunction)

　訴状の提出とともに差止めの仮処分の申立をすることができます。差止めを認めるかどうかの判断に当たって、裁判所は、(1)申立てた当事者(通常は原告)の勝訴の可能性、(2)差止めを認めない場合、回復不可能な損害があるか、(3)当事者の不利益のバランス、および(4)公益的配慮を総合して判断します。

Markman 事件最高裁判決[1](1996)
クレーム解釈は事実問題か法律問題か？

　この事件は、陪審員が侵害ありと陪審評決をしましたが、地裁はクレームの解釈から侵害はあり得ないと、陪審評決に従わない判決をし、CAFC もこれを支持しました。この事件は最高裁に上告され、クレーム解釈は、陪審員が行なうものか、裁判官が行なうものかが最高裁で争われました。

　最高裁は、解釈の技能に関しては、一般人である陪審員よりも裁判官の方が、その経験や訓練から相対的に優れており、特許クレームの技術的解釈は、裁判官が行なうべき法律的問題であると判示しました。

　この判決後、特許侵害訴訟において、陪審公判を行う前に、裁判官が、クレーム解釈のためのヒアリングを行なうことが多くなりました。このヒアリングは、この事件の名をとってマークマン・ヒアリングと呼ばれています。マークマン・ヒアリングが行われるようになり、クレーム解釈が主要な争点である事件など、公判が開かれることなく裁判官によるサマリ・ジャッジメントが下されることが多くなりました。

[1] *Markman v. Westview Instruments*, 517 U.S. 370, 38 U.S.P.Q.2d 1461 (1996).

86. ディスカバリ（証拠開示手続）

(Discovery)

●ディスカバリとは（Discovery）

ディスカバリは米国の訴訟において特徴的な制度で、公判のための証拠を整理するために、原告と被告の当事者間で事件に関する証拠の開示と収集を行なうのです。ディスカバリは原則として当事者間で行なわれますが、証拠の提出はなどで争いが生じたときは、裁判官の判断を求めます。ディスカバリには、質問状、自白請求、資料提出請求、デポジション（証言録取）などがあります。ディスカバリは、通常の訴訟において1、2年かかり、大きな費用がかかります。またディスカバリの状況により、事件の大半が和解しています。

●質問状（Interrogatories）

特許侵害訴訟での、質問状の内容としては、(1)関係人物の特定、(2)文書、記録の所在、(3)侵害製品に関する情報などが挙げられます。
質問状に回答する当事者は、質問の内容を正確に分析し、質問が、意味不明、事件と無関係、回答不能な内容でないかを検討します。また、回答する必要性及びその負担を検討し、回答する必要のあるものに対してのみ、簡潔に回答し、回答する必要のないものや、不当な負担を要するものに対しては、異議を唱えます。

●自白請求（Request for Admission）

自白請求は、相手方当事者に、特定の事実が真実であることや、特定の書類が真正なものであることなど、比較的に争いのない事項を確認することを求めるものです。質問状と同様の文書のやり取りで進められます。

●資料提出請求（Request for Production of Documents and Things）

提出を要求する資料の対象としては、事件に関連するあらゆる書類、物件が対象となります。これらの資料を不当に隠すことは許されません。営業秘密などを含め秘密文書も提出する場合することはできません。ただし、

－240－

第Ⅲ部　米国特許訴訟入門

秘密文書に関しては、相手方の弁護士は見ることができますが、相手方当事者は見ることができないことになっています。提出書類には、証拠としての特定のため頁単位で提出書類番号を付ける必要があります。

　資料提出請求に対しては、質問状と同様に、提出要求を正確に分析し、提出要求が、事件と無関係、秘密特権書類に関するものでないか、提出する必要性を検討し、さらにその負担を検討します。そして、提出する必要のあるもののみ提出し、提出する必要のないものや、不当な負担を要するものに対しては、異議を唱えます。これに対し、相手方の請求により裁判所が強制開示命令を出すことがあり、強制開示命令に従わないと制裁が課せられます。

●デポジション（Deposition、証言録取）

　デポジションは、公判に先立って証人を尋問して記録を作成する手続です。事件に関係するあらゆる人物を、デポジションの対象者として証言記録をとることができます。通常相手側または第三者の証人に対して行なわれます。デポジションの参加者は、(1)裁判所の記録担当者、(2)両当事者（の弁護士）、および(3)証人です。デポジションの場所は、米国領土内（在外大使館などを含む）で行なわれなければなりません。デポジションは、公判の証言の代わりになるものではなく、相手側が証人の証言内容を調べるためのものです。公判での証言と異なり、直接尋問と反対尋問の形式をとらず、デポジションを希望する側が一方的に質問を続けます。尋問をしない側の当事者は、質問の内容が不適切な場合に異議を唱えます。デポジションでの証人の供述要領としては、質問を充分に理解して質問された事項のみに簡潔に答えるのが原則です。

87. 特許訴訟の証人

(Witnesses in Patent Litigation)

●特許訴訟の証人(Witness)

特許侵害訴訟のディスカバリ段階で、様々な証人がデポジション(証言録取)の対象となります。

特許の発明者は発明過程、目的、効果等に関する証言が求められ、相手方の研究者は自社技術の技術内容や開発過程等に関する証言が求められることがあります。経営者は、企業の意図、政策に関する証言が求められることがあります。また、それぞれの当事者は、第三者専門家を雇って、特許、技術、損害賠償に関する専門家としての証言を求めることが一般的です。証人の種類としては、事実証人と専門家証人に大きく分けることができます。

●事実証人と専門家証人(Fact Witness and Expert Witness)

事実証人は、事実の直接的経験に関して証言する証人です。争点となっている事実に関する知識を有する者は誰でもなることができます。事実証人の証言は、原則として自分の直接的経験に限定され、意見の陳述はできません。

これに対して、専門家証人は、事実に関して証言するのではなく、専門的知識に基づく意見を述べる証人です。争点となっている事実に関して個人的な経験は必要とされません。技術内容の説明や分析、損害の算定根拠などでは、その分野の専門家が証言します。専門家証人の選定にあたっては、経歴や説明能力、人柄、当事者との利害関係などを検討する必要があります。

●個人証人と会社代表証人(Personal Witness and 30(b)(6) Witness)

事実証人には、事実の個人的直接的経験に関して証言する証人と、会社を代表する証人があります。会社を代表する証人は、連邦民事訴訟規則の30条(b)(6)に規定されているので、「30(b)(6) Witness(サーティ・ビー・シックス・ウィトネス)」と呼ばれます。会社代表証人は、社内の事情に

詳しい者が会社を代表して証言するものです。

　証言を要求する側は、証言を求める内容を相応に特定して(with reasonable particularity)記載しなければなりません。会社代表証人の人選は、証人を提出する会社が行います。社内で知られていた情報や、相応に流通していた(reasonably available)情報に関しては、証言しなければなりません。

●証人と弁護士の打合せ(Conference with Attorney)

　事実証人の証言は、あくまでも事実の個人的直接的経験に関して証言するものですが、証言の前に弁護士と打合せすることは認められています。打合せは、都合のよい事実を創り上げるためのものではありません。証言において事実を偽ると偽証罪が適用されることは、肝に銘ずる必要があります。打合せは、事実に基づいて証言内容を整理するためのものです。

　法廷での証言では、証人を求めた当事者の尋問の後に、相手方当事者の反対尋問が行われますが、ここで相手方弁護士は、様々な手段を用いて、自分達に有利に尋問を進めようとします。有利な証言を得ようとするばかりでなく、証人が信用できない人物であるかのような印象を陪審員や裁判官に与えようとすることもあります。このような反対尋問に、惑わされて混乱したりすることのないように、打ち合わせで準備する必要があるのです。

　また証言の最中に弁護士の助けを求めることはできません。法廷では緊張した証人が、予想外の証言をすることもあり得ます。証人側の弁護士にとって、状況をよりよく把握しておくことによって、そのような事態を最小限とするためにも、事前に打合せをする必要があります。

88. サマリ・ジャジメント

（Summary Judgment）

●サマリ・ジャジメント(FRCP56)

　事件の主要な事実に関して争いがなく、法律問題のみが争点である場合、当事者は、サマリ・ジャジメント（公判なしの判決）の申立をすることができます。

　裁判官はサマリ・ジャジメント（公判なしの判決）をすることができます。

　これは、公判は事実認定のために行われるものであり、事実関係に争いがない場合は、法律的な判断のみで判決することができ、理論的に考えても、事実を認定するための公判は必要ないからです。

　裁判官がその申立を認めてサマリ・ジャジメントを下した場合は、公判を開くことなく第一審はそれで終了します。サマリ・ジャジメントは、略式判決と訳されることがありますが、日本の略式手続のように口頭弁論を請求することはできません。

●マークマン・ヒアリング(Markman Hearing)

　マークマン・ヒアリングとは、裁判官が特許クレームを解釈するために専門家の意見を聞くために開く、公判前のヒアリング手続のことです。マークマン事件最高裁判決[108]は、クレーム解釈は、陪審ではなく、裁判官が決定すべき法律事項であると判示しました。それ以来、特許クレーム解釈のために、裁判官が公判前に開くことが多くなっています。
特許侵害訴訟において、当事者間でクレーム解釈に争いがある場合が殆どですので、クレーム解釈が確定することにより、侵害判断や判決の予測も容易になり、和解交渉が一気に進展する場合もよくあります。

　また、マークマン・ヒアリングでクレーム解釈を行った後にサマリ・ジャジメントが下されることがよくあります。クレーム解釈にのみ争いがあって、クレーム解釈が決まれば結論も決まるような場合、公判を開く必要はないからです。

---

[108] *Markman v. Westview*, 517 U.S. 370 (1996).

●サマリ・ジャジメントの申立と攻防

一方の当事者がサマリ・ジャジメントの申立をすると、相手方は通常これに反対する答弁書を提出しますし、また、相手方から異なる根拠でサマリ・ジャジメントの申立をすることもあります。

サマリ・ジャジメントの申立に対抗するためには、相手方は主要な事実に関して争いがあることを明らかにすることが求められるだけです。サマリ・ジャジメントの申立が認められることは、訴訟一般においてさほど多くはありません。また、サマリ・ジャジメントが下されて控訴で覆されることも頻繁にあります。しかし、サマリ・ジャジメントの申立がされますと裁判官はサマリ・ジャジメントを下すかどうかの決定が求められますし、申立てる側の主導で争点を明確にする議論を展開できますので、サマリ・ジャジメントの申立は多くの訴訟事件で提出されます。

89. 公判と陪審制度

(Trial)(Jury System)

●公判と陪審制度

　米国では、刑事訴訟のみでなく民事訴訟においても、陪審裁判を受ける権利が憲法により保証されています。そのため原告または被告の一方が陪審裁判を請求した場合は、他方の意志に関わらず陪審裁判が行なわれます。どちらの当事者も陪審裁判を請求しなかった場合にのみ、裁判官による公判となります。陪審は通常は、事実認定に関する矛盾する証拠の評価や、証言の信憑性などに関しての判断を行ないます。また陪審裁判の請求において、特定の争点のみを陪審に付すように請求することもできます。

●陪審員の選定(Jury Selection)

　陪審公判に先立って陪審員の選定が行なわれます。陪審員の選定では、無条件忌避(Peremptory Challenge)といって３人までは理由を言わずに忌避することができます。さらに条件付忌避(Challenge for Cause)といって、候補者の偏見や、当事者との関係など正当な理由があれば、何人でも忌避することができます。公判が終わるまでに正規の陪審員と補欠も選びます。

●公判手続の流れ

　公判では、まず冒頭陳述(Opening Statement)で原告が主要な事実およびその事実を立証する証拠について説明し、被告がこれに対抗する事実や抗弁とそれらを立証する証拠について説明します。次に、証人の尋問などの証拠調べが行なわれます。証拠調べは、先に原告の側から、原告が立証責任を負う事実に関して行なわれます。次に被告の側から、被告が立証責任を負う事実に関しての立証が行なわれます。

　最後に、原告と被告のそれぞれが、全体のまとめとしての最終弁論(Closing Argument)を行ないます。最終弁論では、それぞれの当事者が、自分達の証拠と立証した事実のまとめ、及び相手側の主張と証拠の問題点について、説明します。その後で裁判官から陪審への説示が行なわれ、陪

審員間の評議が行われます。評議の結果、陪審評決が法廷に報告されます。評決は原則として全員一致が要求されますが、当事者の合意で多数決にすることもできます。

●証人尋問と証拠調べ

証拠調べは、証人尋問により行われ、それぞれの証人毎に、直接尋問、反対尋問、再直接尋問の順で行なわれます。直接尋問とは、証人を呼んだ側が、証言してもらいたい内容に従って質問をしていくものです。その後、相手方当事者が反対尋問をします。反対尋問では、直接尋問内容の範囲内で、直接尋問の信憑性を攻撃するための質問が行われ、証人にとって最も大変なところです。再直接尋問とは、反対尋問で攻撃された点を修復するために行なわれます。

証人尋問を含め公判全体において、当事者が自分達の主張を効果的かつ効率的に陪審員や裁判官に理解してもらうように進めることが求められます。したがって、冒頭陳述、証人尋問、最終弁論に至るまで、綿密な準備が必要になります。そのため、有力証拠の抽出を含め公判用証拠の整理、証人尋問の進め方、提示物の準備、説明資料の作成、相手方証人の反対尋問の準備など早めに取りかかる必要があります。

90. 陪審評決

(Jury Verdict)

●陪審説示(Jury Instruction, FRCP[109]51)

陪審裁判の場合、陪審の評議が行われる前に、裁判官から陪審員に対して陪審説示が行なわれます。陪審説示では、判断すべき事項、適用される法律の解釈、立証責任、立証の基準、証拠の評価方法などについて説明されます。

当事者は事前に陪審説示の請求を提出することができます。裁判官は、当事者の請求を基にして陪審説示案を当事者に提示し、当事者は裁判官の案に異議を唱えることができます。このような手続を経て陪審説示の内容が決められます。

●陪審評決(Jury Verdict, FRCP49)

その後陪審員は陪審室に移動し、誰にも干渉されることなく話合い、陪審員の総意である評決をします。評決は通常全員一致が要求されますが、民事裁判の場合、多数決や3分の2以上などに当事者間で合意することができます。また、当事者の合意により、裁判官の判決を拘束しない参考評決(Advisory Verdict)とすることもできます。

評決の方法としては、法律の適用を含む結論まで求める一般評決(General Verdict)と、特定の事実認定についてのみ判断を求める特別評決(Special Verdict)があります。一般評決は、結論のみのものと、個別の認定事項の質問付のものがありますが、特許侵害訴訟を含み民事訴訟では一般に、個別の認定事項ごとに質問がついた一般評決が使われます。

●法律問題としての判決(JMOL：Judgment as a Matter of Law, FRCP50)

公判の結果、証拠から見て結論が明らかであり、常識的な陪審であれば異なる結論に至る法的根拠がないと判断する場合、裁判官は、陪審評決を求めることなく、法律問題としての判決(JMOL)を下すことができます。

---

[109] FRCP(Federal Rule of Civil Procedure　連邦民事手続規則)

しかし、陪審評決のない JMOL が控訴審において覆された場合、公判の やり直しが必要となるため、訴訟経済上の配慮から、陪審評決を求めるこ となく、JMOL が下されることは殆どありません。陪審評決に従わない判 決としての JMOL ですと、控訴審で覆されても新たな公判は必要ありま せんので、このような JMOL の方が一般的です。

● JMOL の申立(Motion for Judgment as a Matter of Law, FRCP50)

　当事者は JMOL を求める申立をすることができます。評決前に申立を しても実際に認められる可能性は極めて低いのですが、評決後には申立が できませんので、不利な評決が出た場合の備えとして、JMOL の申立が行 われます。そして、不利な評決が出た後に、JMOL の申立を更新(Renewed Motion for Judgment as a Matter of Law)することができます。

91. 立証責任と立証基準

(Burden of Proof) (Standard of Proof)

●立証責任(Burden of Proof)

　訴訟において、立証責任をどちらが負うかは非常に重要です。当事者のいずれもが決定的な証拠を提出できなかった場合どちらが勝つかを決定するからです。立証責任は、説得責任と証拠提出責任とがあります。

　説得責任(Burden of Persuasion)は、事実認定に関し、事実認定者(陪審員または裁判官)を説得しなければならないという責任です。説得責任は、事実を主張する当事者Aが常に負い、相手方に移動することはありません。事実認定者が、その事実を認定できない場合は、当事者Aに不利な認定がされます。

　これに対し、証拠提出責任(Burden of Production)は、何らかの証拠を提出しなければならないという責任です。証拠提出責任は、情況に応じて移動し、常識的な事実認定者が、その事実を当然認定できる状況になると相手方に移動します。そして証拠提出がない場合、その責任を負う当事者に不利な事実認定するように、裁判官は陪審に命じます。

●立証基準(Standard of Proof)

　立証基準は、立証責任と同じく重要です。同じ程度に立証したとしても、立証基準が異なりますと、あるときは勝ちとなり、あるときは負けとなります。民事裁判での一般的な立証基準は、「優勢な証拠(Preponderance of Evidence)」で、これは、ある事実の有無が争点となっているときに、相手方の反証も考慮した上で、立証責任を負う当事者が、その事実があったと一応認定できる程度に立証したかどうかという基準です。

　民事裁判でも、特許無効や、不公正行為による特許権行使不能などは「明白で説得力のある証拠(clear and convincing evidence)」で、優勢な証拠よりも高い心証形成が必要です。これは、争点となる事実があったと一応確信できる程度の立証ということができるでしょう。

　刑事裁判では、検察が犯罪事実の立証責任を負いますが、検察側の立証基準は、「合理的な疑いの余地のない証拠(beyond reasonable doubt)」で

あり、明白で説得力のある証拠よりさらに高いレベルの立証が必要です。これは争点となる事実があったと一応確信できるだけでなく、すべての証拠を点検して合理的な疑いの余地のないことが要求されます。

●立証基準の定量化

　立証基準を、わかりやすくするために「優勢な証拠」を50％を超える心証形成、「明白で説得力のある証拠を80％以上、「合理的な疑いの余地のない証拠」を99％以上と言ったりします。しかし、心証形成の程度を数値で表すことは現実には不可能であり、この数字は喩えであって、厳密な意味はありませんし、これらの数字は確率でもありません。例えば、原告Ｐは「被告Ｄに金を貸した」と言い、被告Ｄは「原告Ｐから金を借りていない」と言った場合、証拠が全くなくても、原告Ｐが被告Ｄに金を貸したかどうかの確率は50％です。原告は、借用書等により、最初に主張事実の存在を一応認定できる程度に立証すること（Prima Facie Case の樹立）が必要であり、その立証があってから、当事者間の攻防が始まります。したがって、「優勢な証拠」といっても、必ずしも確率50％レベルの攻防というわけではなく、被告の反証や主張を考慮した上で、最終的に、原告が主張事実の存在を認定できる程度の立証に成功したかどうかが判断されます。

92. 公判後の申立、判決、控訴

(Post – Trial Motion)(Judgment)(Appeal)

●公判後申立(Post−Trial Motions, FRCP50)

陪審の評決に不満な当事者は、陪審評決が明らかな証拠に反するとか、陪審評決には法的に充分な証拠に基づく根拠がないなどの理由を示して、JMOL を求める申立を更新することができます。また、公判において、証拠採用に誤りがあったり、陪審員、裁判官、または相手方当事者の不正があった場合には、新たな公判を求める申立をすることができます。

●事実審判決(Judgment of Trial Court)

裁判官は、通常は陪審による評決の認定に基づいて、それらを反映した判決を下します。しかし、評決の内容を認定するための法的根拠がないと判断する場合は、裁判官は評決に従わない判決(JMOL[110])を下すことができます。判決では、事実に関する認定と、法的結論とを区別して記載することが求められています。

●控訴(Appeal)

判決に不服な当事者は、裁判所が判決を出してから30日以内に第一審裁判所に控訴通知を提出します。判決以外でも、重要な決定は控訴の対象となります。控訴審の法廷では、口頭での弁論のみで、事実に関する証拠調べは行なわれません。事実認定に関する審理は、証拠記録のみに基づいて行なわれます。

●控訴審での見直し基準(Standard of Review)

控訴審での見直し基準の主なものには、下級審判決を覆しやすい順に、(a)全面的見直し基準(De Novo:デノーボ)、(b)明らかな誤り基準(clearly erroneous)、(c)実質的証拠基準(not supported by substantial evidence)、

---

[110] JMOL(Judgment as a Matter of Law)は、法律問題としての判決ですが、法律問題として判決できるから、陪審の評決に従わないことができるという理屈になります。

(d)独断的で気まま基準(arbitrary and capricious)があります。

　判決での法律に関する結論については、原則として「全面的見直し」となり、第一審判決に拘束されません。一方、事実認定に関して、裁判官が事実認定した場合、その設定が「明らかな誤り」と判断される場合、控訴審で覆すことができます。事実問題に関する陪審の認定は、控訴審で再評価されることはなく、単に認定事実を支持する証拠があるかどうかだけが審理の対象となります。そして陪審の認定については、常識的陪審の判断に反する場合や、認定した事実が「実質的証拠に支持されていない」場合にのみ、覆すことができます。「実質的証拠」基準では、認定に反する証拠があっても、認定を支持する証拠が1つでもあれば、実質的証拠に支持されていることになりますので、「明らかな誤り」基準よりも覆り難いと言えます。

　また、地裁の裁量による決定に関しては、控訴審では「裁量の濫用」(abuse of discretion)基準が適用され、これは「独断的で気まま」基準に近く、覆し難い基準です。

●特許侵害訴訟の控訴と上告

　特許侵害訴訟では判決の不服な当事者は、CAFC(連邦巡回区控訴裁判所)に控訴することになります。CAFCでの審理は通常3名の合議体により行われます。類似の事件で、合議体間で異なる判決が下されたりすると、CAFC判事全員による大法廷(en banc：オンバンク)判決により、CAFCとしての判例の統一が図られます。そして、CAFCの判決にさらに不服な当事者は、連邦最高裁判所に上告することができます。上告された事件を審理するかどうかは最高裁の裁量となっており、最高裁が特に必要を認めた事件以外は却下されます。

93. 損害賠償

（Damages）

　米国特許法284条は、裁判所は侵害を補償するのに十分な損害賠償を命ずることを規定しています。そして、その損害賠償額は合理的な実施料を下回らないものとしています。損害賠償額の算定方法には、次のようなものがあります。これらは必ずしも単独で用いられるとは限らず、組み合わせて用いられる場合もあります。

●逸失利益(Lost Profit)

　特許権者が自ら特許製品を製造し、他者にライセンスをしていない場合は、損害賠償額は通常逸失利益として算定されます。逸失利益は、侵害者の行為がなかったならば、特許権者が得ることができた利益であり、侵害者の行為により、特許権者の販売が減少したり、販売価格を下げることを余儀なくされたことによる損失などが含まれます。製品と部品、特許製品と非特許製品など、特許製品と影響を及ぼし合う市場全体を対象として逸失利益は算定されます。粗悪な侵害品のために、特許製品の評判が落ちたことによる逸失利益も可能です。また市場再参加賠償といって、侵害者は侵害によりノウハウを蓄積することにより、特許権消滅後に競争企業が市場参加する際に有利となる分も損害賠償額に加えた判例もあります[111]。

●合理的実施料(Reasonable Royalty)

　逸失利益の立証は、現実と異なる様々な不確定要因を含んでいますので、妥当な金額を立証することが困難であることもあります。このような場合、特許権者は合理的実施料を損害額とすることができます。合理的実施料とは、ライセンスを望む者が、特許製品を製造販売し、適正な利潤を見込んで、実施料として支払うであろう金額です。ただし侵害者から特許権者に支払われるべき合理的実施料の金額は、実際の特許権者と潜在的実施権者

---

[111] *BIC Leisure Products v. Windsurfing Int'l.*, 687 F.Supp. 134, 9 USPQ2d 1152(S. D.N.Y.1988).

との間の通常の交渉で合意するであろう金額よりも、通常は高くなります。もし、侵害者が、正当な実施権者と同じく、通常の実施料だけ払えばすむなら、侵害することにより何も失うものはないことになる一方、特許権者は、訴訟を強いられるだけでなく、合理的実施料を立証する責任を負わされることになるからです。

　合理的実施料の計算に影響する要素としては次のようなものがあります。当該特許の実際の実施料、関連特許の実施料、ライセンスの技術的または地理的範囲、特許権者の非ライセンス戦略、特許権者と侵害者との関係、非特許製品の売行きへの影響、特許の残存期間、製品の収益性と商業上の成功、特許製品の他製品に対する利点、侵害者の発明利用の程度、非特許部分と区別可能な利益、侵害者による改良やビジネスリスクなどです[112]。

●全市場価値ルール(Entire Market Value Rule)

　逸失利益や合理的実施料の計算は、市場全体の複雑な状況を考慮することができます。例えば、特許が部品に関するものであっても、その特許部品を搭載することにより、その装置全体の売行きが左右され、そのことが充分に立証されれば、装置全体の価格と利益率に基づいて逸失利益が計算されることもあります。

　一方、特許製品がプリンタの部品であった場合、プリンタの売行きは、本体の販売による利益だけでなく、将来のトナーやインクなどの消耗品の販売利益にも影響します。さらに特許部品を搭載する装置を販売する際に、別売りアクセサリもセットで販売されることが多いならば、これらの非特許製品を含むセット全体を考慮した利益にも影響することもあります。しかし、CAFC は、商業的便宜的利点から、侵害品と共に販売されても、特許部品と機能的に無関係のものにまでは拡大されないとしています[113]。

●懲罰的損害賠償(Punitive Damages)(284条)

　米国特許法は、故意侵害など悪質と認められる場合には、懲罰的損害賠

---

[112] *Georgia – Pacific v. United States Plywood*, 318 F. Supp. 1116 (S.D.N.Y. 1970).
[113] *Rite – Hite v. Kelley Co.*, 56 F.3d 1538 (Fed. Cir.), *cert. denied*, 516 U.S. 867 (1995).

償として、損害賠償額を3倍まで裁判官が裁量で増額することを認めています。故意侵害は、積極的に特許技術を模倣した場合だけでなく、事前に侵害を避けるための必要な努力を怠った場合にも認定され得ます。したがって、故意侵害を避けるためには、特に関係のある特許に関しては、米国特許弁護士の鑑定をとっておくことが望ましいと思われます。裁判官は、主観的悪意のみの認定でも損害賠償を増額することができ、客観的無謀の認定は必要なくなりました[114]。また、立証基準は「証拠の優越」で足り、「明白で説得力のある証拠」は必要とされないとされています[115]。

●相手方の弁護士費用（Attorney Fees）（285条）

　通常は敗訴しても裁判費用の実費の支払いが命ぜられるだけですが、一方の当事者が特に例外的に悪質な場合、相手側の弁護士費用の支払を、裁判官は裁量により命ずることもできます。弁護士費用の支払命令は、懲罰的損害賠償とは別に判断されます。弁護士費用の支払命令が下される例外的に悪質な場合には、悪質な故意侵害、不公正行為、訴訟中の違反行為、訴訟の濫用、根拠のない訴訟などが含まれます。訴訟の実体的内容及び訴訟方法のいずれかでも例外的であると認定されれば、相手方の弁護士費用の支払いを命ずることができます[116]。また、この立証基準も「証拠の優越」で足り、「明白で説得力のある証拠」までは必要とされません。上級審での見直しは、「裁量権の濫用」か否かの基準で、容易には覆されません。

---

[114] *HaloElectronics v. Pulse Electronics*（S.Ct. 2016）.
[115] 同上。
[116] *Octane Fitness v. ICON Health*, 572 U.S. ＿（2014）

懲罰的賠償と相手方弁護士費用支払命令の判断基準と立証基準

Halo 事件最高裁判決[1]
懲罰的賠償のための基準

この判決は、損害賠償増額（懲罰的賠償）のための故意侵害等の立証基準を緩和するものです。

米国特許法第284条は、「裁判所は損害賠償額を認定または算定の三倍まで増額することができる」と規定しています。その基準としてCAFCは、客観的無謀と主観的悪意を「明白で説得力のある証拠」基準で立証しなければならないとしていました。

最高裁は、CAFCの基準は不当に厳格で、地裁の裁量を妨げるものであるとし、侵害者の主観的悪意のみの認定によってでも、損害賠償の増額が正当化され得るとしました。また、最高裁は、284条は高い立証基準を要求しておらず、通常の「証拠の優越」基準が適用されるとしました。しかし、最高裁は、損害賠償の増額は、悪質な侵害の制裁として規定されたものであると述べています。

Octane 事件最高裁判決[2]
弁護士費用支払命令のための基準

米国特許法第285条は、「裁判所は、例外的事件においては勝訴当事者に支払われる合理的な弁護士費用を裁定することができる」と規定しています。

最高裁は、CAFCのそれまでの「例外的事件」の基準「主観的な悪意で提訴され、且つ客観的に根拠のない」は余りにも限定的であるとし、例外的事件とは、単純に当事者の実体的な立場の強さ、または、訴訟の仕方の不合理さにおいて、他の多くから外れているということであるとしました。

また、「例外的」の立証基準として「明白で説得力のある証拠（clear and convincing evidence）」が要求されていましたが、そのような高い立証基準を正当化する根拠はないとして、通常の立証基準である「優勢な証拠（preponderance of evidence）」が相当であるとしました。

地裁が弁護士費用の支払いを命じた割合は、Octane 判決前は約13%でしたが、判決後40%以上に増加したと言われています。

---

[1] *Halo Electronics v. Pulse Electronics*, 136 S. Ct. 1923 (2016).

[2] *Octane Fitness v. Icon Health & Fitness*, 572 U.S. ___ (2014).

94. 判決の拘束力

（Binding Effect of Judgment）

　判決が確定すると確定判決の効果が発生します。確定判決の拘束力には、次のような3通りのタイプがあります。

●既判力（Res Judicata）

　1つは、既判力といわれるもので、その事件については判断済みとされる効果です。既判力は同じ当事者間で同じ訴訟対象（訴訟物）の事件に関する蒸し返しを防ぐものです。そして、仮に同一の事件がふたたび争われても、裁判所は、この既判力により先の判決と矛盾した判決をすることができません。既判力が及ぶのは、同じ当事者の間で、しかも同じ訴訟物に限られます。

●争点効／反射効（Collateral Estoppel）

　もう1つは、争点効といわれるもので、先の訴訟において、裁判所が主要な争点に対して判断を示した場合、当事者が、その裁判所の判断と矛盾する主張を後の訴訟ですることを許さない拘束力です。これは、確定判決の効果を同じ訴訟物のみでなく、争点にまで広げるものです。争点効が及ぶのは、争点となった事実関係であり、既判力と異なり、訴訟物は必ずしも同じものに限定されません。

　特許侵害訴訟で、特許が無効と判断された場合、特許権者は同じ相手方当事者に特許の有効を主張することができないだけでなく、第三者に対しても特許有効を主張することができなくなります。これは判決の反射効といわれます（米国ではこれも Collateral Estoppel）。これに対し、特許が有効とされた場合は、同じ当事者は特許の有効性を争うことはできませんが、第三者には判決の反射効は及びません。第三者は同じ特許の無効を主張し、争うことができます。

●判例法としての拘束力（Stare Decisis）

　さらに判例法としての拘束力も発生します。これはある事件における判

断に適用された法理は、後の同様の事実関係の事件において適用され、それが適用されない場合は、その理由を明確にしなければならないという原則です。

米国は判例法制度(Common Law System)を継承しており、日本などの成文法制度(Civil Law System)の国々と比較して、米国では判例が強い拘束力をもっています。日本では、判例の拘束力はあまり強くないため、類似の事実関係の事件で異なる判断をした判例が数多く存在し、また先の判例と異なる判決をする場合に、裁判官は必ずしも先の判例について逐一コメントするとは限りません。

　米国でも矛盾する判決は当然ありますが、異なる判断をする場合は、それを正当化するために、判決では、個々の判例と区別するコメントが述べられます。

●判例法変更の遡及効果(Retroactive Effects)

　判例法の変更は、実体的に法改正に似た影響力を持っています。しかし、法改正であれば、実体的な内容の変更に関しては遡及効果がなく、施行日以後の事件にのみ適用されます。一方、判例法の変更は、変更と言うよりも、本来そのように判決されるべきであったということです。したがって、すでに判決が確定した事件を除き、それ以後に判決されるすべての事件に対して、新しい判例法が適用されます。そのような限られた意味ではありますが、判例法の変更は、遡及効果を持っていると言うことができます。

95. 裁判外の紛争解決手続

（ADR；Alternative Dispute Resolution）

●裁判外紛争解決手続（ADR）とは

　ADR は裁判以外の紛争解決手段すべてを包含する概念で、話し合いによる交渉もふくまれますが、通常 ADR というと、調停や仲裁を意味することが多いと言えます。高額な訴訟費用をさけるために、契約などにおいても、「紛争解決条項」として盛り込まれることがよくあります。

●調停（Mediation）

　調停は、中立の第三者が間に入り、当事者同士の妥協や合意を助けるものです。強制力がありませんので、当事者間で合意に至らない場合、解決できません。

　調停では、第三者が双方の当事者の主張や懸念を理解し、相互の理解を促すとともに、合意可能な根拠を見出し、最終的に和解に導くよう努力します。合意に至った場合、通常は和解文書が作成されます。和解内容は、一般に契約と同等の効力を持ちます。裁判所の命令による和解は、判決と同等のものとなります。

　調停は、簡便かつ迅速な手続きで、しかも低いコストで、多くの紛争を解決することができます。また、双方の当事者は、法律的な手続に煩わされることなく、当事者の事情と紛争内容について検討することができます。調停においては、どちらが正しいかというより、問題や紛争を解決するか、に重点が置かれますので、一方の当事者が白黒を付けることにこだわると、解決は望めません。

●仲裁（Arbitration）

　仲裁は、裁判官の代わりに中立第三者が仲裁判断を下すものです。仲裁判断を、拘束力のある判断とするか、拘束力のない勧告判断とするかは、仲裁契約で予め定めることができます。

　仲裁手続を開始するには、当事者間で紛争を仲裁に付する旨の合意が必要です。仲裁の合意は、ライセンス契約などに盛り込まれることが多いで

すが、紛争が発生してから合意をすることもできます。仲裁の合意がある場合、当事者の一方が裁判所に訴えを提起しても、相手方は仲裁の合意に基づき訴えの却下を求めることができます。

仲裁手続は、非公開で進めることができ、適用法やディスカバリを含む手続の進め方について、当事者間で予め合意することができます。公判が行われることも多いですが、訴訟手続と比較して、一般に簡略された形で行われます。

仲裁人の構成も当事者で選ぶことができ、専門的知識をもつ仲裁人を指名することもでき、裁判官の経験者が仲裁人になることも多いです。国籍の異なる企業間の争いなどでは、第三国の仲裁人を選ぶこともできます。国際的な紛争には仲裁が広く採用されており、仲裁に関するニューヨーク条約により、外国での執行は、裁判判決の執行より容易と言われます。

MedImmune 最高裁判決[1]（2007）実施料を払いながら特許無効訴訟を提起できるか？

この判決は、例えば特許無効の確認訴訟を提起する場合の条件に関するものです。この判決前、CAFC は、当事者間にライセンス契約がある限り、紛争がないものとして、ライセンシー（実施権者）が特許の無効の確認訴訟を提起することを認めていませんでした。

このため、ライセンシーが確認訴訟を提起するためには、故意侵害として三倍賠償とされる危険を冒して、ライセンス料の支払いを停止する必要がありました。

原告の MedImmune 社は、ライセンス料を支払っていましたが、特許権者は、新薬についてのライセンス料の追加支払いを要求しました。そこで、MedImmune 社は、特許が無効であり、また新薬は非侵害であるとして、特許無効・非侵害の確認訴訟を起こしました。

最高裁は、故意侵害や三倍賠償を避けるためにライセンス料を支払い続けたまま確認訴訟を提起することができると判決しました。

[1] *MedImmune v. Genentech*, 549 U.S. 118 (2007).

96. ITC 訴訟

(International Trade Commission)

● ITC 訴訟とは

ITC(国際貿易委員会)は行政機関であり、裁判所のような司法機関ではありません。知的財産権に関するITC訴訟は、関税法337条に基づく行政調査手続です。ITC訴訟では、損害賠償による救済はなく、救済は差止のみになっています。ITCの差止命令には、米国内への製品輸入を差止める「排除命令(Exclusion Order)」と、さらに米国内にある製品の販売や使用を差止める停止命令[117]があります。

ITC訴訟では、陪審制度はなく、行政法判事[118]によって審理が行われます。ITC訴訟の特異な点は、通常の原告と被告に相当する当事者の他に、公益代表当事者として、ITCの不公正輸入調査オフィス(OUII)[119]の弁護士が参加することです。ディスカバリや公判に相当するヒアリングは、裁判所での訴訟と同じように進められますが、OUIIの弁護士が、当事者としてディスカバリにもヒアリングにも参加し、証人尋問も行います。

●特許権者にとっての ITC 訴訟の利点

連邦地裁での訴訟に比較して、ITC訴訟には、特許権者にとっていくつかの利点があります。まず、手続の進行が速いことです。調査手続が開始されてから、ヒアリングまで9〜12ヵ月、最終決定まで15〜18ヵ月と、一般的連邦地裁の訴訟に比較して、1年近くも短くなります。原告側(Petitioner)は、準備してから提訴すれはよいのですが、被告側(Respondent)は、準備できずに、急な対応が迫られます。

また、ITC訴訟の救済は差止に限定されていますが、被疑侵害企業は、損害賠償よりも差止を恐れることが多いと言えます。差止に関しては、eBay最高裁判決[120]により、連邦地裁では差止を得ることが難しくなりま

---

[117] Cease and Desist Order
[118] Administrative Law Judge (ALJ)
[119] Office of Unfair Import Investigation (OUII)
[120] *eBay v. MercExchange*, 547 U.S. 388 (2006)

した。一方、ITC の差止命令について CAFC は、eBay 判決に拘束されないと判決した[121]ことから、差止の脅威を梃子に和解金を引上げようとする特許権者にとっては、ITC 訴訟は格好の舞台となります。なお、損害賠償の救済を受けられないことは、特許権者にとって不利とは言えますが、別途連邦地裁の訴訟を提起することもできますので、致命的な欠点にはならないでしょう。

● ITC 訴訟の手続

　訴状が提出され、書類が整うと、30日以内に調査開始決定[122]が行われ、それから20日以内に予備ヒアリングが開かれて、スケジュールが決められます。そして、当事者間でディスカバリが開始されます。主要事実に関して争いがなければ、サマリ・ジャジメントと同様に Summary Determination もあり得ます。公判に相当するヒアリングが行われ、行政判事の決定[123]が出されますが、決定に不服な当事者は委員会の見直しを請求することができます。委員会は一部または全部を変更することができ、委員会の決定が ITC の最終決定になります。この後さらに60日以内に大統領が政策的に命令を変更することができます。大統領による決定の変更はこれまでに3件ほどしかありません。

---

[121] *Spansion v. ITC*（Fed. Cir. 2010).
[122] 調査開始決定の英語は Institution です。
[123] 行政判事の決定の英語は Initial Determination です。

ITC 訴訟の統計

　ITC 訴訟開始件数は、1983年に43件をピークに1990年代は10件前後しかありませんでしたが、2000年以降再び増加傾向に転じました。特に2006年のeBay 最高裁判決により、連邦地裁では差止を勝ち取ることが難しくなったため、差止を主たる救済手段とするITC訴訟が著しく増加し、2010年には56件と過去最大になりました。2010年にCAFC は Spancion 判 決 に お い て、ITC の差止命令は、eBay 判決に拘束されないと判示し[1]、さらに ITC 訴訟の人気が高まると思われましたが、2011年以後は20〜30件程度となっています。

---

[1] *Spancion v. International Trade Commission*, 629 F.3d 1331 (Fed. Cir. 2010).

ITC 訴訟件数の推移

年	開始件数	年	開始件数
2006	33	2011	24
2007	35	2012	17
2008	41	2013	18
2009	31	2014	26
2010	56	2015	29

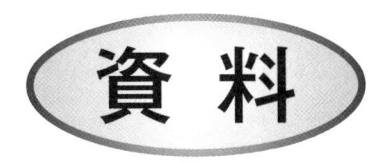

資
料

資
料
1

米国特許等情報源

●米国特許商標庁（USPTO）

http://www.uspto.gov

●米国特許審査マニュアル（MPEP）

https://www.uspto.gov/web/offices/pac/mpep/index.html

●合衆国法典第35巻（米国特許法）

https://www.law.cornell.edu/uscode/text/35

https://www.uspto.gov/web/offices/pac/mpep/consolidated_laws.pdf

●連邦規則集第37巻（米国特許法施行規則）

https://www.law.cornell.edu/cfr/text/37/chapter-I

● CAFC（連邦巡回区控訴裁判所）

http://www.cafc.uscourts.gov/

●米国特許法、規則、MPEP の日本語訳

http://www.jpo.go.jp/cgi/link.cgi?url=/shiryou/s_sonota/fips/mokuji.htm

●米国知的財産権法協会

https://www.aipla.org/Pages/default.aspx

●ヨーロッパ特許庁（EPO）

https://www.epo.org/index.html

●世界知的財産権機構（WIPO）

http://www.wipo.int/portal/en/

●日本特許庁（JPO）

http://www.jpo.go.jp/indexj.htm

〒100-8915　東京都千代田区霞が関3−4−3

Tel 03-3581-1101

総務部国際課外国相談係（E メール：PA0842@jpo.go.jp）

国際出願課　内線2643

●独立行政法人工業所有権情報研修館

http://www.inpit.go.jp/

●日本弁理士会

http://www.jpaa.or.jp/

〒100-0013　東京都千代田区霞が関3−4−2

TEL　03-3519-2707、TEL 06-6775-8200　何でも110番

●**米国特許事務所（筆者勤務事務所）**

Westerman, Hattori, Daniels & Adrian, LLP

8500 Leesburg Pike, Suite 7500

Tysons VA 22182

電話：米国703-827-3800; Fax: 571-395-8753

ホームページ：www.whda.com

E メール：skinashi@whda.com; whdamail@whda.com

米国特許等情報源

米国特許審査手続マニュアル(MPEP)の構成

米国特許審査手続マニュアル（MPEP）の構成

米国特許法（米国法典第35巻）の目次

資料 3

米国特許法　重要条文抜粋

Sec. 100 Definitions ((i) "effective filing date" only)	●100条　定義 (i)「有効出願日」の定義のみ
(i) (1) The term "effective filing date" for a claimed invention in a patent or application for patent means— (A) if subparagraph (B) does not apply, the actual filing date of the patent or the application for the patent containing a claim to the invention; or (B) the filing date of the earliest application for which the patent or application is entitled, as to such invention, to a right of priority under section 119, 365 (a), 365 (b), 386 (a), or 386 (b) or to the benefit of an earlier filing date under section 120, 121, 365 (c), or 386 (c). (2) The effective filing date for a claimed invention in an application for reissue or reissued patent shall be determined by deeming the claim to the invention to have been contained in the patent for which reissue was sought.	(i) (1) 特許または特許出願のクレーム発明の「有効出願日」とは、次を意味する— (A) もし、下記 (B) が適用されない場合は、その発明のクレームを含む特許または特許出願の実際の出願日；または (B) そのような発明に関して、その特許または特許出願が119条［外国優先権］、365条 (a)［非米国指定PCT 出願の優先権］、または365条 (b)［外国優先権を伴うPCT 出願］の優先権、または120条［継続出願］、121条［分割出願］、または365条 (c)［継続出願としてのPCT 出願］の先の出願日の利益、を享受する権利を有する最先の出願の出願日。 **筆者注）［ ］内の条文内容の説明は、筆者が挿入したもので、英文条文にはない。** (2) 再発行出願や再発行特許の有効出願日は、再発行が求められている特許に含まれている発明のクレームを考慮することにより決定される。
Sec. 101 - Inventions patentable	**●101条　特許を受けることができる発明**
Whoever invents or discovers any new and useful process, machine, manufacture, or composition of matter, or any new and useful improvement thereof, may obtain a patent therefor, subject to the conditions and requirements of this title.	新規かつ有用な方法，機械，製造物若しくは組成物又はそれについての新規かつ有用な改良を発明又は発見した者は、本法の定める条件及び要件に従って、それについての特許を取得することができる。
Sec. 102 - Conditions for patentability; novelty	**●102条　特許性の条件；新規性**
(a) Novelty; Prior Art.—A person shall be entitled to a patent unless— (1) the claimed invention was patented, described in a printed publication, or in public use, on sale, or otherwise available to the public before the effective filing date of the claimed invention; or	(a) 新規性；先行技術—クレーム発明の特許は、次の場合は、特許を得ることができない。— (1) クレーム発明が、クレーム発明の有効出願日前に、特許され、刊行物に記載され、または公然と使用され、販売され、または、その他公衆に利用可能となった；または

(2) the claimed invention was described in a patent issued under section 151, or in an application for patent published or deemed published under section 122 (b), in which the patent or application, as the case may be, names another inventor and was effectively filed before the effective filing date of the claimed invention. 注）「as the case may be」は、日本語で訳さない方が分かりやすい。	(2) クレーム発明が、第151条により発行された特許に、または第122条（b）により公開されもしくは公開されたとみなされる特許出願に、記載され、その特許または特許出願が、他の発明者を挙げ、クレーム発明の有効出願日前に出願された。 **筆者注）日本の29条の2に相当する。**
(b) Exceptions.— (1) Disclosures made 1 year or less before the effective filing date of the claimed invention.—A disclosure made 1 year or less before the effective filing date of a claimed invention shall not be prior art to the claimed invention under subsection (a)(1) if— (A) the disclosure was made by the inventor or joint inventor or by another who obtained the subject matter disclosed directly or indirectly from the inventor or a joint inventor; or (B) the subject matter disclosed had, before such disclosure, been publicly disclosed by the inventor or a joint inventor or another who obtained the subject matter disclosed directly or indirectly from the inventor or a joint inventor.	(b) 先行技術の例外 (1) クレーム発明の有効出願日の前1年以内の開示—次の場合は、クレーム発明の有効出願日の前1年以内の開示は、前項（a）（1）のクレーム発明に対する先行技術にはならない— (A) その開示をしたのが、発明者、または共同発明者、または発明者もしくは共同発明者からその技術主題を直接または間接的に得た他の者である場合；または **筆者注）以下、分かり易くするため、「発明者、または共同発明者、または発明者もしくは共同発明者からその技術主題を直接または間接的に得た他の者」は「発明者等」と訳してある。** (B) 開示されたその技術主題が、そのような開示の前に、「発明者等」によって公然と開示された場合。
(2) Disclosures appearing in applications and patents.—A disclosure shall not be prior art to a claimed invention under subsection (a)(2) if— (A) the subject matter disclosed was obtained directly or indirectly from the inventor or a joint inventor;	(2) 出願や特許中の開示—開示は、次の場合、前項（a）（2）のクレーム発明に対する先行技術にはならない… (A) その開示された技術主題が、発明者または共同発明者からその技術主題を直接または間接的に得た場合；または

(B) the subject matter disclosed had, before such subject matter was effectively filed under subsection (a) (2), been publicly disclosed by the inventor or a joint inventor or another who obtained the subject matter disclosed directly or indirectly from the inventor or a joint inventor; or	(B) 開示されたその技術主題が、前項 (a) (2)〔先願先行技術〕の規定における有効に出願される前に、「発明者等」によって公然と開示された場合；または、 注）先願出願前に公表することにより、先願より優位に立つ場合があることを規定している（発明者先願主義）。
(C) the subject matter disclosed and the claimed invention, not later than the effective filing date of the claimed invention, were owned by the same person or subject to an obligation of assignment to the same person.	(C) 開示されたその技術主題及びクレーム発明が、クレーム発明の有効出願日までに、同じ者に所有されるか、同じ者に譲渡する義務がある場合。
(c) Common Ownership Under Joint Research Agreements.—Subject matter disclosed and a claimed invention shall be deemed to have been owned by the same person or subject to an obligation of assignment to the same person in applying the provisions of subsection (b) (2) (C) if—	(c) 共同研究契約の下での共通の所有…前記 (b) (2) (C)〔同一所有者の例外〕の適用において、次の場合は、開示された技術主題及びクレーム発明は、同じ者に所有されるか、同じ者に譲渡する義務があるものとみなす…
(1) the subject matter disclosed was developed and the claimed invention was made by, or on behalf of, 1 or more parties to a joint research agreement that was in effect on or before the effective filing date of the claimed invention;	(1) 開示された技術主題が開発され、クレーム発明が、クレーム発明の有効出願日以前の共同研究契約の1以上の当事者により、又は、そのためになされた場合で、且つ
(2) the claimed invention was made as a result of activities undertaken within the scope of the joint research agreement; and	(2) クレーム発明が、その共同研究契約の範囲内の活動の結果として得られたものである場合で、且つ
(3) the application for patent for the claimed invention discloses or is amended to disclose the names of the parties to the joint research agreement.	(3) クレーム発明の特許出願が、その共同研究契約の当事者の名前を開示するか、あるいは開示するように補正された場合。
(d) Patents and Published Applications Effective as Prior Art.—For purposes of determining whether a patent or application for patent is prior art to a claimed invention under subsection (a) (2), such patent or application shall be considered to have been effectively filed, with respect to any subject matter described in the patent or application—	(d)〔先願の後願排除基準日 102条 (d)〕先行技術として有効な特許及び公開出願—特許又は特許出願が (a) (2)〔先願〕で、クレーム発明に対して先行技術かどうかの判断の目的のために、次の場合、その特許または出願に開示されたいかなる技術主題に関しても、その特許または出願は、有効に出願されたものとみなされる…

(1) if paragraph (2) does not apply, as of the actual filing date of the patent or the application for patent; or (2) if the patent or application for patent is entitled to claim a right of priority under section 119, 365(a), 365(b), 386(a), or 386(b), or to claim the benefit of an earlier filing date under section 120, 121, 365(c), or 386(c), based upon 1 or more prior filed applications for patent, as of the filing date of the earliest such application that describes the subject matter.	(1) もしパラグラフ (2) が適用されない場合、その特許または特許出願の実際の出願日現在、または、 (2) もし特許及び特許出願が119条［外国優先権］、365条 (a)［米国不指定 PCT 出願の優先権］または365条 (b)［外国優先権を伴う PCT 出願］による優先権を有する場合、または120条［継続出願］、121条［分割出願］または365条 (c)［継続出願としての PCT 出願等］により、1 以上の先に出願された特許出願に基づき先の出願の利益を得る場合は、その技術主題を開示する、そのような出願の最先の出願日現在。 **筆者注）この規定は Hilmer Doctrine の廃止規定と言える。**
Sec. 103 - Conditions for patentability; non-obvious subject matter	**●103条　特許性の条件；非自明な技術主題**
A patent for a claimed invention may not be obtained, notwithstanding that the claimed invention is not identically disclosed as set forth in section 102, if the differences between the claimed invention and the prior art are such that the claimed invention as a whole would have been obvious before the effective filing date of the claimed invention to a person having ordinary skill in the art to which the claimed invention pertains. Patentability shall not be negated by the manner in which the invention was made.	発明が、同一のものとしては第102条に規定した開示又は記載がされていない場合であっても、特許を受けようとするその主題と先行技術との間の差異が、クレーム発明の有効出願日前に、その主題が全体として、当該主題が属する技術の分野において通常の知識を有する者にとって自明であるような差異であるときは、特許を受けることができない。特許性は、発明の行われ方によっては否定されない。
Sec. 111 - Application	**●111条　出願**
(a) IN GENERAL (1) Written application.— An application for patent shall be made, or authorized to be made, by the inventor, except as otherwise provided in this title, in writing to the Director. (2) Contents.—Such application shall include— (A) a specification as prescribed by section 112; (B) a drawing as prescribed by section 113; and	(a)　一般 (1) 書面による出願 書面による出願 特許出願は、本法に別段の定めがある場合を除き長官 に対する書面よるものとし、発明者によって作成されるか、又は発明者の委任を受けて作成されていなければならない。 (2) 内容 特許出願は、次のものを含むものとする— (A) 第112条に規定される明細書 (B) 第 113条に よって規定される図面、及び

(C) an oath or declaration as prescribed by section 115.	(C) 第115条に規定される宣誓書又は宣言書
(3) Fee, oath or declaration, and claims.— The application shall be accompanied by the fee required by law. The fee, oath or declaration, and 1 or more claims may be submitted after the filing date of the application, within such period and under such conditions, including the payment of a surcharge, as may be prescribed by the Director. Upon failure to submit the fee, oath or declaration, and 1 or more claims within such prescribed period, the application shall be regarded as abandoned.	(3) 料金、宣誓書又は宣言書及びクレーム— 出願には、法律で定められた料金を添付するものとする。当該料金、宣誓書又は宣言書及び1又は複数のクレームは、出願日後に、長官によって定められた期間内に、追加料金の支払を含む条件の下で提出することができる。料金、宣誓書又は宣言書及び1又は複数のクレームが期間内に提出されなかった場合は、出願は放棄とみなされる。
(4) Filing date.— The filing date of an application shall be the date on which a specification, with or without claims, is received in the United States Patent and Trademark Office.	(4) 出願日 出願日は、明細書がクレームを含むか否かを問わず、USPTOにおいて受領された日とする。
(b) Provisional Application.— 　(1) Authorization.—A provisional application for patent shall be made or authorized to be made by the inventor, except as otherwise provided in this title, in writing to the Director. Such application shall include— 　　(A) a specification as prescribed by section 112 (a) ; and 　　(B) a drawing as prescribed by section 113. 　(2) Claim.— A claim, as required by subsections (b) through (e) of section 112, shall not be required in a provisional application.	(b) 仮出願 　(1) 委任 特許の仮出願は、本法に別段定めがある場合を除き発明者又は発明者の委任を受けた者が、長官に対し書面により行う。当該出願は、次のものを含むものとする— 　　(A) 第112条 (a) に規定される明細書、及び 　　(B) 第113条に規定される図面 　(2) クレーム 第112条 (b) から (e) によって要求されるクレームは、仮出願においては要求されない。

(3) Fee.—

The application shall be accompanied by the fee required by law. The fee may be submitted after the filing date of the application, within such period and under such conditions, including the payment of a surcharge, as may be prescribed by the Director. Upon failure to submit the fee within such prescribed period, the application shall be regarded as abandoned.

(4) Filing date.—

The filing date of a provisional application shall be the date on which a specification, with or without claims, is received in the United States Patent and Trademark Office.

(5) Abandonment.—

Notwithstanding the absence of a claim, upon timely request and as prescribed by the Director, a provisional application may be treated as an application filed under subsection (a). Subject to section 119 (e) (3), if no such request is made, the provisional application shall be regarded as abandoned 12 months after the filing date of such application and shall not be subject to revival after such 12-month period.

(6) Other basis for provisional application.—

Subject to all the conditions in this subsection and section 119 (e), and as prescribed by the Director, an application for patent filed under subsection (a) may be treated as a provisional application for patent.

(7) No right of priority or benefit of earliest filing date.—

A provisional application shall not be entitled to the right of priority of any other application under section 119, 365 (a), or 386 (a) or to the benefit of an earlier filing date in the United States under section 120, 121, 365 (c), or 386 (c).

(3) 料金

出願には、法律で定められる料金を添付するものとする。当該料金は、出願日後の、長官によって定める期間内に、追加料金を含む条件の下で納付することができる。料金が期間内に提出されなかった場合は、出願は放棄とみなされる。

(4) 出願日

仮出願の出願日は、明細書がクレームを含むか否かを問わず、USPTO で受領された日とする。

(5) 放棄

クレームがなくても、期限内の請求と、長官が定めるところに従い、仮出願は、(a) に基づいて行われた出願としての取扱を受けるこができる。当該請求がなされなかった場合は、第119条 (e) (3) 条件の下で、その仮出願は当該出願の出願日から12 月が経過したときに放棄されものみなされ、かつ、当該12月の経過後は回復することができない。

(6) 仮出願に関する上記以外の基礎

本項及び第119条 (e) のすべての条件の下で、かつ長官が定めるところに従い、(a) に基づいてなされた特許出願は特許の 仮出願として特許の 仮出願としての取扱を受けることができる。

(7) 優先権又は最先の出願日の利益は受けられない—

仮出願は、第119条、第365条 (a) 若しくは第386条 (a) に基づく他の出願優先権、又は第120 120条、第121条、第365条 (c) 若しくは第386条 (c) に基づく合衆国における先の出願日の利益を受けることができない。

(8) Applicable provisions.— The provisions of this title relating to applications for patent shall apply to provisional applications for patent, except as otherwise provided, and except that provisional applications for patent shall not be subject to sections 131 and 135.	(8) 適用規定 特許出願に関する本法の規定は、他に規定がある場合を除き、かつ仮特許出願が、第131条及び第135条の適用を受けないこと除き、仮特許出願に適用される。
(c) Prior Filed Application.—Notwithstanding the provisions of subsection (a), the Director may prescribe the conditions, including the payment of a surcharge, under which a reference made upon the filing of an application under subsection (a) to a previously filed application, specifying the previously filed application by application number and the intellectual property authority or country in which the application was filed, shall constitute the specification and any drawings of the subsequent application for purposes of a filing date. A copy of the specification and any drawings of the previously filed application shall be submitted within such period and under such conditions as may be prescribed by the Director. A failure to submit the copy of the specification and any drawings of the previously filed application within the prescribed period shall result in the application being regarded as abandoned. Such application shall be treated as having never been filed, unless— (1) the application is revived under section 27; and (2) a copy of the specification and any drawings of the previously filed application are submitted to the Director.	(c) 先になされた出願 前記 (a) 項の規定に拘らず、長官は、(a) 項に基づく出願時に、先になされた出願を出願番号及び出願がなされた知的財産権当局又は国名によって特定して、先になされた出願への言及が、出願日の目的のために、後の出願の明細書及び図面を構成するように、追加料金を含む条件を定めることができる。先になされた出願の明細書及び図面の写しが、長官が定める期間内に長官が定める条件の下で提出されなければならない。先になされた出願の明細書及び図面の写しを所定期間内に提出しない場合は、出願は放棄されたものとみなされ、当該出願は、出願されなかったものとみなされる。ただし、次の場合を除く— (1) 第27条に基づき出願が復活される場合、及び (2) 先になされた出願の明細書及び図面の写しが長官に提出される場合。

Sec. 112 - Specification	●112条 明細書
(a) In General.— The specification shall contain a written description of the invention, and of the manner and process of making and using it, in such full, clear, concise, and exact terms as to enable any person skilled in the art to which it pertains, or with which it is most nearly connected, to make and use the same, and shall set forth the best mode contemplated by the inventor or joint inventor of carrying out the invention.	(a) 一般— 明細書は、発明の記述、及び、その発属する技術分野又は極めて近い関係にある技術分野における、知識を有する者が、その発明を製造し、使用することができるように、充分、明瞭、簡潔かつ正確な用語によって、発明を製造し使用する仕方及び方法の記述を、含まなければならず、また発明者又は共同発明者が考える最良の実施態様（Best Mode）が記載されていなければならない。
(b) Conclusion.— The specification shall conclude with one or more claims particularly pointing out and distinctly claiming the subject matter which the inventor or a joint inventor regards as the invention.	(b) 結び— 明細書は、その終りに、発明者又共同発明者が発明と考える技術主題を特定し明確にクレームする1又は2以上のクレームを記載しなければならない。
(c) Form.— A claim may be written in independent or, if the nature of the case admits, in dependent or multiple dependent form.	(c) 形式— クレームは、独立形式で、又はその事例の性質が許すならば、従属若しく多項従属で記載することができる。
(d) Reference in Dependent Forms.— Subject to subsection (e), a claim in dependent form shall contain a reference to a claim previously set forth and then specify a further limitation of the subject matter claimed. A claim in dependent form shall be construed to incorporate by reference all the limitations of the claim to which it refers.	(d) 従属形式における引用— 次項（e）の条件の下で、従属形式のクレームは、先に記載された1のクレームを引用し、それに続けてクレームされている主題についての更なる限定を明示しなければならない。従属形式のクレームは、それが引用するクレームの全ての限定事項を含むものと解釈される。
(e) Reference in Multiple Dependent Form.— A claim in multiple dependent form shall contain a reference, in the alternative only, to more than one claim previously set forth and then specify a further limitation of the subject matter claimed. A multiple dependent claim shall not serve as a basis for any other multiple dependent claim. A multiple dependent claim shall be construed to incorporate by reference all the limitations of the particular claim in relation to which it is being considered.	(e) 多項従属形式における引用— 多項従属形式のクレームは、先に記載された2以上のクレームを択一的にのみ引用し、それに続けて、クレームされている主題についての更な限定を明示しなければならない。多項従属クレームは、他の多項従属クレームの基礎とすることができない。多項従属クレームは、考慮される特定のクレームのすべての限定事項を引用により含むものと解釈される。

(f) Element in Claim for a Combination.— An element in a claim for a combination may be expressed as a means or step for performing a specified function without the recital of structure, material, or acts in support thereof, and such claim shall be construed to cover the corresponding structure, material, or acts described in the specification and equivalents thereof.	(f) 組合せに係るクレームの要素— 組合せに係るクレームの要素は、構造、材料又はそれを支え作用を詳述すことなく、特定の機能を遂行するため手段又は工程として記載ことができ、当該クレームは、明細書に記載された対応する構造、材料又は行為及びそれらの均等物を対象としているものと解釈される。 **筆者注）この規定は、Means-Plus-Function と Step-Plus-Function に分けて解釈した方が分かりやすい。**
Sec. 113 Drawings	**●113条　図面**
The applicant shall furnish a drawing where necessary for the understanding of the subject matter sought to be patented. When the nature of such subject matter admits of illustration by a drawing and the applicant has not furnished such a drawing, the Director may require its submission within a time period of not less than two months from the sending of a notice thereof. Drawings submitted after the filing date of the application may not be used (i) to overcome any insufficiency of the specification due to lack of an enabling disclosure or otherwise inadequate disclosure therein, or (ii) to supplement the original disclosure thereof for the purpose of interpretation of the scope of any claim.	出願人は特許を受けようとする主題の理解に必要なときは、図面を提出しなければならない。その技術主題の内容が図面によって明示することができる場合において、出願人が図面をを提出していないときは、長官は、通知の発送日から2月以上の期間内に図面を提出するように命ずることができる。出願日後に提出された図面は、次の目的で使用することはできない— (i) 実施可能な開示の欠如、又はそれ以外の不充分な開示による明細書の不備を克服するか、又は (ii) 何れかのクレーム範囲を解釈するために、明細書の当初開示を補足する。
Sec. 115 - Inventor's oath or declaration	**●115条 宣誓書または宣言書**
a) Naming the Inventor; Inventor's Oath or Declaration.— An application for patent that is filed under section 111 (a) or commences the national stage under section 371 shall include, or be amended to include, the name of the inventor for any invention claimed in the application. Except as otherwise provided in this section, each individual who is the inventor or a joint inventor of a claimed invention in an application for patent shall execute an oath or declaration in connection with the application.	(a) 発明者名；発明者の宣誓書又は宣言書— 第111条 (a) に基づいて提出され、又は第371条に基づいて国内段階を開始する特許出願は、その出願のクレーム発明の発明者名を含むか、又は含むように補正されなければならない。本条に別段の定めがある場合を除き、特許出願においてクレーム発明の発明者又は共同発明者である各人は、その出願に関する宣誓書又は宣言書に署名しなければならない。

(b) Required Statements.—An oath or declaration under subsection (a) shall contain statements that— (1) the application was made or was authorized to be made by the affiant or declarant; and (2) such individual believes himself or herself to be the original inventor or an original joint inventor of a claimed invention in the application.	(b) 必要な陳述—前 (a) 項に基づく宣誓書又は宣言書は、次の陳述を含まなければならない— (1) 出願が宣誓者又は宣言者によって作成されたか、又は作成するよう委任されたこと、及び (2) 当人が自分が、その出願においてクレーム発明についての最初の発明者又は最初の共同発明者本人であると信じていること。
(c) Additional Requirements.— The Director may specify additional information relating to the inventor and the invention that is required to be included in an oath or declaration under subsection (a).	(c) 追加要件— 長官は、発明者及び発明に関して、(a) 項に基づく宣誓書又は宣言書に含めることが必要な追加の情報を定めることができる。
(d) Substitute Statement.— (1) In general.— In lieu of executing an oath or declaration under subsection (a), the applicant for patent may provide a substitute statement under the circumstances described in paragraph (2) and such additional circumstances that the Director may specify by regulation. (2) Permitted circumstances.—A substitute statement under paragraph (1) is permitted with respect to any individual who— (A) is unable to file the oath or declaration under subsection (a) because the individual— (i) is deceased; (ii) is under legal incapacity; or (iii) cannot be found or reached after diligent effort; or (B) is under an obligation to assign the invention but has refused to make the oath or declaration required under subsection (a). (3) Contents.—A substitute statement under this subsection shall— (A) identify the individual with respect to whom the statement applies;	(d) 代替供述書 (1) 一般 前記 (a) 項に基づく宣誓書又は宣言書に署名する代りに、特許出願人は、(2) に記載した事情及び長官が規則で定める追加的事情に基づいて代替供述書を提出することができる。 (2) 許可される事情.—上記 (1) の代替供述書は、次の何れかの個人に関して許可される— (A) 当該個人が次の事情にあるために、(a) に基づく宣誓書又は宣言書を提出できない— (i) 死亡している、 (ii) 法的に無能力である、 (iii) 勤勉な努力をした後でも、その所在が見出せないか又は連絡できない、 (B) その発明を譲渡する義務を負うが、(a) に基づいて要求される宣誓書又は宣言書をすることを拒絶している。 (3) 内容 本項に基づく代替供述書は次のことをしなければならない。 (A) 陳述の対象である個人を特定する、

(B) set forth the circumstances representing the permitted basis for the filing of the substitute statement in lieu of the oath or declaration under subsection (a); and	(B) 前記 (a) 項の宣誓書又は宣言書に代えて代替供述書を提出するための許可理由を示す事情を記載すること、及び
(C) contain any additional information, including any showing, required by the Director.	(C) 長官によって要求される追加情報を、証明があるときはそれを含めて、包含すること
(e) Making Required Statements in Assignment of Record.— An individual who is under an obligation of assignment of an application for patent may include the required statements under subsections (b) and (c) in the assignment executed by the individual, in lieu of filing such statements separately.	(e) 所要の陳述を譲渡書に記録すること 特許出願の譲渡義務を負っている個人は、(b) 及び (c) に基づいて要求される陳述を別途提出する代りに、その陳述を当該個人が作成する譲渡書に含めことできる。
(f) Time for Filing.— The applicant for patent shall provide each required oath or declaration under subsection (a), substitute statement under subsection (d), or recorded assignment meeting the requirements of subsection (e) no later than the date on which the issue fee for the patent is paid.	(f) 提出時期 特許出願人は、(a) で要求される個々の宣誓書又は宣言書、(d) の代替供述書、又は (e) の要件を満たす登録済譲渡書を、特許発行料納付日以前に提出しなければならない。
(g) Earlier-Filed Application Containing Required Statements or Substitute Statement.— (1) Exception.—The requirements under this section shall not apply to an individual with respect to an application for patent in which the individual is named as the inventor or a joint inventor and that claims the benefit under section 120, 121, 365 (c), or 386 (c) of the filing of an earlier-filed application, if— (A) an oath or declaration meeting the requirements of subsection (a) was executed by the individual and was filed in connection with the earlier-filed application; (B) a substitute statement meeting the requirements of subsection (d) was filed in connection with the earlier filed application with respect to the individual; or	(g) 先にされた出願であって、必要な陳述又は代替供述書を含んでいるもの (1) 例外 本条の要件は、ある個人が発明者又は共同発明者として記名されており、かつ、同人が先にされた出願についての第120条、第121条、第365条 (c) 又は第386条 (c) の利益を主張している特許出願に関しては、その個人に対して適用しないものとするが、次の事項を条件とする。 (A) (a) の要件を満たしている宣誓書又は宣言書がその個人によって作成され、かつ、先にされた出願に関して提出されたこと (B) (d) の要件を満たしている、その個人に関する代替供述書が、先にされた出願に関連して提出されたこと、又は

(C) an assignment meeting the requirements of subsection (e) was executed with respect to the earlier-filed application by the individual and was recorded in connection with the earlier-filed application. (2) Copies of oaths, declarations, statements, or assignments.— Notwithstanding paragraph (1), the Director may require that a copy of the executed oath or declaration, the substitute statement, or the assignment filed in connection with the earlier-filed application be included in the later-filed application.	(C) (e) の要件を満たす譲渡書が先にされた出願に関してその個人によって作成され、かつ、先にされた出願に関して記録されたこと (2) 宣誓、宣言、陳述又は譲渡書の副本前記 (1) に拘らず、長官は、作成された宣誓書又は宣言書、代替供述書又は先にされた出願に関して提出された譲渡書の副本を後にする出願に含めるよう要求することができる。
(h) Supplemental and Corrected Statements; Filing Additional Statements.— (1) In general.— Any person making a statement required under this section may withdraw, replace, or otherwise correct the statement at any time. If a change is made in the naming of the inventor requiring the filing of 1 or more additional statements under this section, the Director shall establish regulations under which such additional statements may be filed. (2) Supplemental statements not required.— If an individual has executed an oath or declaration meeting the requirements of subsection (a) or an assignment meeting the requirements of subsection (e) with respect to an application for patent, the Director may not thereafter require that individual to make any additional oath, declaration, or other statement equivalent to those required by this section in connection with the application for patent or any patent issuing thereon.	(h) 補充及び訂正の陳述；追加陳述の提出 (1) 一般 本条で要求される陳述をする者はいつでもその陳述を取下げ、取替え又はそれ以外の方法で訂正することができる。変更が発明者名に関してされるものであり、本条に基づく1又は複数の追加陳述を必要とするものである場合は、長官は、同追加陳述の提出を可能にする規則を定めなければならない。 (2) 補充陳述は要求されない 個人が特許出願に関し、(a) の要件を満たしている宣誓書又は宣言書又は (e) の要件を満たしている譲渡書を作成しているときは、長官はその後、その個人に対して、特許出願又はそれから生じる特許に関し、追加的宣誓、宣言又は本条によって要求されるのと同等のそれ以外の陳述をすることを要求することができない。

(3) Savings clause.— A patent shall not be invalid or unenforceable based upon the failure to comply with a requirement under this section if the failure is remedied as provided under paragraph (1).	（3）除外規定 特許は、本条に基づく要件の違反を理由としては無効とされること又は行使不能とされない。ただし、その要件違反が（1）に定めるように治癒されることを条件とする。
(i) Acknowledgment of Penalties.— Any declaration or statement filed pursuant to this section shall contain an acknowledgment that any willful false statement made in such declaration or statement is punishable under section 1001 of title 18 by fine or imprisonment of not more than 5 years, or both.	（i）刑罰の承認 本条に従って提出される宣言又は陳述は、同宣言又は陳述においてされた故意の虚偽陳述が、第18巻第1001条に基づいて、罰金若しくは5年以下の懲役、又はその両方で処罰されることを認識していることを含まなければならない。
Sec. 116 - Inventors	**●116条　発明者**
(a) Joint Inventions.— When an invention is made by two or more persons jointly, they shall apply for patent jointly and each make the required oath, except as otherwise provided in this title. Inventors may apply for a patent jointly even though (1) they did not physically work together or at the same time, (2) each did not make the same type or amount of contribution, or (3) each did not make a contribution to the subject matter of every claim of the patent.	（a）共同発明 2以上の人が共同して発明した場合は、本法に別段の定めがある場合を除き、その発明者達は共同して出願をし、かつ、各人が所要の宣誓をしなければならない。発明者達は、次の場合でも共同して特許出願をすることができる。 　（1）それらの者が物理的に一緒に又は同時に仕事をしていなかった、 　（2）各人が、同じ種類又は程度の貢献をしていない、又は 　（3）各人が、特許に係る全クレームの主題に貢献しているわけではない。
(b) Omitted Inventor.— If a joint inventor refuses to join in an application for patent or cannot be found or reached after diligent effort, the application may be made by the other inventor on behalf of himself and the omitted inventor. The Director, on proof of the pertinent facts and after such notice to the omitted inventor as he prescribes, may grant a patent to the inventor making the application, subject to the same rights which the omitted inventor would have had if he had been joined. The omitted inventor may subsequently join in the application.	（b）除外された発明者 共同発明者の内の1が特許出願に参加することを拒否したか、又は適切な努力をしたにも拘らず、当該人を発見すること若しくは当該人に連絡することができなかった場合は、出願は、他の発明者が本人及び除外された発明者の代理として行うことができる。長官は、該当する事実の証拠が提出され、かつ、長官が定める通知を除外された発明者に対して行った後、除外された発明者が出願に参加していたならば有したであろうものと同じ権利に従うことを条件として、出願をした発明者に特許を付与することができる。除外された発明者は、後日、出願に参加することができる。

(c) Correction of Errors in Application.— Whenever through error a person is named in an application for patent as the inventor, or through error an inventor is not named in an application, the Director may permit the application to be amended accordingly, under such terms as he prescribes.	(c) 願書の錯誤による記載の補正 錯誤により、他の者が特許出願に発明者として記名をされていた場合又は錯誤により、出願に記名されなかった発明者がいる場合は、長官は、出願が長官の定める条件に基づいて相応の補正がされることを許可することができる。

Sec. 118 - Filing by other than inventor	**●118条　発明者以外の出願**
A person to whom the inventor has assigned or is under an obligation to assign the invention may make an application for patent. A person who otherwise shows sufficient proprietary interest in the matter may make an application for patent on behalf of and as agent for the inventor on proof of the pertinent facts and a showing that such action is appropriate to preserve the rights of the parties. If the Director grants a patent on an application filed under this section by a person other than the inventor, the patent shall be granted to the real party in interest and upon such notice to the inventor as the Director considers to be sufficient.	発明者から発明の譲渡を受けた者、または譲渡を受ける権利を有する者 は、特許出願することができる。それ以外に、その主題事項に充分な財産的利害を立証した者は、関連事実を立証し、当事者の権利の維持するために出願が適当であることを示した場合、発明者に代わり、または発明者の代理人として特許出願することができる。長官が本条に基づいて発明者でない者によってなされた出願に特許を与える場合は、長官が充分と認める、発明者への通知の上で、その特許は、実際の利害当事者に与えられなければならない。

119 - Benefit of earlier filing date; right of priority	**●119条　先の出願日の利益；優先権主張**
(a) An application for patent for an invention filed in this country by any person who has, or whose legal representatives or assigns have, previously regularly filed an application for a patent for the same invention in a foreign country which affords similar privileges in the case of applications filed in the United States or to citizens of the United States, or in a WTO member country, shall have the same effect as the same application would have if filed in this country on the date on which the application for patent for the same invention was first filed in such foreign country, if the application in this country is filed within 12 months from the earliest date on which such foreign application was filed. The Director may prescribe regulations, including the requirement for payment of the fee specified in section 41 (a) (7), pursuant to which the 12-month period set forth in this subsection may be extended by an additional 2 months if the delay in filing the application in this country within the 12-month period was unintentional.	(a) ある者により合衆国においてなされた発明特許出願の場合において、当該人又はその法定代理人若しくは譲受人が、合衆国においてなされた出願について若しくは合衆国の国民に対して同等の特権を与える外国において、又はWTO加盟国において、先に同一発明に係る正規の特許出願をしているときは、当該発明特許出願は、合衆国における当該出願が前記の外国出願がされた最先の日から12月以内に提出されることを条件として、同一の発明に関する特許出願が前記の外国において最初になされた日に合衆国においてなされた同一出願の場合と同じ効果を有するものとする。長官は、第41条（a）(7) に規定の料金納付の要件を含む規則を定め、本項に規定の12月の期間を、その12月以内での合衆国における出願の遅延が故意でなかった場合は2月延長することができる。

(b)	(b)
(1) No application for patent shall be entitled to this right of priority unless a claim is filed in the Patent and Trademark Office, identifying the foreign application by specifying the application number on that foreign application, the intellectual property authority or country in or for which the application was filed, and the date of filing the application, at such time during the pendency of the application as required by the Director.	(1)特許出願は、外国特許出願の出願番号、その出願がなされた若しくはその出願が指定した知的所有権当局又は国及び出願日を記載することによって外国出願を特定した優先権主張が、長官が定める出願係属中の期間内に USPTO に提出されない限り、優先権を享受する権原を有さない。
(2) The Director may consider the failure of the applicant to file a timely claim for priority as a waiver of any such claim. The Director may establish procedures, including the requirement for payment of the fee specified in section 41 (a) (7), to accept an unintentionally delayed claim under this section.	(2) 長官は、出願人が優先権主張を適時に提出しなかったときは、当該主張の放棄と考えることができる。長官は、本条に基づく主張の故意によらない遅延を容認するために、第41条 (a) (7) に定める料金納付要件を含む受理手続を制定することができる。
(3) The Director may require a certified copy of the original foreign application, specification, and drawings upon which it is based, a translation if not in the English language, and such other information as the Director considers necessary. Any such certification shall be made by the foreign intellectual property authority in which the foreign application was filed and show the date of the application and of the filing of the specification and other papers.	(3) 長官は、外国における原出願の願書、明細書及びその基礎とする図面の認証謄本、それらが英語によるものでない場合の翻訳文並びに長官が必要と考えるその他の書類を要求することができる。当該認証は、外国出願がなされた外国の知的所有権当局によってなされなければならず、かつ、出願日及び明細書その他の書類の提出日を示すものでなければならない。
(c) In like manner and subject to the same conditions and requirements, the right provided in this section may be based upon a subsequent regularly filed application in the same foreign country instead of the first filed foreign application, provided that any foreign application filed prior to such subsequent application has been withdrawn, abandoned, or otherwise disposed of, without having been laid open to public inspection and without leaving any rights outstanding, and has not served, nor thereafter shall serve, as a basis for claiming a right of priority.	(c) 同様の方式により、かつ、同一の条件及び要件に従うことを条件として、本条に定めた権利は、最初にされた外国出願の代わりに、同一外国において正規にされた後の出願を基礎とすることができる。ただし、当該後願の前にされた外国出願が、公衆の閲覧に付されることなく、かつ、如何なる権利も存続させることなく取り下げられ、放棄され又はその他の処分を受けたこと及び優先権主張の基礎として使用されたことがなく、今後も使用されないことを条件とする。

(d) Applications for inventors' certificates filed in a foreign country in which applicants have a right to apply, at their discretion, either for a patent or for an inventor's certificate shall be treated in this country in the same manner and have the same effect for purpose of the right of priority under this section as applications for patents, subject to the same conditions and requirements of this section as apply to applications for patents, provided such applicants are entitled to the benefits of the Stockholm Revision of the Paris Convention at the time of such filing.	(d) 出願人がその裁量により特許証又は発明者証の何れかを出願する権利を有する国においてなされた発明者証出願は、特許出願に適用される本条の条件及び要件と同一のものに従うことを条件として、本条に基づく優先権の適用上、合衆国においては特許出願と同一の方式により処理され、かつ、同一の効果を有する。ただし、出願人がその提出時にパリ条約のストックホルム改正の利益を享受する権原を有することを条件とする。
(e)

(1) An application for patent filed under section 111 (a) or section 363 for an invention disclosed in the manner provided by section 112 (a) (other than the requirement to disclose the best mode) in a provisional application filed under section 111 (b), by an inventor or inventors named in the provisional application, shall have the same effect, as to such invention, as though filed on the date of the provisional application filed under section 111 (b), if the application for patent filed under section 111 (a) or section 363 is filed not later than 12 months after the date on which the provisional application was filed and if it contains or is amended to contain a specific reference to the provisional application. The Director may prescribe regulations, including the requirement for payment of the fee specified in section 41 (a) (7), pursuant to which the 12-month period set forth in this subsection may be extended by an additional 2 months if the delay in filing the application under section 111 (a) or section 363 within the 12-month period was unintentional. No application shall be entitled to the benefit of an earlier filed provisional application | (e)

(1) 第111条 (b) に基づいてなされた仮出願において第112条 (a) (ベストモード開示要件以外) によって定められる方式によって開示されている発明について、仮出願において記名された発明者によって、第111条 (a) 又は第363条に基づいてなされた特許出願は、当該発明に関し、第111条 (b) によりなされる仮願の日になされた場合と同一の効果を有する。ただし、第111条 (a) 又は第363条に基づいてなされる特許出願が仮出願の日から12月以内になされること及びその出願が仮出願への明示の言及を含んでいるか又は含むように補正されていることを条件とする。長官は、第41条 (a) (7) に規定の料金納付の要件を含む規則を定め、本項に規定の12月の期間を、その12月以内での第111条 (a) 又は第363条に基づく出願の遅延が故意でなかった場合は2月延長することができる。出願は、先になされた仮出願に明示して言及した補正が出願係属中の長官が定める期間内に提出されない限り、先になされた仮出願に関する本項に基づく利益を受ける権原を有さない。長官は、指定期間内における当該補正書の不提出を本項に基づく利益の放棄と考えることができる。長官は、本項に基づく補正書の故意によらない遅延提出を受理することに関し、第41条(a) (7) に定める料金の納付を含む受理手続を |

under this subsection unless an amendment containing the specific reference to the earlier filed provisional application is submitted at such time during the pendency of the application as required by the Director. The Director may consider the failure to submit such an amendment within that time period as a waiver of any benefit under this subsection. The Director may establish procedures, including the payment of the fee specified in section 41 (a) (7), to accept an unintentionally delayed submission of an amendment under this subsection.

(2) A provisional application filed under section 111 (b) may not be relied upon in any proceeding in the Patent and Trademark Office unless the fee set forth in subparagraph (A) or (C) of section 41 (a) (1) has been paid.

(3) If the day that is 12 months after the filing date of a provisional application falls on a Saturday, Sunday, or Federal holiday within the District of Columbia, the period of pendency of the provisional application shall be extended to the next succeeding secular or business day. For an application for patent filed under section 363 in a Receiving Office other than the Patent and Trademark Office, the 12-month and additional 2-month period set forth in this subsection shall be extended as provided under the treaty and Regulations as defined in section 351.

(f) Applications for plant breeder's rights filed in a WTO member country (or in a foreign UPOV Contracting Party) shall have the same effect for the purpose of the right of priority under subsections (a) through (c) of this section as applications for patents, subject to the same conditions and requirements of this section as apply to applications for patents.

制定することができる。

(2) 第111条 (b) に基づいてなされた仮出願は、第41条 (a) (1) (A) 又は (C) に定める料金が納付されていない限り、USPTO における手続の基礎とすることができない。

(3) 仮出願の出願日後12月である日が土曜日、日曜日又はコロンビア特別区における連邦休日に当たるときは、仮出願の係属期間は、その翌平日又は翌就業日まで延長される。第363条に基づいて USPTO 以外の受理官庁になされる出願については、本項に規定の12月及び追加の2月の期間は、第351条に定義する条約及び条約規則に規定するように延長される。

(f) WTO 加盟国（又は外国の UPOV 締約国）においてなされた植物育成者権出願は、特許出願に適用される本条の条件及び要件と同一のものに従うことを条件として、(a) から (c) までに基づく優先権の適用上、特許出願と同一の効果を有する。

(g) As used in this section— (1) the term "WTO member country" has the same meaning as the term is defined in section 104 (b) (2) ; and (2) the term "UPOV Contracting Party" means a member of the International Convention for the Protection of New Varieties of Plants.	(g) 本条において使用するときは、 (1)「WTO加盟国」という用語は、第104条 (b) (2) において定義される用語と同一の意味を有し、また (2)「UPOV締約国」という用語は、植物の新品種の保護に関する国際条約の締約国を意味する。
Sec. 120 - Benefit of earlier filing date in the United States	**●120条 合衆国で先になされた出願日の利益**
An application for patent for an invention disclosed in the manner provided by section 112 (a) (other than the requirement to disclose the best mode) in an application previously filed in the United States, or as provided by section 363 or 385, which names an inventor or joint inventor in the previously filed application shall have the same effect, as to such invention, as though filed on the date of the prior application, if filed before the patenting or abandonment of or termination of proceedings on the first application or on an application similarly entitled to the benefit of the filing date of the first application and if it contains or is amended to contain a specific reference to the earlier filed application. No application shall be entitled to the benefit of an earlier filed application under this section unless an amendment containing the specific reference to the earlier filed application is submitted at such time during the pendency of the application as required by the Director. The Director may consider the failure to submit such an amendment within that time period as a waiver of any benefit under this section. The Director may establish procedures, including the requirement for payment of the fee specified in section 41 (a) (7), to accept an unintentionally delayed submission of an amendment under this section.	合衆国において先になされた出願において又は第363条に規定される出願において、第112条 (a)（ベストモード開示要件以外）に定められる方式によって開示される発明の特許出願であって、先になされた出願に記名された発明者及び共同発明者によってなされるものは、その発明に関し、先の出願の日に提出された場合と同一の効果を有する。ただし、その出願が、最初の出願又は最初の出願の出願日の利益を受ける権原を有する類似の出願に関する特許付与又は出願手続の放棄若しくは終結の前になされること及び先になされた出願についての明示の言及を含んでいるか又は含むように補正されていることを条件とする。出願は、先になされた出願への明示の言及を含む補正書が長官の要求する、出願係属中の期間内に提出されない場合は、先の出願に係る本条に基づく利益を受ける権原を有さない。長官は、前記期間内における当該補正書の不提出を本条に基づく利益の放棄と考えることができる。長官は、本条に基づく補正書の故意によらず遅延した提出に関し、第41条 (a) (7) に明記された料金の納付要件を含め、その受理手続を制定することができる。

Sec. 121 - Divisional applications	●121条 分割出願
If two or more independent and distinct inventions are claimed in one application, the Director may require the application to be restricted to one of the inventions. If the other invention is made the subject of a divisional application which complies with the requirements of section 120 it shall be entitled to the benefit of the filing date of the original application. A patent issuing on an application with respect to which a requirement for restriction under this section has been made, or on an application filed as a result of such a requirement, shall not be used as a reference either in the Patent and Trademark Office or in the courts against a divisional application or against the original application or any patent issued on either of them, if the divisional application is filed before the issuance of the patent on the other application. The validity of a patent shall not be questioned for failure of the Director to require the application to be restricted to one invention.	1の出願によって2以上の独立した別個の発明がクレームされた場合は、長官は、当該出願をその内の1発明に限定すべき旨を要求することができる。他の発明が第120条の要件を満たす分割出願の主題とされた場合は、当該分割出願は、原出願に係る出願日の利益を受ける権原を有する。本条に基づいて限定すべき旨を要求された出願又はその要求の結果としてなされた出願に対して付与された特許は、分割出願が他の出願に関する特許の付与前に行われている場合は、USPTO においても又は裁判所においても、分割出願に対して、又は原出願若しくはその何れかに基づいて付与された特許に対して引用されないものとする。特許の有効性は、長官が出願を1発明に限定させる要求をしなかったことを理由として問題にすることはできない。

Sec. 122 - Confidential status of applications; publication of patent applications	●122条 出願の秘密性；特許出願の公開
(e) Preissuance Submissions by Third Parties.—	(e) 特許発行前の第三者による情報提供
(1) In general.—Any third party may submit for consideration and inclusion in the record of a patent application, any patent, published patent application, or other printed publication of potential relevance to the examination of the application, if such submission is made in writing before the earlier of—	(1) 一般…いかなる第三者も、考慮と出願記録に含めるために、いかなる特許、特許出願、またはその他の刊行物を、提出することができる。 ただし、そのような提出は、書面で、次のいずれか早い方より前に提出しなければならない。
(A) the date a notice of allowance under section 151 is given or mailed in the application for patent; or	(A) その出願に関して、151条に基づく許可通知が与えられるか、発送された日、または、
(B) the later of—	(B) 次のいずれか遅い方まで。
(i) 6 months after the date on which the application for patent is first published under section 122 by the Office, or	(i) 特許出願が122条に基づいて最初に公開された後6ヵ月、または

(ii) the date of the first rejection under section 132 of any claim by the examiner during the examination of the application for patent.	(ii) その特許出願の審査における、132条に基づく、審査官によるいずれかのクレームの最初の拒絶の日
(2) Other requirements.—Any submission under paragraph (1) shall—	(2) その他の要件…パラグラフ (1) の提出は、次の要件を満たさねばならない。
(A) set forth a concise description of the asserted relevance of each submitted document;	(A) 各提出書類に関して主張するクレーム発明との関連性を説明すること。
(B) be accompanied by such fee as the Director may prescribe; and	(B) 長官が定める料金を伴うこと。
(C) include a statement by the person making such submission affirming that the submission was made in compliance with this section.	(C) その提出が、本条に従って提出されているという、その提出者による申告
Sec. 271 - Infringement of patent	**●271条　特許侵害**
(a) Except as otherwise provided in this title, whoever without authority makes, uses, offers to sell, or sells any patented invention, within the United States or imports into the United States any patented invention during the term of the patent therefor, infringes the patent.	(a) 本法に別段の定めがある場合を除き、特許の存続期間中に、権限を有することなく、特許発明を合衆国において生産し、使用し、販売の申出をし若しくは販売する者又は特許発明を合衆国に輸入する者は、特許を侵害する。
(b) Whoever actively induces infringement of a patent shall be liable as an infringer.	(b) 誰でも、積極的に特許侵害を誘発する者は、侵害者としての責めを負う。
(c) Whoever offers to sell or sells within the United States or imports into the United States a component of a patented machine, manufacture, combination or composition, or a material or apparatus for use in practicing a patented process, constituting a material part of the invention, knowing the same to be especially made or especially adapted for use in an infringement of such patent, and not a staple article or commodity of commerce suitable for substantial noninfringing use, shall be liable as a contributory infringer.	(c) 誰でも、特許された機械、製造物、組立物若しくは組成物の構成要素又は特許方法を実施するために使用される材料若しくは装置であって、その発明の主要部分を構成しているものについて、それらが当該特許の侵害に使用するために特別に製造若しくは改造されたものであり、かつ、一般的市販品若しくは基本的には侵害しない使用に適した取引商品でないことを知りながら、合衆国において販売の申出をし若しくは販売し、又は合衆国に輸入する者は、寄与侵害者としての責めを負う。

(d) No patent owner otherwise entitled to relief for infringement or contributory infringement of a patent shall be denied relief or deemed guilty of misuse or illegal extension of the patent right by reason of his having done one or more of the following: (1) derived revenue from acts which if performed by another without his consent would constitute contributory infringement of the patent; (2) licensed or authorized another to perform acts which if performed without his consent would constitute contributory infringement of the patent; (3) sought to enforce his patent rights against infringement or contributory infringement; (4) refused to license or use any rights to the patent; or (5) conditioned the license of any rights to the patent or the sale of the patented product on the acquisition of a license to rights in another patent or purchase of a separate product, unless, in view of the circumstances, the patent owner has market power in the relevant market for the patent or patented product on which the license or sale is conditioned.	(d) 他の点では特許に係る侵害又は寄与侵害に対する救済を受ける権利を有する特許所有者は、次の事項の1以上を行ったことを理由として、救済を否定され又は特許権に係る濫用又は不法な拡張を犯したものとはみなされない。 (1) 他人が当該人の同意を得ないで行ったとすれば特許の寄与侵害に当たる行為から収益を得たこと (2) 他人が当該人の同意を得ないで行ったとすれば特許の寄与侵害に当たる行為について許可又は権原を付与すること (3) 侵害又は寄与侵害に対して当該人の特許権の行使を求めていること (4) 特許に関する権利について、ライセンスを供与すること又はそれを使用することを拒絶したこと、又は (5) 特許に関する権利についてのライセンス又は特許製品の販売に対し、他の特許に関する権利についてのライセンスの取得又は別途の製品の購入を条件付けること。ただし、その状況において、特許所有者が、前記のライセンス又は販売が条件とされる特許又は特許製品に係る市場において支配力を有している場合は、この限りでない。
(e) (1) It shall not be an act of infringement to make, use, offer to sell, or sell within the United States or import into the United States a patented invention (other than a new animal drug or veterinary biological product (as those terms are used in the Federal Food, Drug, and Cosmetic Act and the Act of March 4, 1913) which is primarily manufactured using recombinant DNA, recombinant RNA, hybridoma technology, or other processes involving site specific genetic manipulation techniques) solely for uses reasonably related to the development and submission of information under a Federal law which regulates the manufacture, use, or sale of drugs or veterinary biological products.	(e) (1) 特許発明（新規の動物用医薬品又は獣医学用生物学的製品（当該用語は、連邦食品医薬品化粧品法及び1913年3月4日の法律での使用による）であって、主として組換え DNA、組換え RNA、ハイブリドーマ技術又は位置特定遺伝子操作技術を含む他の方法を使用して製造されたものを除く）を、医薬品又は獣医学用生物学的製品の製造、使用又は販売を規制する連邦法に基づく開発及び情報提出に合理的に関連する使用のみを目的として、合衆国内において生産し、使用し、販売の申出をし若しくは販売すること又は合衆国に輸入することは、侵害行為とはしない。

(2) It shall be an act of infringement to submit — (A) an application under section 505 (j) of the Federal Food, Drug, and Cosmetic Act or described in section 505 (b) (2) of such Act for a drug claimed in a patent or the use of which is claimed in a patent,

(B) an application under section 512 of such Act or under the Act of March 4, 1913 (21 U.S.C. 151 - 158) for a drug or veterinary biological product which is not primarily manufactured using recombinant DNA, recombinant RNA, hybridoma technology, or other processes involving site specific genetic manipulation techniques and which is claimed in a patent or the use of which is claimed in a patent, or

(C) (i) with respect to a patent that is identified in the list of patents described in section 351 (l) (3) of the Public Health Service Act (including as provided under section 351 (l) (7) of such Act), an application seeking approval of a biological product, or

(ii) if the applicant for the application fails to provide the application and information required under section 351 (l) (2) (A) of such Act, an application seeking approval of a biological product for a patent that could be identified pursuant to section 351 (l) (3) (A) (i) of such Act, if the purpose of such submission is to obtain approval under such Act to engage in the commercial manufacture, use, or sale of a drug, veterinary biological product, or biological product claimed in a patent or the use of which is claimed in a patent before the expiration of such patent.

---

(2) 次の書類の提出は、侵害行為とする。

(A) 連邦食品医薬品化粧品法第505条（j）に基づく又は同法第505条（b）（2）に記載される申請書であって、ある特許でクレームされているか若しくは特許でその使用がクレームされている医薬品に関するもの、又は

(B) 同法第512条に基づく又は1913年3月4日の法律（合衆国法典第21巻（食品及び薬品法）第151条から第158条まで）に基づく申請書であって、主として組換えDNA、組換えRNA、ハイブリドーマ技術又は位置特定遺伝子操作技術を含む他の方法を使用して製造されてはおらず、かつ、特許でクレームされているか若しくはその使用が特許でクレームされている医薬品若しくは獣医学用生物学的製品に関するもの、又は

(C)（i）公衆衛生法第351条（l）（3）に記載された（同法第351条（l）（7）に規定されるものも含めた）特許一覧において特定された特許に関しては、生物学的製品の承認を求める申請又は

(ii) 申請人が同法第351条（l）（2）（A）に基づき要求される申請及び情報を提供しない場合は、同法第351条（l）（3）（A）（i）に従って特定することができる筈の特許について生物学的製品の承認を求める申請。ただし、当該提出の目的が、特許でクレームされているか若しくはその使用が特許でクレームされている医薬品、獣医学用生物学的製品又は生物学的製品に関し、その特許が満了する前に、商業的製造、使用若しくは販売に従事するための、その法律に基づく認可を取得することにあることを条件とする。

(3) In any action for patent infringement brought under this section, no injunctive or other relief may be granted which would prohibit the making, using, offering to sell, or selling within the United States or importing into the United States of a patented invention under paragraph(1).

(4) For an act of infringement described in paragraph (2) — (A) the court shall order the effective date of any approval of the drug or veterinary biological product involved in the infringement to be a date which is not earlier than the date of the expiration of the patent which has been infringed,

(B) injunctive relief may be granted against an infringer to prevent the commercial manufacture, use, offer to sell, or sale within the United States or importation into the United States of an approved drug, veterinary biological product, or biological product,

(C) damages or other monetary relief may be awarded against an infringer only if there has been commercial manufacture, use, offer to sell, or sale within the United States or importation into the United States of an approved drug, veterinary biological product, or biological product, and

(D) the court shall order a permanent injunction prohibiting any infringement of the patent by the biological product involved in the infringement until a date which is not earlier than the date of the expiration of the patent that has been infringed under paragraph (2) (C), provided the patent is the subject of a final court decision, as defined in section 351 (k) (6) of the Public Health Service Act, in an action for infringement of the patent under section 351 (l) (6) of such Act, and the biological product has not yet been approved because of section 351 (k) (7) of such Act.

(3) 本条に基づいて提起される特許侵害訴訟においては、特許発明の (1) に基づく合衆国内での生産、使用、販売の申出若しくは販売又は合衆国への輸入を禁止することになる差止命令その他の救済手段についての許可を受けることはできない。

(4) (2) に記載した侵害行為に関しては、(A) 裁判所は、侵害に関与した医薬品又は獣医学用生物学的製品の認可の効力発生日を侵害された特許の満了日より早くならない日とするよう命じなければならない。

(B) 侵害者が認可された医薬品、獣医学用生物学的製品又は生物学的製品を合衆国内において商業的に製造、使用、販売の申出若しくは販売すること又は合衆国へ輸入することを防止するため、差止命令による救済を与えることができる。

(C) 侵害者を相手とする損害賠償その他の金銭的救済を裁定することができるが、認可された医薬品、獣医学用生物学的製品又は生物学的製品について、合衆国内において商業的な製造、使用、販売の申出若しくは販売又は合衆国への輸入が行われている場合に限るものとする。また

(D) 裁判所は、侵害に関与した生物学的製品による如何なる特許侵害も、(2) (C) に基づいて侵害された特許の満了日以後の日まで禁止する終局的差止命令を発するものとする。ただし、当該特許が、公衆衛生法第351条 (l) (6) に基づく特許侵害に対する訴訟において、同法第351条 (k) (6) に規定するように終局判決の対象であること及び生物学的製品が、同法第351条 (k) (7) を理由として未だ承認されていないことを条件とする。

The remedies prescribed by subparagraphs (A), (B), (C), and (D) are the only remedies which may be granted by a court for an act of infringement described in paragraph (2), except that a court may award attorney fees under section 285.

(5) Where a person has filed an application described in paragraph (2) that includes a certification under subsection (b) (2) (A) (iv) or (j) (2) (A) (vii) (IV) of section 505 of the Federal Food, Drug, and Cosmetic Act (21 U.S.C. 355), and neither the owner of the patent that is the subject of the certification nor the holder of the approved application under subsection (b) of such section for the drug that is claimed by the patent or a use of which is claimed by the patent brought an action for infringement of such patent before the expiration of 45 days after the date on which the notice given under subsection (b) (3) or (j) (2) (B) of such section was received, the courts of the United States shall, to the extent consistent with the Constitution, have subject matter jurisdiction in any action brought by such person under section 2201 of title 28 for a declaratory judgment that such patent is invalid or not infringed.

(6) (A) Subparagraph (B) applies, in lieu of paragraph (4), in the case of a patent- (i) that is identified, as applicable, in the list of patents described in section 351 (l) (4) of the Public Health Service Act or the lists of patents described in section 351 (l) (5) (B) of such Act with respect to a biological product; and

---

上記（A）、（B）、（C）及び（D）に記載した救済のみが（2）に記載した侵害行為に関して裁判所が認めることができる救済である。但し、裁判所は、第285条に基づいて弁護士費用を裁定することができる。

(5) 何人かが連邦食品医薬品化粧品法第505条（合衆国法典第21巻（食品及び薬品法）第355条）(b)(2)(A)(iv)又は(j)(2)(A)(vii)(IV)に基づく証明を含む、(2)に記載した申請書を提出し、かつ、証明の主題である特許の所有者も、また、特許によってクレームされている又はその使用が特許によってクレームされている医薬品に関し、同条(b)に基づいて認可された申請の所有者も、同条(b)(3)又は(j)(2)(B)に基づいて出された通知を受領してから45日が満了するまでにその特許の侵害に関する訴訟を提起しなかった場合は、合衆国裁判所は、憲法と矛盾しない場合に、それらの者により合衆国法典第28巻（司法及び司法手続法）第2201条に基づいて、その特許は無効である又はその特許は侵害されていない旨の宣言的判決を求めて提起された訴訟について事物管轄権を有する。

(6)（A）次に該当する特許の場合は、(4)に代えて（B）を適用する。
(i) 生物学的製品に関して公衆衛生法第351条 (l)(4) に記載する特許の一覧及び同法第351条 (l)(5)(B) に規定する特許の一覧において、規定に適うと確認されるもの

(ii) for which an action for infringement of the patent with respect to the biological product— (I) was brought after the expiration of the 30-day period described in subparagraph (A) or (B), as applicable, of section 351 (l) (6) of such Act; or	(ii) 次の時点で提起された、生物学的製品に関する特許侵害訴訟の対象となったもの (I) 公衆衛生法第351条 (l) (6) の (A) 又は場合により (B) に規定する30日期間の満了後又は
(II) was brought before the expiration of the 30-day period described in subclause (I), but which was dismissed without prejudice or was not prosecuted to judgment in good faith.	(II) (I) にいう30日期間の満了前であるが、確定力のない決定として却下されたか、又は善意で判決に至るまで遂行されなかった場合
(B) In an action for infringement of a patent described in subparagraph (A), the sole and exclusive remedy that may be granted by a court, upon a finding that the making, using, offering to sell, selling, or importation into the United States of the biological product that is the subject of the action infringed the patent, shall be a reasonable royalty.	(B) (A) に規定する特許侵害の訴訟において、訴訟の対象である生物学的製品の製造、使用、販売の申出、販売又は合衆国への輸入が特許を侵害したとの認定に基づき裁判所が付与することができる唯一の救済は、合理的なロイヤルティである。
(C) The owner of a patent that should have been included in the list described in section 351 (l) (3) (A) of the Public Health Service Act, including as provided under section 351 (l) (7) of such Act for a biological product, but was not timely included in such list, may not bring an action under this section for infringement of the patent with respect to the biological product.	(C) 公衆衛生法第351条 (l) (7) に基づく規定を含め、同法第351条 (l) (3) (A) に規定する一覧に含めるべきであったが、時宜を得て一覧に含められなかった特許の所有者は、生物学的製品に関する特許侵害に対して本条に基づく訴訟を提起することはできない。
(f) (1) Whoever without authority supplies or causes to be supplied in or from the United States all or a substantial portion of the components of a patented invention, where such components are uncombined in whole or in part, in such manner as to actively induce the combination of such components outside of the United States in a manner that would infringe the patent if such combination occurred within the United States, shall be liable as an infringer.	(f) (1) 誰でも、権限を有することなく、特許発明の構成部品の全部又は要部を、当該構成部品がその全部又は一部が組み立てられていない状態で、当該構成部品をその組立が合衆国内において行われたときは特許侵害となるような方法により合衆国外で組み立てることを積極的に教唆するような態様で、合衆国において又は合衆国から供給した又は供給させた者は、侵害者としての責めを負う。

(2) Whoever without authority supplies or causes to be supplied in or from the United States any component of a patented invention that is especially made or especially adapted for use in the invention and not a staple article or commodity of commerce suitable for substantial noninfringing use, where such component is uncombined in whole or in part, knowing that such component is so made or adapted and intending that such component will be combined outside of the United States in a manner that would infringe the patent if such combination occurred within the United States, shall be liable as an infringer.	(2) 誰でも、権限を有することなく、特許発明の構成部品であって、その発明に関して使用するために特に作成され又は特に改造されたものであり、かつ、一般的市販品又は基本的には侵害しない使用に適した取引商品でないものを、当該構成部品がその全部又は一部が組み立てられていない状態において、当該構成部品がそのように作成され又は改造されていることを知りながら、かつ、当該構成部品をその組立が合衆国内において行われたときは特許侵害となるような方法により合衆国外で組み立てられることを意図して、合衆国において又は合衆国から供給した又は供給させた者は、侵害者としての責めを負う。
(g) Whoever without authority imports into the United States or offers to sell, sells, or uses within the United States a product which is made by a process patented in the United States shall be liable as an infringer, if the importation, offer to sell, sale, or use of the product occurs during the term of such process patent. In an action for infringement of a process patent, no remedy may be granted for infringement on account of the noncommercial use or retail sale of a product unless there is no adequate remedy under this title for infringement on account of the importation or other use, offer to sell, or sale of that product. A product which is made by a patented process will, for purposes of this title, not be considered to be so made after— (1) it is materially changed by subsequent processes; or (2) it becomes a trivial and nonessential component of another product.	(g) 誰でも、権限を有することなく、合衆国において特許された方法によって製造された製品を合衆国に輸入し又は合衆国において販売の申出をし、販売し若しくは使用した者は、その製品に係る輸入、販売の申出、販売又は使用が、当該方法特許の存続期間中に生じていたときは、侵害者としての責めを負う。方法特許の侵害訴訟においては、製品についての非商業的使用又は小売販売を理由とする侵害救済は認められない。ただし、本法の下で、当該製品の輸入その他の実施、販売の申出又は販売を理由とする適切な救済がない場合は、この限りでない。本法の適用上、特許方法によって製造される製品は、次のことが生じた後は、特許方法によって製造された物とはされない。 (1) 当該製品がその後の工程によって著しく変更されたこと、又は (2) 当該製品が他の製品の些細であり、重要でない構成部品になっていること

Sec. 273 - Defense to infringement based on prior commercial use	●273条　商業的先使用に基づく侵害の抗弁
(a) In General.—A person shall be entitled to a defense under section 282 (b) with respect to subject matter consisting of a process, or consisting of a machine, manufacture, or composition of matter used in a manufacturing or other commercial process, that would otherwise infringe a claimed invention being asserted against the person if— (1) such person, acting in good faith, commercially used the subject matter in the United States, either in connection with an internal commercial use or an actual arm's length sale or other arm's length commercial transfer of a useful end result of such commercial use; and (2) such commercial use occurred at least 1 year before the earlier of either— (A) the effective filing date of the claimed invention; or (B) the date on which the claimed invention was disclosed to the public in a manner that qualified for the exception from prior art under section 102 (b).	(a) 一般…方法からなる技術主題、または、製造または他の商業的方法で使用される機械、製造物、または組成物に関して、さもなければその者に対してクレーム発明の侵害を主張される者は、次の条件を満たす場合、282条（b）に基づく抗弁の権利を有する。 (1) その者が善意に行動して、出願日の1年以上前に 米国内で、その技術主題を、内部的商業的使用で使用するか、実際の公正な販売、またはその他の、そのような商業的使用の有用な結果の公正な移転で、使用しており、 (2) そのような商業的使用が、次のいずれかの早い方より少なくとも1年前になされた。 (A) クレーム発明の有効出願日：または (B) クレーム発明が、102条（b）の先行技術の例外の要件を満足するように公衆に開示された日。
(b) Burden of Proof.— A person asserting a defense under this section shall have the burden of establishing the defense by clear and convincing evidence.	(b) 立証責任 --- 本条の抗弁をする者は、明白で説得力のある証拠によって、その抗弁の成立を立証する責任を負う。
(c) Additional Commercial Uses.— (1) Premarketing regulatory review.— Subject matter for which commercial marketing or use is subject to a premarketing regulatory review period during which the safety or efficacy of the subject matter is established, including any period specified in section 156 (g), shall be deemed to be commercially used for purposes of subsection (a) (1) during such regulatory review period.	(c) その他の商業的使用 (1) 市販前行政審査 その商業的販売又は使用が、第156条（g）に明示されている期間を含め、その期間内に当該主題の安全又は有効性が確認される市販前行政審査期間の適用を受ける技術主題は、(a)(1) の適用上、当該行政審査期間中、商業的に使用されているものとみなされる。

(2) Nonprofit laboratory use.— A use of subject matter by a nonprofit research laboratory or other nonprofit entity, such as a university or hospital, for which the public is the intended beneficiary, shall be deemed to be a commercial use for purposes of subsection (a) (1), except that a defense under this section may be asserted pursuant to this paragraph only for continued and noncommercial use by and in the laboratory or other nonprofit entity.	(2) 非営利実験機関の使用 --- 公衆の利益のためである大学や病院のような実験機関又は他の非営利機関による当該技術主題の使用は、(a)(1)の目的において、商業的使用とみなされる。但し、本条の抗弁は、実験機関又は他の非営利機関による内部での、当該技術主題の継続的な非営利的使用についてのみ主張することができる。
(d) Exhaustion of Rights.— Notwithstanding subsection (e) (1), the sale or other disposition of a useful end result by a person entitled to assert a defense under this section in connection with a patent with respect to that useful end result shall exhaust the patent owner's rights under the patent to the extent that such rights would have been exhausted had such sale or other disposition been made by the patent owner.	(d) 先使用権による特許権の消尽… (e)(1)の規定に関わらず、先使用権の抗弁をする権利を有する者が、特許方法で製造した有用な結果物を販売またはその他処分をした場合、特許所有者の権利は、それが特許所有者によってなされた場合に、特許権が消尽するのと同じ範囲まで、特許権を消尽させる。
(e) Limitations and Exceptions.— (1) Personal defense.— (A) In general.— A defense under this section may be asserted only by the person who performed or directed the performance of the commercial use described in subsection (a), or by an entity that controls, is controlled by, or is under common control with such person.	(e) 先使用権の属人性と譲渡 (1) 属人的抗弁 --- (A) 一般 本条の抗弁は、(a)項に記載された商業的使用を行った者、又は商業的使用を指示した者、又は、そのような者を管理する機関、又はそのような者に管理される機関、または共通の管理下にある機関のみ主張することができる。
(B) Transfer of right.— Except for any transfer to the patent owner, the right to assert a defense under this section shall not be licensed or assigned or transferred to another person except as an ancillary and subordinate part of a good-faith assignment or transfer for other reasons of the entire enterprise or line of business to which the defense relates.	(B) 先使用権の譲渡 特許所有者への移転を除き、本条の抗弁の権利は、他人に許諾、譲渡又は移転をすることができない。ただし、当該抗弁に関係する企業全体又はその抗弁の関係する事業部門が、善意の譲渡又は他の理由による移転に係る付帯的及び付随的部分としての場合を除く。

(C) Restriction on sites.— A defense under this section, when acquired by a person as part of an assignment or transfer described in subparagraph (B), may only be asserted for uses at sites where the subject matter that would otherwise infringe a claimed invention is in use before the later of the effective filing date of the claimed invention or the date of the assignment or transfer of such enterprise or line of business.	(C) 先使用権の場所の制限…本条の抗弁が前記 (B) に記載された譲渡又は移転の一部として取得された場合、当該抗弁は、特許に係る有効な出願日、又は当該企業または事業部門の譲渡若しくは移転の日の内の遅い方の日前に、クレーム発明を侵害するその技術主題が使用されていた場所における使用についてのみ主張することができる。
(2) Derivation.— A person may not assert a defense under this section if the subject matter on which the defense is based was derived from the patentee or persons in privity with the patentee.	(2) 冒認— 抗弁の基礎となる技術主題が特許権者または特許権者と関係する者から得られた場合は、本条に基づく抗弁はしてはならない。
(3) Not a general license.— The defense asserted by a person under this section is not a general license under all claims of the patent at issue, but extends only to the specific subject matter for which it has been established that a commercial use that qualifies under this section occurred, except that the defense shall also extend to variations in the quantity or volume of use of the claimed subject matter, and to improvements in the claimed subject matter that do not infringe additional specifically claimed subject matter of the patent.	(3) 一般許諾ではない— 本条に基づいて主張される抗弁は、当該特許の全てのクレームの一般許諾ではなく、本条の要件を満たす商業的使用が確認された特定の技術主題にのみ及ぶ。ただし、当該抗弁は、クレームされた技術主題の使用の量の変動、及び特許のクレームされた追加的特定技術主題を侵害しないクレーム技術主題の改良にも及ぶ。
(4) Abandonment of use.— A person who has abandoned commercial use (that qualifies under this section) of subject matter may not rely on activities performed before the date of such abandonment in establishing a defense under this section with respect to actions taken on or after the date of such abandonment.	(4) 使用の放棄— 技術主題の（本条の要件を満たす）商業的使用を放棄した者は、その放棄の日以後の行動に関して、抗弁の立証において、その放棄の日前になされた活動に頼ることはできない。

(5) University exception.— (A) In general.— A person commercially using subject matter to which subsection (a) applies may not assert a defense under this section if the claimed invention with respect to which the defense is asserted was, at the time the invention was made, owned or subject to an obligation of assignment to either an institution of higher education (as defined in section 101 (a) of the Higher Education Act of 1965 (20 U.S.C. 1001 (a)), [1] or a technology transfer organization whose primary purpose is to facilitate the commercialization of technologies developed by one or more such institutions of higher education. (B) Exception.— Subparagraph (A) shall not apply if any of the activities required to reduce to practice the subject matter of the claimed invention could not have been undertaken using funds provided by the Federal Government.	(5) 先使用権に関する大学の例外— (A) 一般— 抗弁が主張されるクレーム発明が、発明がなされた時に、高等教育機関（1965 年高等教育法101条 (a) (20 U.S.C. 1001 (a)) の規定に基づく）、または、そのような高等教育機関によって開発された技術の商業化を促進することを主たる目的とする技術移転機関に所有されるか、それらへ譲渡する義務が課せられている場合、前記 (a) 項に該当する、当該技術主題を商業的使用をしていた者は、本条の抗弁をすることができない。 (B) 例外— クレーム発明の技術主題の実現のために必要ないずれかの活動が、連邦政府の資金を使わずにできなかったであろう場合は、前記 (A) は、適用されない。
(f) Unreasonable Assertion of Defense.— If the defense under this section is pleaded by a person who is found to infringe the patent and who subsequently fails to demonstrate a reasonable basis for asserting the defense, the court shall find the case exceptional for the purpose of awarding attorney fees under section 285.	(f) 不合理な先使用抗弁 --- 特許を侵害が認定された者によって、本条の抗弁がなされ、その者が後に抗弁の合理的根拠を証明しなかった場合、裁判所は、285条に基づく弁護士費用の支払い命令の目的で「例外的に（悪質）」と認定しなければならない。
(g) Invalidity.— A patent shall not be deemed to be invalid under section 102 or 103 solely because a defense is raised or established under this section.	(g) 無効 特許は，本条に基づき抗弁が提起された又は証明されたとの理由のみでは，第102条又は第103条に基づいて無効にはされない。
Sec. 282 - Presumption of validity; defenses	●282条　有効性の推定；抗弁
(a) In General.— A patent shall be presumed valid. Each claim of a patent (whether in independent, dependent, or multiple dependent form) shall be presumed valid independently of the validity of other claims; dependent or multiple dependent claims shall be presumed valid even though dependent upon an invalid claim. The burden of establishing invalidity of a patent or any claim thereof shall rest on the party asserting such invalidity.	(a) 一般 特許は、有効であると推定される。特許の各クレーム（独立、従属又は多項従属形式の何れであるかを問わない）は、他のクレームの有効性とは無関係に有効であると推定される。従属又は多項従属クレームは、無効なクレームに従属している場合であっても有効であると推定される。特許又はそれに係るクレームの無効を立証する責任は、無効を主張する当事者が負う。

(b) Defenses.—The following shall be defenses in any action involving the validity or infringement of a patent and shall be pleaded: (1) Noninfringement, absence of liability for infringement or unenforceability. (2) Invalidity of the patent or any claim in suit on any ground specified in part II as a condition for patentability. (3) Invalidity of the patent or any claim in suit for failure to comply with— (A) any requirement of section 112, except that the failure to disclose the best mode shall not be a basis on which any claim of a patent may be canceled or held invalid or otherwise unenforceable; or (B) any requirement of section 251. (4) Any other fact or act made a defense by this title.	(b) 抗弁—特許の有効性又は侵害に関する訴訟においては、次の事項は抗弁となり、主張されなければならない。 (1) 非侵害、侵害に対する責任の不存在又は行使不能 (2) 本法第Ⅱ部〔特許性と手続の規定〕に特許要件として規定される根拠に基づく、訴訟における、特許又は何れかのクレームの無効 (3) 次の要件に従っていないことを理由とする、訴訟中の特許又は何れかのクレームの無効 (A) 112条のいずれかの要件、ただし、Best Mode を開示していないことは、何れかのクレームが、削除され、無効とされ、もしくは行使不能とされる根拠にしてはならない。 (B) 251条のいずれかの要件。 (4) 本法によって抗弁とされる他の事実又は行為
(c) Notice of Actions; Actions During Extension of Patent Term.—In an action involving the validity or infringement of a patent the party asserting invalidity or noninfringement shall give notice in the pleadings or otherwise in writing to the adverse party at least thirty days before the trial, of the country, number, date, and name of the patentee of any patent, the title, date, and page numbers of any publication to be relied upon as anticipation of the patent in suit or, except in actions in the United States Court of Federal Claims, as showing the state of the art, and the name and address of any person who may be relied upon as the prior inventor or as having prior knowledge of or as having previously used or offered for sale the invention of the patent in suit. In the absence of such notice proof of the said matters may not be made at the trial except on such terms as the court requires. Invalidity of the extension of a patent term or any portion thereof under section 154 (b) or 156 because of the material failure—	(c) 訴訟の通知；特許存続期間の延長中の訴訟 特許の有効性又は侵害に関する訴訟において、無効又は非侵害を主張する当事者は、遅くとも公判の30日前までに、相手方当事者に対し、訴答書面又は他の形式での書面により、問題の特許の先行技術として、又は合衆国連邦請求裁判所の場合を除き、技術水準を証明するものとして依拠すべき特許の国名、番号、日付及び特許権者並びに刊行物の題名、日付及びページ番号並びに訴訟中の特許に係る発明に関し、先発明者として、又は先行知識の所有者として、又は先に使用、販売の申出をした者として示すことができる者の氏名及び住所を通知しなければならない。当該通知がなかった場合は、審理における前記事項についての証明は、裁判所が命じる条件に基づく場合を除き、行うことができない。 第154条（b）又は第156条に基づく特許存続期間の延長又はその一部についての無効であって、

(1) by the applicant for the extension, or (2) by the Director, to comply with the requirements of such section shall be a defense in any action involving the infringement of a patent during the period of the extension of its term and shall be pleaded. A due diligence determination under section 156 (d) (2) is not subject to review in such an action.	(1) 延長申請人、又は (2) 長官 による前記条項の要件を充足することに関する重要な不履行を理由とするものは、存続期間の延長期間中における特許侵害に関する訴訟において、抗弁であり、主張されるなければならない。正当な勤勉さについての第156条 (d) (2) に基づく決定は、当該訴訟においては再審理の対象とされない。
Sec. 284 - Damages	●284条　損害賠償
Upon finding for the claimant the court shall award the claimant damages adequate to compensate for the infringement, but in no event less than a reasonable royalty for the use made of the invention by the infringer, together with interest and costs as fixed by the court. When the damages are not found by a jury, the court shall assess them. In either event the court may increase the damages up to three times the amount found or assessed. Increased damages under this paragraph shall not apply to provisional rights under section 154 (d). The court may receive expert testimony as an aid to the determination of damages or of what royalty would be reasonable under the circumstances.	原告に有利な評決が下されたときは、裁判所は、原告に対し、侵害を補償するのに十分な損害賠償を裁定するが、当該賠償は如何なる場合も、侵害者が行った発明の使用に対する合理的ロイヤルティに裁判所が定める利息及び費用を加えたもの以下であってはならない。 損害賠償額について陪審による評決が行われなかった場合は、裁判所がそれを算定しなければならない。何れの場合も、裁判所は、損害賠償額を、評決又は算定された額の3倍まで増額することができる。本段落に基づいて増額された損害賠償は、第154条 (d) に基づく仮保護の権利には適用されない。 裁判所は、該当する状況下での損害賠償額又は適正なロイヤルティを決定するための補助として、鑑定人の証言を聴取することができる。
Sec. 285 - Attorney fees	●285条　弁護士費用
The court in exceptional cases may award reasonable attorney fees to the prevailing party.	裁判所は、例外的事件においては、勝訴当事者に支払われる合理的な弁護士費用を裁定することができる。
Sec. 286 - Time limitation on damages	●286条　損害賠償の時間的制限
Except as otherwise provided by law, no recovery shall be had for any infringement committed more than six years prior to the filing of the complaint or counterclaim for infringement in the action.	法律に別段の定めがある場合を除き、侵害に対する訴又は反訴の提起前6年を超える時期に行われた侵害に対しては、訴訟により賠償を受けることができない。

In the case of claims against the United States Government for use of a patented invention, the period before bringing suit, up to six years, between the date of receipt of a written claim for compensation by the department or agency of the Government having authority to settle such claim, and the date of mailing by the Government of a notice to the claimant that his claim has been denied shall not be counted as part of the period referred to in the preceding paragraph.	特許発明の使用を理由とする合衆国政府に対する請求の場合は、補償請求を処理する権限を有する政府の部門又は機関が当該請求書を受領した日から、政府が請求人にその請求を否認する旨の通知を郵送した日までの、提訴前における期間は、6年を限度とし、前段落にいう期間の一部としては計算しない。
Sec. 287 - Limitation on damages and other remedies; marking and notice	**●278条　損害賠償と他の救済の制限；特許表示と通知**
(a) Patentees, and persons making, offering for sale, or selling within the United States any patented article for or under them, or importing any patented article into the United States, may give notice to the public that the same is patented, either by fixing thereon the word "patent" or the abbreviation "pat.", together with the number of the patent, or by fixing thereon the word "patent" or the abbreviation "pat." together with an address of a posting on the Internet, accessible to the public without charge for accessing the address, that associates the patented article with the number of the patent, or when, from the character of the article, this can not be done, by fixing to it, or to the package wherein one or more of them is contained, a label containing a like notice. In the event of failure so to mark, no damages shall be recovered by the patentee in any action for infringement, except on proof that the infringer was notified of the infringement and continued to infringe thereafter, in which event damages may be recovered only for infringement occurring after such notice. Filing of an action for infringement shall constitute such notice.	(a)　特許権者及び特許権者のために若しくはその指示に基づいて、合衆国において特許物品を製造し、販売の申出をし若しくは販売する者又は特許物品を合衆国に輸入する者は、その物品に「patent」という文字若しくはその略語「pat.」を特許番号と共に付することによって、又はその物品に「patent」という文字若しくはその略語「pat.」をインターネット上の掲載アドレスと共に付することによって、特許物品を特許番号と結びつけ又は物品の性質上そのようにすることが不可能な場合は当該物品若しくは当該物品の1又は2以上が入っている包装に同様の通知を含むラベルを付着させることによって、当該物品が特許を受けたものであることを公衆に通知をすることができる。そのような表示をしなかった場合は、特許権者は、侵害訴訟によって損害賠償を受けることができない。ただし、侵害者が侵害について通知を受けており、その後、侵害を継続したことが証明された場合は、当該通知の後に生じた侵害に対してのみ、損害賠償を得ることができる。侵害訴訟の提起は、当該通知を構成する。
(b)　(c)　省略	(b)　(c)　省略
Sec. 289 - Additional remedy for infringement of design patent	**●289条　デザイン特許の侵害のための追加的救済**

Whoever during the term of a patent for a design, without license of the owner,(1) applies the patented design, or any colorable imitation thereof, to any article of manufacture for the purpose of sale, or (2) sells or exposes for sale any article of manufacture to which such design or colorable imitation has been applied shall be liable to the owner to the extent of his total profit, but not less than $250, recoverable in any United States district court having jurisdiction of the parties.	意匠特許の存続期間中に、特許所有者の許諾を得ないで、(1) 販売するための製造物品に特許を付与された意匠又はそれと紛らわしい模造を利用した者又は (2) 当該意匠若しくは紛らわしい模造が利用されている製造物品を販売した、若しくは販売のために展示した者は、その利益総額を限度とし、＄250以上の額を特許権者に支払う責任を負うものとし、その回収は、当事者に対する管轄権を有する合衆国地方裁判所において行われる。
Nothing in this section shall prevent, lessen, or impeach any other remedy which an owner of an infringed patent has under the provisions of this title, but he shall not twice recover the profit made from the infringement.	本条の如何なる規定も、侵害された特許の所有者が本法の規定に基づいて有する他の救済を妨げ、減少させ又はそれに異議を申し立てるものではないが、特許所有者は、侵害によって得られた利益を2度に亘り回収することはできない。
Sec. 293 - Nonresident patentee; service and notice	**●293条非居住特許権者；送達及び通知**
Every patentee not residing in the United States may file in the Patent and Trademark Office a written designation stating the name and address of a person residing within the United States on whom may be served process or notice of proceedings affecting the patent or rights thereunder. If the person designated cannot be found at the address given in the last designation, or if no person has been designated, the United States District Court for the Eastern District of Virginia shall have jurisdiction and summons shall be served by publication or otherwise as the court directs. The court shall have the same jurisdiction to take any action respecting the patent or rights thereunder that it would have if the patentee were personally within the jurisdiction of the court.	合衆国に居住していないすべての特許権者は、USPTO に対し、合衆国の居住者であって、その特許又はそれに基づく権利に影響を及ぼす訴訟に関する書類又は通知の送達先とすることができる者の名称及び宛先を記載した指名書を提出することができる。被指名人が最後に提出された指名書に記載されていた宛先に見当たらない場合又は何人も指名されていない場合は、管轄権は合衆国バージニア東部地方裁判所が有することとなり、かつ、召喚は、公示又は同裁判所が命じる他の方法で送達される。同裁判所は、特許権者が同裁判所管轄地域内にいる場合と同様に、特許又は特許に基づく権利に関する処分を下す管轄権を有する。
Sec. 295 - Presumption: Product made by patented process	**●295条　推定：特許方法で製造された製品**

In actions alleging infringement of a process patent based on the importation, sale, offered for sale, or use of a product which is made from a process patented in the United States, if the court finds— (1) that a substantial likelihood exists that the product was made by the patented process, and (2) that the plaintiff has made a reasonable effort to determine the process actually used in the production of the product and was unable to so determine, the product shall be presumed to have been so made, and the burden of establishing that the product was not made by the process shall be on the party asserting that it was not so made.	合衆国において特許された方法によって生産される製品の輸入、販売、販売の申出又は使用を理由として方法特許の侵害を主張する訴訟において、裁判所が、 (1) その製品は特許方法によって生産された可能性が高いこと、及び (2) 原告は、当該製品の生産に実際に使用された方法を決定するために合理的な努力をしたが、それを決定することができなかったこと、 を認定した場合は、その製品は、そのように生産されたものと推定され、また、その製品が特許方法によって生産されていないことを証明する責任は、そのように生産されてはいないと主張する当事者が負わなければならない。

米国特許法施行規則の目次

第42部特許審判部の審判実務

Subpart D－ビジネス方法特許レビュー
**　　　　　のための暫定プログラム**

Subpart E—冒認手続

公報見本

US008011110B2

(12) **United States Patent**
Ichiryu

(10) **Patent No.:** **US 8,011,110 B2**
(45) **Date of Patent:** **Sep. 6, 2011**

(54) CENTERING MECHANISM

(75) Inventor: **Taku Ichiryu**, Hyogo-ken (JP)

(73) Assignee: **Mitsubishi Heavy Industries, Ltd.**, Tokyo (JP)

(*) Notice: Subject to any disclaimer, the term of this patent is extended or adjusted under 35 U.S.C. 154(b) by 52 days.

(21) Appl. No.: **12/230,797**

(22) Filed: **Sep. 4, 2008**

(65) **Prior Publication Data**

US 2010/0050404 A1   Mar. 4, 2010

(51) **Int. Cl.**
G01D 21/00   (2006.01)
B23Q 3/00   (2006.01)
(52) **U.S. Cl.** **33/520**; 33/644
(58) **Field of Classification Search** 33/520, 33/644
See application file for complete search history.

(56) **References Cited**

U.S. PATENT DOCUMENTS

4,304,502 A	* 12/1981	Stratienko	403/370
6,854,194 B2	* 2/2005	Hansen	33/520
7,082,694 B2	* 8/2006	Lyman, Jr.	33/670
7,350,309 B2	* 4/2008	Hermann et al.	33/520

FOREIGN PATENT DOCUMENTS

JP	52-018512 A	2/1977
JP	61-089902 A	5/1986
JP	10-299411 A	11/1998
JP	2005-171783 A	6/2005

OTHER PUBLICATIONS

Japanese Office Action dated Jun. 7, 2011, issued in corresponding Japanese Patent Application No. 2006-297925.

* cited by examiner

Primary Examiner — Christopher Fulton
(74) *Attorney, Agent, or Firm* — Westerman, Hattori, Daniels & Adrian, LLP

(57)   **ABSTRACT**

The present invention provides a centering mechanism capable of improving the efficiency of centering work and reducing the work time and the cost. The centering mechanism centers an inner member located inside in a radial direction, with respect to an outer member arranged to surround the inner member in a circumferential direction, and includes a vertical-direction positioning unit which positions the inner member in a vertical direction in a non-stepwise manner.

5 Claims, 5 Drawing Sheets

公報見本

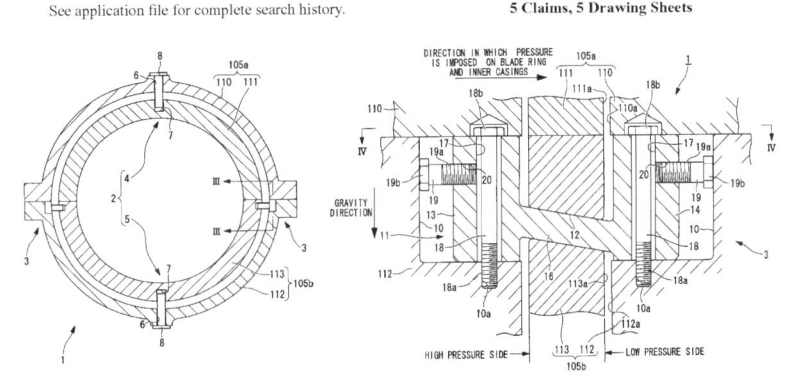

資
料

6

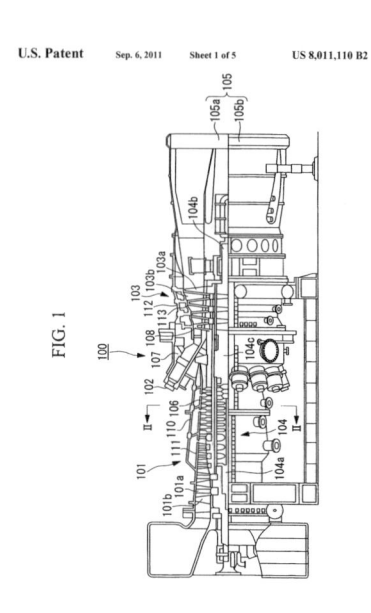

FIG. 1

FIG. 2

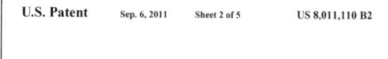
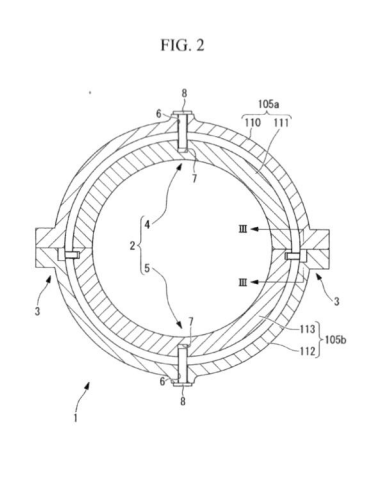

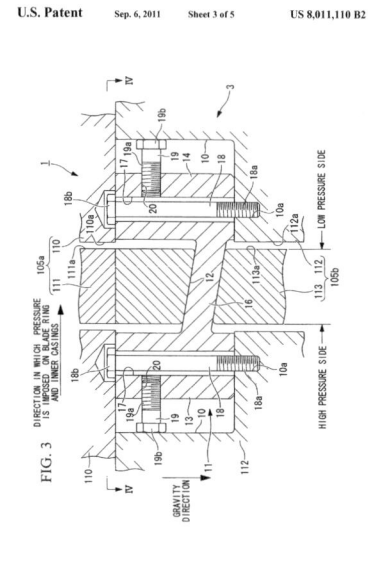

FIG. 3

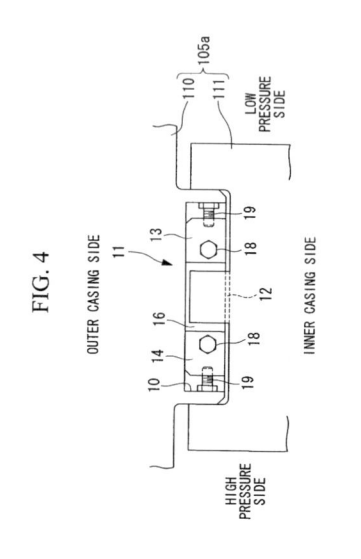

FIG. 4

FIG. 5

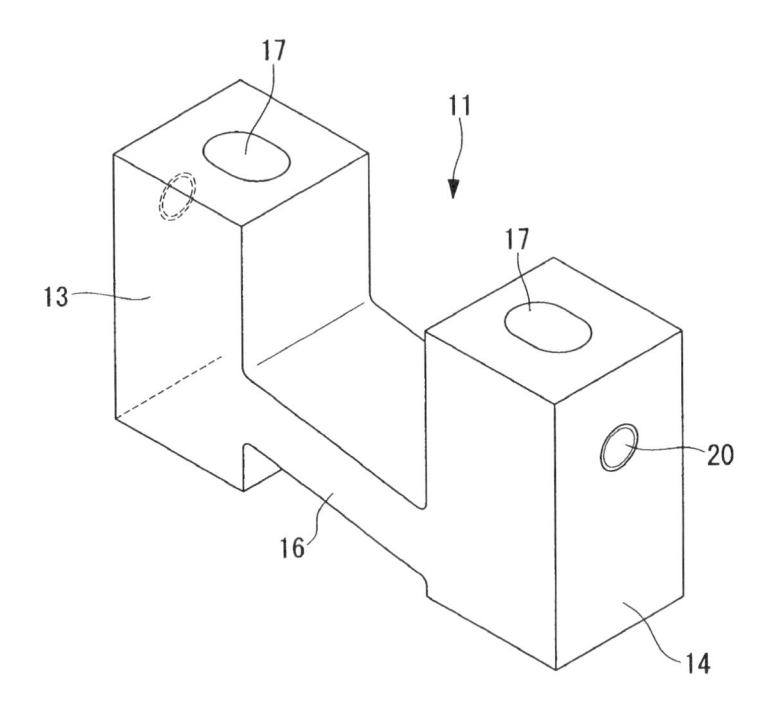

1

CENTERING MECHANISM

BACKGROUND OF THE INVENTION

1. Field of the Invention

The present invention relates to a centering mechanism that performs centering of an inner casing in a turbine or a blade ring in a rotary machine such as a compressor or a turbine.

This application is based on Japanese Patent Application, Publication No. 2008-115720, the content of which is incorporated herein by reference.

2. Description of Related Art

Centering of an inner casing in a turbine or a blade ring in a rotary machine such as a compressor or a turbine is conventionally performed with the use of a pin in the horizontal direction and a key (liner) in the vertical direction (see Japanese Unexamined Patent Application, Publication No. 2005-171783 (FIGS. 2 and 3), for example).

In this case, for centering in the vertical direction, a key having a thickness larger than a planned value is made in advance, and is cut down to reduce the thickness to fit the actual inner casing or blade ring at the time of assembly and adjustment. The inner casing and the blade ring need to be adjusted such that gaps produced between moving blades and fins during operation are prevented, as much as possible, from being nonuniform in the circumferential direction, while the deformation of the casing and a bearing stand and the deflection of a rotor caused by its weight are taken into account.

However, after testing, when the deformation of the casing and the bearing stand and the deflection of the rotor caused by its weight are different from those predicted, the centering of the inner casing and the blade ring in the vertical direction and in the width direction needs to be readjusted. However, the frequency of readjusting the positions of the inner casing and the blade ring in the width direction is relatively low. Therefore, the centering in the vertical direction is mainly performed as readjustment work.

In such a case, there has been a problem in that it is necessary to make a key having a new size and to change to it, thereby taking a long time for the centering of the inner casing and the blade ring, and increasing the cost.

BRIEF SUMMARY OF THE INVENTION

The present invention has been made in view of the above-described circumstances, and an object of the present invention is to provide a centering mechanism capable of improving the efficiency of centering work and reducing the time and cost involved with such work.

The present invention employs the following solutions in order to solve the above-described problems.

According to a first aspect, the present invention provides a centering mechanism that centers an inner member located inside in a radial direction, with respect to an outer member arranged to surround the inner member in a circumferential direction, the centering mechanism including a vertical-direction positioning unit which positions the inner member in a vertical direction in a non-stepwise manner.

According to the centering mechanism described above, the inner member is centered in the vertical direction in a non-stepwise manner. Specifically, during the centering work (for example, at the time of assembly and adjustment), the inner member is moved in the vertical direction in a non-stepwise manner and is positioned at a desired position by the vertical-direction positioning unit.

2

Therefore, it is possible to easily and quickly position the inner member in the vertical direction, to improve the efficiency of the centering work, and to reduce the work time.

Unlike the conventional technology, it is unnecessary to prepare a new key (liner) every time the centering work is performed. Therefore, the cost and the work time required for the centering work can be substantially reduced.

The centering mechanism may further include an oblique member on which the inner member is placed and which extends obliquely with respect to a horizontal direction, in which the oblique member is moved in the horizontal direction to perform the positioning in the vertical direction.

According to the centering mechanism described above, when the oblique member is moved in the horizontal direction, the inner member placed on the oblique member (more specifically, on the upper face of the oblique member) is thus moved in the vertical direction, thereby positioning the inner member in the vertical direction.

In the above-described structure, it is more preferred that an angle formed by a horizontal plane and the upper face of the oblique member, on which the inner member is placed, be equal to or larger than a friction angle of the inner member.

According to the centering mechanism described above, since the inner member is prevented from being moved in the axial direction, the inner member can be maintained at the desired position where the inner member is always centered.

In the above-described structure, it is more preferred that a low-pressure-side end face of the inner member and a high-pressure-side end face of the outer member be structured to be always in contact.

According to the centering mechanism described above, for example, in a state where the rotary machine is stopped, or even in a state where gas pressure is low immediately after starting of operation, the low-pressure-side end face of the inner member and the high-pressure-side end face of the outer member are always maintained in contact; in other words, the interface between the low-pressure-side end face of the inner member and the high-pressure-side end face of the outer member is always maintained sealed.

According to a second aspect, the present invention provides a rotary machine including the centering mechanism capable of easily and quickly positioning the inner member in the vertical direction. Therefore, it is possible to improve the efficiency of work such as new installation and maintenance inspection of a rotary machine and to reduce the work time.

According to the present invention, it is possible to improve the efficiency of the centering work and to reduce the work time and the cost.

BRIEF DESCRIPTION OF THE SEVERAL VIEWS OF THE DRAWINGS

FIG. 1 is a schematic structural view of the main parts of a gas turbine having a centering mechanism according to an embodiment of the present invention.

FIG. 2 is a cross-sectional view along the line II-II shown in FIG. 1.

FIG. 3 is a cross-sectional view along the line III-III shown in FIG. 2.

FIG. 4 is a cross-sectional view along the line IV-IV shown in FIG. 3.

FIG. 5 is a perspective view of a key constituting a vertical-direction positioning unit.

DETAILED DESCRIPTION OF THE INVENTION

Hereinafter, a centering mechanism according to an embodiment of the present invention will be described with reference to FIGS. 1 to 5.

FIG. 1 is a schematic structural view showing a concrete example in which a centering mechanism 1 according to this embodiment is applied to a turbine (hereinafter referred to as "gas turbine") 100. FIG. 2 is a cross-sectional view along the line II-II shown in FIG. 1. FIG. 3 is a cross-sectional view along the line III-III shown in FIG. 2. FIG. 4 is a cross-sectional view along the line IV-IV shown in FIG. 3. FIG. 5 is a perspective view of a key constituting a vertical-direction positioning unit.

As shown in FIG. 1, the gas turbine (rotary machine) 100 includes, as main components, a compressor 101 which compresses air taken in from outside, combustors 102 which are supplied with the air compressed by the compressor 101 and fuel and which generate combustion gas, and a turbine 103 which is rotated by the combustion gas generated in the combustors 102.

Further, the gas turbine 100 includes a rotor 104 having upright moving blades 101a and 103a on its outer circumference and a casing 105 having upright stationary blades 101b and 103b on its inner circumference.

The rotor 104 includes a compressor-side rotor 104a which has the moving blades 101a used in the compressor 101 and a turbine-side rotor 104b which has the moving blades 103a used in the turbine 103. The compressor-side rotor 104a and the turbine-side rotor 104b are coupled (connected) by an intermediate shaft 104c.

The casing 105 is constituted by an upper casing 105a and a lower casing 105b. The casing 105 covers the outer circumference of the rotor 104, thereby forming a compressor casing 106 in which the moving blades 101a and the stationary blades 101b are alternately arranged in the axial direction of the rotor 104, a combustor casing 107 in which the combustors 102 are arranged at regular intervals in the circumferential direction of the rotor 104, and a turbine casing 108 in which the moving blades 103a and the stationary blades 103b are alternately arranged in the axial direction of the rotor 104.

In the gas turbine 100 having the above-described structure, when the moving blades 101a are rotated in response to the rotation of the compressor-side rotor 104a, air taken into the compressor 101 is captured and compressed in spaces between the moving blades 101a and the stationary blades 101b at respective stages in the compressor casing 106 formed by the compressor-side rotor 104a and the casing 105. Then, when the air compressed in the compressor casing 106 of the compressor 101 flows into the combustor casing 107, the compressed air is supplied to the combustors 102. The combustors 102 are supplied with fuel, including fuel gas, and perform combustion using the compressed air supplied from the compressor 101, thereby generating combustion gas. High-temperature and high-pressure combustion gas generated by the combustors 102 is supplied to the turbine casing 108 formed by the turbine-side rotor 104b and the casing 105, so that the combustion gas flows into spaces between the moving blades 103a and the stationary blades 103b at respective stages to rotate the turbine-side rotor 104b. Note that since the rotation of the turbine-side rotor 104b is transferred to the compressor-side rotor 104a via the intermediate shaft 104c, the compressor-side rotor 104a also rotates together with the turbine-side rotor 104b.

As shown in FIGS. 1 and 2, the upper casing 105a covering the outer circumferences of the compressor-side rotor 104a and the turbine-side rotor 104b has an upper outer casing (outer member) 110 and an upper inner casing (inner member) 111. As shown in FIG. 2, the lower casing 105b covering the outer circumferences of the compressor-side rotor 104a and the turbine-side rotor 104b has a lower outer casing (outer member) 112 and a lower inner casing (inner member) 113.

For ease of explanation, FIG. 2 does not show components other than the upper casing 105a, the lower casing 105b, and the centering mechanism 1.

As shown in FIG. 2, the centering mechanism 1 according to this embodiment includes, as main components, a horizontal-direction positioning unit 2 which positions the upper inner casing 111 and the lower inner casing 113 in the horizontal direction (in the right-and-left direction in FIG. 2), and vertical-direction positioning units 3 which position the upper inner casing 111 and the lower inner casing 113 in the vertical direction (in the up-and-down direction in FIG. 2).

The horizontal-direction positioning unit 2 includes a first horizontal-direction positioning unit 4 provided at the top (upper part in FIG. 2) of the upper casing 105a and a second horizontal-direction positioning unit 5 provided at the bottom (lower part in FIG. 2) of the lower casing 105b.

The first horizontal-direction positioning unit 4 has a through-hole 6 which is drilled in a thickness direction of the upper outer casing 110 and has a circular shape in plan view, a concave part 7 which is formed on the outer circumferential surface of the upper inner casing 111 and has a long-gutter-like elongated hole shape in the rotor axial direction in plan view, and a pin 8 which is to be inserted into the through-hole 6 and the concave part 7. The through-hole 6 and the concave part 7 are formed to have gutter widths that are approximately the same as the outer diameter of the pin 8. The cross-sectional shape of the pin 8 may be a shape obtained when parts of circular cross section are cut with two parallel chords. In that case, the pin 8 is formed such that the outer walls at the parallel chords of the pin 8 are fitted inside the inner walls of the concave part 7.

Similarly to the first horizontal-direction positioning unit 4, the second horizontal-direction positioning unit 5 has a through-hole 6 which is drilled in a thickness direction of the lower outer casing 112 and has a circular shape in plan view, a concave part 7 which is formed on the outer circumferential surface of the lower inner casing 113 and has a long-gutter-like elongated hole shape in the rotor axial direction in plan view, and a pin 8 which is to be inserted into the through-hole 6 and the concave part 7.

Next, the vertical-direction positioning units 3 will be described with reference to FIGS. 3 to 5.

The vertical-direction positioning units 3 are provided at both sides of the casing 105 (see FIG. 1); specifically, they are provided near junctions of the upper casing 105a and the lower casing 105b. The vertical-direction positioning units 3 are provided on the inner circumferential surfaces located at upper-end side parts of the lower outer casing 112 and have a rectangular shape in plan view (see FIG. 3). Each of the vertical-direction positioning units 3 includes a key gutter 10 having a rectangular shape in cross-sectional view (see FIG. 4), a key 11 which is set (accommodated) in the key gutter 10 and reciprocates in the axial direction (of the rotor 104), and a gutter portion 12 which is provided on the outer circumferential surface located at an upper-end side part of the lower inner casing 113 and receives a part of the key 11 in a slidable manner.

The key gutter 10 is formed to have approximately the same height as the key 11 (or to have a height slightly (somewhat) higher than the key 11), and the upper end of the key gutter 10 is an open end. The open end is closed when the upper casing 105a is placed on the lower casing 105b. Further, the key gutter 10 is formed to have a width wider than the key 11, so that the key 11 can reciprocate in the axial direction in the key gutter 10. A female threaded part 10a is provided at the bottom face (face opposed to the open end) of the key gutter 10 into which is screwed a male screw part 18*a* provided at the tip of a key-securing bolt 18, to be described later.

As shown in FIGS. 3 and 5, the key 11 has a first member 13 which extends in a direction perpendicular to the axial direction and is located at an upstream side (high pressure side), a second member 14 which extends in a direction perpendicular to the axial direction and is located at a downstream side (low pressure side), and an oblique member 16 which extends in the axial direction and connects a low-pressure-side end face of the first member 13 and a high-pressure-side end face of the second member 14. Each of the first member 13 and the second member 14 is a substantially square pole having approximately the same height as the key gutter 10 (or having a height slightly (somewhat) shorter than the key gutter 10). The oblique member 16 is a plate-like member which inclines downward from the upstream side (high pressure side) to the downstream side (low pressure side).

The inclination angle of the oblique member 16 is set to an angle at which the upper inner casing 111 and the lower inner casing 113 naturally slide downward along the oblique member 16 by only the gravity acting on the upper inner casing 111 and the lower inner casing 113 (in short, an angle at which they move rightward in FIG. 3, in other words, an angle larger than a friction angle), in a state where the gas turbine 100 (see FIG. 1) is stopped (in other words, in a state where gas does not affect upstream-side (high-pressure-side) end faces (left end faces in FIG. 3) of the upper inner casing 111 and the lower inner casing 113 and downstream-side (low-pressure-side) end faces (right end faces in FIG. 3) of the upper inner casing 111 and the lower inner casing 113).

Note that this does not mean that the inclination angle is strictly set equal to or larger than the friction angle. Usually, in the inner casing and in the blade ring, the flow of working fluid imposes a load in the rotor axial direction, and, when the operation is started, the upper inner casing 111 and the lower inner casing 113 are quickly pushed downstream and seated at a given position (even if they are placed on a conventional horizontal key or even if they are positioned upstream in an unbalanced state due to play in a mounting gutter, for example, when the operation is started, they are seated at a given downstream position against the friction). It is preferable to set the inclination angle in a direction in which they slide downstream because it helps them to be seated. It is more preferable if the inclination angle is equal to or larger than the friction angle because they can be seated at the given position in a stable manner from the start of the operation.

A through hole 17 is drilled in the height direction approximately at the center part in the cross-sectional view of each of the first member 13 and the second member 14. The key-securing bolt 18 is inserted into the through hole 17 and the male screw part 18*a* of the key-securing bolt 18 is tightened into the female threaded part 10*a*, so that the key 11 is sandwiched between a bolt head 18*b* of the key-securing bolt 18 and the bottom face of the key gutter 10 and is secured to the lower outer casing 112.

The through hole 17 is drilled such that its width in the axial direction is larger than in a direction perpendicular to the axial direction and has an elongated hole shape extending in the axial direction in plan view. The through hole 17 is formed such that the key 11 can reciprocate in the axial direction when the key-securing bolt 18 is loosened.

Further, female threaded parts 20 which are screwed with male screw parts 19*a* provided at the tips of key position adjusting bolts 19 are provided at a high-pressure-side end face of the first member 13 and a low-pressure-side end face of the second member 14. With bolt heads 19*b* of the key

position adjusting bolts 19 being brought into contact with the side faces of the key gutter 10, one of the key position adjusting bolts 19 is tightened and the other one of the key position adjusting bolts 19 is loosened, thereby allowing the key 11 to move in the axial direction.

The gutter portion 12 is a gutter for receiving the oblique member 16 of the key 11 and is formed to have the same inclination angle as the oblique member 16.

Next, a description will be given of a procedure for adjusting the position of the upper inner casing 111 and the lower inner casing 113 in the vertical direction, performed by using the vertical-direction positioning units 3, having the above-described structures.

First, the key-securing bolts 18 are loosened to produce gaps between lower end faces of the bolt heads 18*b* and upper end faces of the key 11.

Then, in order to position the lower inner casing 113 at a desired position in the vertical direction, one of the key position adjusting bolts 19 is loosened and the other one of the key position adjusting bolts 19 is tightened to move the key 11 in the axial direction. The lower inner casing 113 is thus moved in the direction perpendicular to the axial direction (i.e., in the vertical direction).

When the lower inner casing 113 is moved to the desired position, the key position adjusting bolts 19 are turned to be loosened such that the bolt heads 19*b* press the side faces of the key gutter 10. Therefore, the key 11 is fixed so as to be prevented from moving in the axial direction.

Lastly, the key-securing bolts 18 are turned to be tightened to completely (firmly) fix the key 11 to the lower outer casing 112.

According to the centering mechanism 1 of this embodiment, the key 11 is only moved in the key gutter 10 in the axial direction, so that the lower inner casing 113 is moved along the oblique member 16 provided for the key 11, in the direction perpendicular to the axial direction (i.e., in the vertical direction) in a non-stepwise manner.

Therefore, it is possible to easily and quickly position the upper inner casing 111 and the lower inner casing 113 in the vertical direction, to improve the efficiency of the centering work, and to reduce the work time.

Unlike the conventional technology, it is unnecessary to prepare a new key (liner) every time the centering work is performed. Therefore, the cost and the work time required for the centering work can be substantially reduced.

The inclination angle of the oblique member 16 is set such that low-pressure-side end faces 111*a* and 113*a* of the upper inner casing 111 and the lower inner casing 113 are brought into contact with (are pressed against) high-pressure-side end faces 110*a* and 112*a* of the upper outer casing 110 and the lower outer casing 112, in a state where the gas turbine 100 (see FIG. 1) is stopped or in a state where the gas pressure is low immediately after starting of operation. In other words, the inclination angle of the oblique member 16 is set to produce a state where the low-pressure-side end faces of the upper inner casing 111 and the lower inner casing 113 and the high-pressure-side end faces of the upper outer casing 110 and the lower outer casing 112 are always sealed.

Accordingly, the upper inner casing 111 and the lower inner casing 113 can be prevented from being moved in the axial direction (more specifically, toward the high pressure side in the axial direction), and the upper inner casing 111 and the lower inner casing 113 can be maintained at the desired position where the upper inner casing 111 and the lower inner casing 113 are always centered.

Note that the centering mechanism of the present invention has been described with reference, for example, to the gas turbine shown in FIG. **1**. Application of the centering mechanism of the present invention is not limited to the gas turbine; it can be applied to centering of a blade ring or an inner casing in a rotary machine such as a compressor.

What is claimed is:

1. A centering mechanism that centers an inner member located inside in a radial direction, with respect to an outer member arranged to surround the inner member in a circumferential direction, the inner member comprising an upper inner member and a lower inner member, the outer member comprising an upper outer member and a lower outer member, the centering mechanism comprising:

a vertical-direction positioning unit which is provided on an inner circumferential surface located at the upper-end side part of the lower outer member,

the vertical-direction positioning unit positions the inner member in a vertical direction in a non-stepwise manner by moving the vertical-direction positioning unit in the horizontal direction.

2. A centering mechanism according to claim **1**, wherein, the vertical-direction positioning unit includes an oblique member on which the inner member is placed and which extends obliquely with respect to a horizontal direction, wherein the oblique member is moved in the horizontal direction to perform the positioning in the vertical direction.

3. A centering mechanism according to claim **2**, wherein an angle formed by a horizontal plane and an upper face of the oblique member, on which the inner member is placed, is equal to or larger than a friction angle of the inner member.

4. A centering mechanism according to claim **3**, wherein a low-pressure-side end face of the inner member and a high-pressure-side end face of the outer member are structured to be always in contact.

5. A rotary machine comprising the centering mechanism according to claim **1**.

* * * * *

US00D647823S

(12) **United States Design Patent** | (10) Patent No.: **US D647,823 S**

Okumoto et al. | (45) **Date of Patent:** ∗∗ **Nov. 1, 2011**

(54) **AUTOMOBILE AND/OR REPLICA THEREOF**

(75) Inventors: **Toshiyuki Okumoto**, Saitama (JP); **Tsutomu Fujita**, Saitama (JP)

(73) Assignee: **Honda Motor Co., Ltd.**, Tokyo (JP)

(∗∗) Term: **14 Years**

(21) Appl. No.: **29/391,745**

(22) Filed: **May 12, 2011**

(30) **Foreign Application Priority Data**

Nov. 15, 2010 (JP) 2010-027397

(51) **LOC (9) Cl.** **12-08**
(52) **U.S. Cl.** **D12/92**
(58) **Field of Classification Search** D12/86, D12/90–92; D21/424, 433, 434; 296/181.1, 296/181.5

See application file for complete search history.

(56) **References Cited**

U.S. PATENT DOCUMENTS

D599,706 S ∗ 9/2009 Tanaka et al. D12/92
D626,457 S ∗ 11/2010 Lian et al. D12/92
D637,521 S ∗ 5/2011 Kim D12/92
D637,944 S ∗ 5/2011 Lee D12/92
D641,666 S ∗ 7/2011 Yi D12/92

∗ cited by examiner

Primary Examiner — Melody N Brown

(74) *Attorney, Agent, or Firm* — Westerman, Hattori, Daniels & Adrian, LLP

(57) **CLAIM**

The ornamental design for, an automobile and/or replica thereof, as shown and described.

DESCRIPTION

FIG. **1** is a front and right side perspective view of An automobile and/or replica thereof, showing our new design;

FIG. **2** is a rear and right side perspective view thereof;

FIG. **3** is a front elevation view thereof;

FIG. **4** is a rear elevation view thereof;

FIG. **5** is a top plan view thereof; and,

FIG. **6** is a right side elevation view thereof.

The left side elevation view is a mirror image of the right side elevation view. The broken lines are for illustrative purposes only and form no part of the claimed design.

1 Claim, 4 Drawing Sheets

U.S. Patent Nov. 1, 2011 Sheet 1 of 4 US D647,823 S

FIG. 1

FIG. 2

U.S. Patent Nov. 1, 2011 Sheet 2 of 4 US D647,823 S

FIG. 3

FIG. 4

U.S. Patent Nov. 1, 2011 Sheet 3 of 4 US D647,823 S

FIG. 5

U.S. Patent Nov. 1, 2011 Sheet 4 of 4 US D647,823 S

FIG. 6

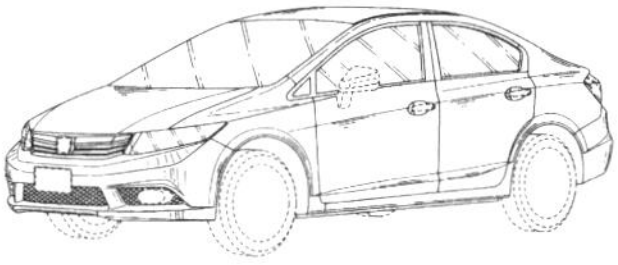

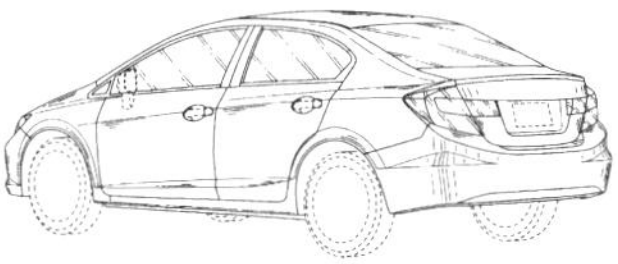

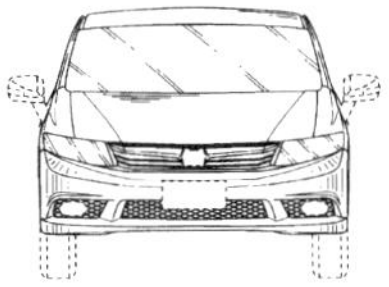

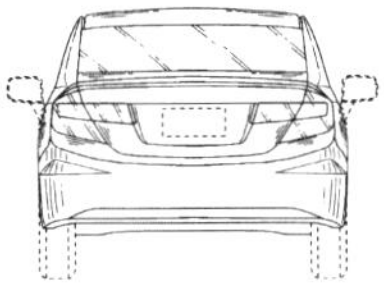

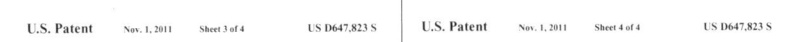

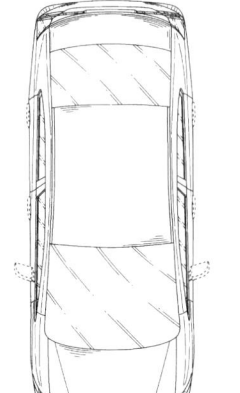

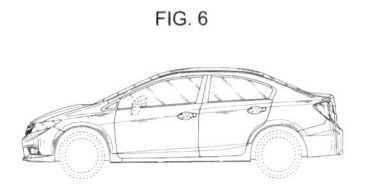

US00PP21919P3

(12) **United States Plant Patent**
Sonoda

(10) Patent No.: **US PP21,919 P3**
(45) Date of Patent: **May 17, 2011**

(54) *MANDEVILLA* PLANT NAMED 'SAWARANORED5134'

(50) Latin Name: *Mandevilla sanderi* (Hemsl.)
Varietal Denomination: **Sawaranored5134**

(76) Inventor: **Norio Sonoda**, Kagoshima (JP)

(*) Notice: Subject to any disclaimer, the term of this patent is extended or adjusted under 35 U.S.C. 154(b) by 0 days.

(21) Appl. No.: **12/588,100**

(22) Filed: **Oct. 2, 2009**

(65) **Prior Publication Data**

US 2011/0083239 P1   Apr. 7, 2011

(51) **Int. Cl.**
A01H 5/00   (2006.01)
(52) **U.S. Cl.** Plt./226
(58) **Field of Classification Search** Plt./226
See application file for complete search history.

Primary Examiner — Annette H Para
(74) *Attorney, Agent, or Firm* — Westerman, Hattori, Daniels & Adrian, LLP

(57)   **ABSTRACT**

A new and distinct *Mandevilla* plant denominated 'Sawaranored5134'. It has upright and vining plant habit, relatively small glossy foliage, freely branching habit, freely flowering habit. The plant is in full flower around Mother's Day.

2 Drawing Sheets

1

Latin name of the genus and species: *Mandevilla sanderi* (Hemsl.)

All content of Japanese application No. 22765, filed on Jul. 17, 2008 is incorporated herein by reference.

BACKGROUND OF THE INVENTION

In May, 2003, to obtain this variety, a red-based nameless variety of a culture line possessed by Applicant was crossbred with mixed pollens of nameless varieties of a culture line possessed by Applicant in a farm owned by Applicant in Yusui-cho, Aira-gun, Kagoshima, Japan. The red-based nameless variety was easy to be discolored by ultraviolet ray compared to 'Sawaranored5134'. The mixed pollens were obtained from several nameless varieties, which were difficult to be discolored by ultraviolet ray and had no reversely-facing petals.

In February, 2004, a plant was grown through the above crossbred and a resultant seed from the plant was planted in soil on the farm owned by Applicant in Yusui-cho, Aira-gun, Kagoshima, Japan, to grow (germinate) and then bloom. This planting was carried out to expect that some varied plant could be obtained.

In April, 2005, from several hundreds of the flowering plants by the above planting, some plants each having deep red-colored petals appeared. Then, one of these plants was selected and a branch (stem) thereof was removed and inserted in soil on the farm owned by Applicant in Yusui-cho, Aira-gun, Kagoshima, Japan, to grow (cutting, i.e., vegetative reproduction) and such a vegetative reproduction was repeated for propagation.

In June, 2006, the culture was completed after ensuring uniformity and stability. In other words, it was confirmed that the plant having deep red-colored petals, which was 'Sawaranored5134', could be obtained with uniformity and stability, and the above repetition was completed.

SUMMARY OF THE INVENTION

1. Upright and vining plant habit.
2. Relatively small glossy foliage.

2

3. Freely branching habit.
4. Freely flowering habit.
5. Being in full flower around Mother's Day.

BRIEF DESCRIPTION OF THE PHOTOGRAPHS

The accompanying colored photographs illustrate the overall appearance of the new cultivar, showing the colors as true as it is reasonably possible to obtain in colored reproductions of this type. Colors in the photographs may differ slightly from the color values cited in the detailed botanical description which accurately describe the actual colors of the new *Mandevilla*.

FIG. **1** is a view of the plant body, wherein the plant is 14 months old after the above insertion in a soil of the branch.

FIG. **2** is a close-up view of the flower, wherein the plant is 14 months old after the above insertion in a soil of the branch.

FIG. **3** is a diagrammatic view of the plant's flower, wherein the plant is 14 months old after the above insertion in a soil of the branch.

DETAILED BOTANICAL DESCRIPTION

In the following description, color references are made to Japan Horticulture Standard Color Chart, edited as the 2nd print, resale on Sep. 10, 1997, except where general terms of ordinary dictionary significance are used. Plants used for the aforementioned photographs and following description were grown under conditions which closely approximate commercial production conditions during the early summer in a poly-ethylene-covered greenhouse in Yusui-cho, Aira-gun, Kagoshima in Japan. During the production of the plants, day temperatures averaged 26° C., and night temperatures averaged 14° C.

Propagation:
Type.—By vegetative cuttings.
Time to initiate roots.—About three weeks at 23° C. to 26° C.
Time to produce a rooted young plant.—About 40 days at 23° C. to 26° C.

Root description.—Fibrous, fleshy, white in color.
Rooting habit.—Freely branching.
Plant description:
Form.—Perennial. Upright and vining plant habit. Vigorous growth habit.
Plant height.—About 70.3 cm.
Lateral branch description.—Length: About 70.3 cm.
Diameter.—About 2 mm. Internode length: About 2.8 cm. Strength: Strong. Texture: Smooth, glabrous. Color, young: Close to Color Chart No. 3307. Mature: Close to Color Chart No. 1309.
Foliage description:
Arrangement.—Opposite, simple.
Length.—5 cm.
Width.—3 cm.
Shape.—Elliptic.
Apex.—Cuspidate.
Base.—Cordate.
Margin.—Entire.
Texture, upper and lower surfaces.—Smooth, glabrous.
Luster, upper and lower surfaces.—Glossy.
Venation pattern.—Pinnate, reticulate.
Color.—Developing foliage, upper surface: Close to Color Chart No. 3507. Developing foliage, lower surface: Close to Color Chart No. 3508. Fully expanded foliage, upper surface: Close to Color Chart No. 3509, Venation, Close to Color Chart No. 3507. Lower surface: Close to Color Chart No. 3507, Venation, Close to Color Chart No. 3507.
Petiole length.—About 1 cm.
Petiole diameter.—About 0.2 cm.
Petiole texture, upper and lower surfaces.—Sparsely pubescent.
Petiole color, upper and lower surfaces.—Close to Color Chart No. 3507.
Flower description:
Flower type and habit.—Single salver form flowers; flowers racemose; flowers face mostly outwardly, freely flowering habit, about five flowers per inflorescence.
Natural flowering season.—Long flowering period; Fully flowering from late spring to early summer in Japan; Suspended flowering in midsummer, and then be in a flowering period again in late autumn.
Flower longevity on the plant.—Ten to fourteen days. Flowers not persistent.
Fragrance.—Not detected.
Inflorescence length.—6.7 cm.
Inflorescence diameter.—6.6 cm.
Flowers.—Appearance: Flared trumpet, corolla fused, five-parted; petals slightly imbricate; flowers roughly star-shaped. Diameter: About 5.3 cm. Throat diameter: About 1.4 cm. Tube length: 5.3 cm. Tube diameter, mid-section: 1.4 cm. Tube diameter, base: About 3 mm.

Flower buds.—Height: About 7.2 cm. Diameter: About 9 mm. Shape: Lenticular. Color: Close to Color Chart No. 0109.
Corolla.—Arrangement/appearance: Single whorl of five petals, fused into flared trumpet; petals slightly imbricate. Petal length: About 3.5 cm. Petal width: About 2.5 cm. Petal shape: Spatulate. Petal apex: Acuminate. Petal margin: Entire, slightly undulate. Petal texture, upper and lower surfaces: Smooth, glabrous, velvety. Color: Petal, when opening and fully opened, upper surface: Close to Color Chart No. 0109; Lower surface: Close to Color Chart No. 0409.
Sepals.—Arrangement/appearance: Five per flower in a single whorl; fused. Length: About 10 mm. Width: About 5 mm. Shape: Lanceolate. Apex: Acute. Margin: Entire. Texture, upper and lower surfaces: Smooth, glabrous. Color, immature, upper and lower surfaces: Close to Color Chart No. 3504; towards the apex, close to Color Chart No. 3504. Color, mature, upper and lower surfaces: Close to Color Chart No. 3504; towards the apex, close to Color Chart No. 3504.
Peduncles.—Length: About 1.5 cm. Diameter: About 3 mm. Texture: Smooth, glabrous. Strength: Flexible, but strong. Color: Close to Color Chart No. 3507.
Pedicels.—Length: About 2.1 cm. Diameter: 2 mm. Texture: Smooth, glabrous, flexible, but strong. Color: Close to Color Chart No. 3507.
Reproductive organs.—Stamens: Quantity/arrangement: Typically five; filament fused to corolla; anthers, connivent. Anther shape: Elliptic. Anther size: About 8 mm by 1 mm. Anther color: Close to Color Chart No. 2505. Pollen amount: Scarce. Pollen color: Close to Color Chart No. 2506. Pistils: Quantity: Typically one. Pistil length: About 2.2 cm. Stigma shape: Conical. Stigma color: Close to Color Chart No. 3506. Ovary color: Close to Color Chart No. 3506.
Seed/fruit.—Seed and fruit production has not been observed.
Disease/pest resistance: Plants of the new *Mandevilla* have not been noted to be resistant to pathogens and pests common to *Mandevilla.* Temperature tolerance: Plants of the new *Mandevilla* have been observed to tolerate temperatures from about 5° C. to about 37° C.

The 'Sawaranored5134' has a deep red-colored flowers and its petals are not waved compared to the Applicant's other varieties such as 'Hannyajisenred6106' (U.S. application Ser. No. 12/588,097), 'Tsukiakaripink6030' (U.S. application Ser. No. 12/588,096), 'Kedoaka5152' (U.S. application Ser. No. 12/588,099), and 'Kamishindenpink5005' (U.S. application Ser. No. 12/588,098).

What is claimed is:

1. A new and distinct *Mandevilla* plant named 'Sawaranored5134' as illustrated and described.

* * * * *

FIG.1

FIG.2

FIG. 3

■索引

索引

索

引

索引

索
引

索
引

索
引

索
引

索

引

著者紹介

木梨　貞男（き なし　さだ お）
米国特許弁護士（ワシントンDC）、米国弁理士、日本弁理士

著者略歴
　1973年　大阪大学工学部卒業、通商産業省特許庁入庁
　1977年　特許庁審査第四部審査官
　1990年　特許庁審判部審判官
　1994年　特許庁辞職、渡米しロースクール入学
　1997年　米国イリノイ工科大学 Chicago-Kent College of Law 卒業
　　　　　（ジュリス・ドクター）、DC弁護士登録
　1999年　米国特許庁弁護士登録、CAFC弁護士登録
　2001年　日本弁理士登録
　現　在　Westerman, Hattori, Daniels & Adrian, LLP パートナー
　　　　　8500 Leesburg Pike, Suite 7500
　　　　　Tysons VA 22182 U.S.A.
　　　　　連絡先　E-mail：skinashi@whda.com, whdamail@whda.com
　　　　　　　　　Phone：米国703-827-3800　Fax：571-395-8753

著　　書：「要点早わかり　米国特許入門　最新版」技術評論社（2012年）
　　　　　「要点解説　米国特許クレーム入門」発明協会（2007年）
　　　　　「要点解説　欧州特許入門」発明協会（2002年第一版、2008年第二版）
　　　　　「要点早わかり　米国特許入門」工業調査会（2001年第一版、2004年第二版）
　　　　　「形状記憶合金応用アイデア集」（共著）工業調査会（1987年）

要点解説　米国特許実務入門

2018年（平成30年）10月29日　初版発行

著　　者　　木　梨　　貞　男
Ⓒ　2018　　Sadao　KINASHI
発　　行　　一般社団法人　発明推進協会
発　行　所　一般社団法人　発明推進協会
　　　　　　所在地　〒105-0001
　　　　　　　　　　東京都港区虎ノ門2-9-14
　　　　　　電　話　東京03（3502）5433（編集）
　　　　　　　　　　東京03（3502）5491（販売）
　　　　　　ＦＡＸ　東京03（5512）7567（販売）

発明推進協会 HP：http://www.jiii.or.jp/